Zisler
Solaris 10 & OpenSolaris

FRANZIS
PROFESSIONAL SERIES

Harald Zisler

SOLARIS 10
& OpenSOLARIS

115 Abbildungen

Bibliografische Information der Deutschen Bibliothek

Die Deutsche Bibliothek verzeichnet diese Publikation in der Deutschen Nationalbibliografie; detaillierte Daten sind im Internet über **http://dnb.ddb.de** abrufbar.

Wichtiger Hinweis

Alle Angaben in diesem Buch wurden vom Autor mit größter Sorgfalt erarbeitet bzw. zusammengestellt und unter Einschaltung wirksamer Kontrollmaßnahmen reproduziert. Trotzdem sind Fehler nicht ganz auszuschließen. Der Verlag und der Autor sehen sich deshalb gezwungen, darauf hinzuweisen, dass sie weder eine Garantie noch die juristische Verantwortung oder irgendeine Haftung für Folgen, die auf fehlerhafte Angaben zurückgehen, übernehmen können. Für die Mitteilung etwaiger Fehler sind Verlag und Autor jederzeit dankbar.

Internetadressen oder Versionsnummern stellen den bei Redaktionsschluss verfügbaren Informationsstand dar. Verlag und Autor übernehmen keinerlei Verantwortung oder Haftung für Veränderungen, die sich aus nicht von ihnen zu vertretenden Umständen ergeben.

Evtl. beigefügte oder zum Download angebotene Dateien und Informationen dienen ausschließlich der nicht gewerblichen Nutzung. Eine gewerbliche Nutzung ist nur mit Zustimmung des Lizenzinhabers möglich.

Satz: EDV-Service Elke Niedermair
art & design: www.ideehoch2.de
Druck: Bercker, 47623 Kevelaer
Printed in Germany

ISBN 978-3-7723-**7297-1**

Vorwort

Solaris ist bald über ein Vierteljahrhundert erfolgreich im Einsatz. Im Laufe der Zeit wurde es zu einem Betriebssystem entwickelt, welches gleichermaßen im Rechenzentrumsbereich für Großanwender als auch für den einzelnen Arbeitsplatz geeignet ist.

Solaris ist mittlerweile ebenso kostenfrei wie die Open-Source-Betriebssysteme Linux oder *BSD. Der Entwicklungsprozess ist nicht mehr auf eine kleine, festangestellte Mannschaft der Firma SUN beschränkt, sondern bezieht auch eine weltweite Gemeinschaft von Interessenten ein, die dieses System stetig weiterverbessern und erweitern. Die Erfolge dieser Öffnung sind bereits jetzt nach kurzer Zeit gut erkennbar, entstanden doch hieraus OpenSolaris oder das zukunftsweisende Dateisystem ZFS. Solaris 10 ist ein überaus stabiles und trotzdem flexibles System, welches um viele bekannte Open-Source-Komponenten bereichert wurde. Dies wiederum kommt den Umsteigern und Interessenten vom Linux-Lager entgegen, die viele ihrer gewohnten Werkzeuge und Anwendungen vorfinden. Der Einsatz von Solaris kann auch in bestimmten Fällen Investitionen im Software-Bereich schützen, wenn Hardware-Eigenschaften notwendig werden, die von den PC-orientierten Systemen nicht mehr zur Verfügung gestellt werden können.

Bewusst einfach gehaltene Oberflächen und Werkzeuge erleichtern die Umgewöhnung und Umschulung von Anwendern, die bisher auf anderen Betriebssystemen arbeiteten. Ein weiterer, wichtiger Punkt ist auch die Hardware aus dem Hause Sun, für die Solaris ursprünglich konzipiert wurde. Es werden bereits seit über zehn Jahren 64-Bit-Systeme angeboten, auf denen Solaris klaglos seinen Dienst verrichtet. Auch wenn man sich seitens der Firma Sun nun seit einiger Zeit auch Prozessor-Produkten des Hauses AMD zuwendet, hat die klassische SPARC-Architektur keinesfalls ausgedient, ganz im Gegenteil, wie die aktuellen Rechnermodelle zeigen. Mit der Verfügbarkeit von Solaris für die Rechnerplattformen i386 und IA64 wird ein breiterer Einsatz ermöglicht, der Anwender braucht sich in der Handhabung der verschiedenen Rechnerwelten aber keine großen Gedanken zu machen.

Das Buch soll auch dem Umsteiger von anderen Betriebssystemen helfen, sich schnell in der neuen Arbeitsumgebung zurechtzufinden. Daher sind einige Themen ausführlicher dargestellt, wie beispielsweise das Arbeiten mit dem „Java-Desktop". Die Systembetreuer bekommen damit eine Hilfe, ihre Anwender methodischer an die „neue Welt" heranzuführen. Auch manche Unix-Grundlagen sind aus diesem Grunde hier behandelt, obwohl sicher ein Teil der Leser Vorkenntnisse von Linux oder anderen ähnlichen Systemen haben wird. Die Arbeit auf der Shell wird ebenfalls sehr ausführlich beschrieben. Sie ist das vielseitigste Werkzeug überhaupt, wenn man einmal deren Möglichkeiten nur einigermaßen erkannt hat.

Entscheider und Planer können mit dem Buch die Einsatzmöglichkeiten von Solaris besser einschätzen und ihre Kunden oder Arbeitgeber entsprechend beraten. Die Themen wurden so gereiht, dass man mit einigen Vorkenntnissen zuerst die Installation durchführt, im Anschluss daran mit deren Verfeinerung konfrontiert und damit die Möglichkeit geschaffen wird, den weiteren Stoff auf dem neu eingerichteten System nachvollziehen zu können.

Lernen Sie die Möglichkeiten von Solaris 10 kennen und schätzen. Dazu lade ich Sie recht herzlich ein!

Die in Kapitel 8.6 verwendeten Skripte stehen Ihnen im Internet unter `www.buch.cd` zum kostenlosen Download zur Verfügung.

Freudenberg 2007
Harald Zisler

Inhaltsverzeichnis

1 Allgemeines über Solaris

Solaris wurde von der Firma Sun Microsystems auf der Grundlage des Systems V, Release 4 geschaffen. Es unterstützt die vom selben Hersteller gebauten, mit dem hauseigenen SPARC-Prozessor ausgestatteten Rechner sowie die X86- und X64-Rechnerplattformen. Dabei herrscht Kompatibilität bezüglich Quellcode und binärer Programme zwischen den einzelnen Hardware-Plattformen. Das Betriebssystem kann kostenlos aus dem Internet von Sun bezogen werden und darf sowohl für private als auch für kommerzielle Zwecke benutzt werden. Es wird ein kostenpflichtiger Support angeboten.

Inhalt

1.1 Solaris 10

Mit Solaris 10 haben wir die aktuelle Version vorliegen. Sie entspricht dem „Stable"-Zweig, wie wir ihn von anderen Betriebssystemen her kennen. Dies bedeutet einen hohen Grad an Ausgereiftheit und eine unspektakuläre Arbeitsweise des Systems. Die Hardware-Unterstützung ist mittlerweile sehr weit gediehen, was die PC-Plattform betrifft, die hauseigene SPARC-Technologie ist ja sowieso bestens eingebunden. Ob Ihre vorhandene Hardware unterstützt wird, können Sie unter `http://www.sun.com/bigadmin/hcl/` ermitteln. Das System ist SMP-fähig.

Neu bei Solaris 10 ist das Dateisystem ZFS, das durch einfachste Administration bei hoher Leistungsfähigkeit die Plattenverwaltung vereinfacht. In einer künftigen Version soll das ZFS auch für die root-Partition einsetzbar sein. Weiterhin enthält es weite Teile von Trusted Solaris, so dass viele Sicherheitsfunktionen verfügbar sind. Die Sicherheit erhöhen auch die sogenannten Container, die eine Abschottung einzelner Anwendungen und Benutzer ermöglichen. Dabei hat jeder dieser Container seine eigene IP-Adresse, Speicherplatz, Datenbereich, Rechnernamen und auch ein eigenes root-Kennwort.

1.2 OpenSolaris/Solaris Express Community Release

Die laufende Entwicklung erleben Sie, wenn Sie OpenSolaris bzw. das Solaris Express Community Release installieren. Die Installation des Community Releases ist problemlos ohne tiefere Kenntnisse möglich und läuft genauso wie jene von Solaris 10 ab. Nachdem die Firma Sun Microsystems den Quellcode freigegeben hatte, entwickelt nun die „Gemeinde" kräftig mit, und es fließen viele Innovationen in die künftigen Versionen ein. Das Solaris Express Community Release können Sie über die Internetseite des OpenSolaris-Projektes (`www.opensolaris.org`) beziehen.

1.3 Sun-Hardware

Sun-Hardware ist für den Dauergebrauch ausgelegt, egal ob als Arbeitsplatzgerät oder als Server mit 72 Prozessoren. Sun baut Rechner sowohl mit den im eigenen Haus entwickelten SPARC-Prozessoren als auch mit AMD64-Typen (Opteron). Die Opteron-Rechner können auch mit anderen Betriebssystemen benutzt werden. Sun Microsystems bietet aber nicht nur Neugeräte, sondern auch „runderneuerte" mit Garantie an. Gebrauchtgeräte finden Sie aber auch anderswo. Im Folgenden finden Sie eine kleine Auswahl von Sun-Hardware.

1.3.1 Server-Modell T2000

Sun Microsystems baut Server mit bis zu 72 Prozessoren, welche dann bis zu 144 Threads gleichzeitig verarbeiten. Sie sind mit dem UltraSPARC IV-Prozessor ausgerüstet und können bis 250 TB Massenspeicher verwalten (Modell Sun Fire E25K). Ausstattungsmäßig

Abb. 1.1: Frontansicht T2000 (Bild: Sun Microsystems)

Abb. 1.2: Geöffneter T2000 (Bild: Sun Microsystems)

Abb. 1.3: Anschlüsse des T2000 (Bild: Sun Microsystems)

darunter liegen Midrange- und Einstiegs-Server, welche für viele Zwecke ausreichend sind. Die neueste Entwicklung aber sind die „CoolThreads-Server". Hier kommt der neue UltraSPARC T1-Prozessor zum Einsatz, welcher mehrere Kerne besitzt. Die Besonderheit an der Entwicklung besteht im gezielt gering gehaltenen Stromverbrauch, was auch eine Minderung der Abwärme bewirkt. Bei konsequenter Ausstattung mit derlei Geräten ist der Kühlungsaufwand von Rechnerräumen merklich geringer. Jeder Prozessorkern des T1 verfügt über 16 KB Befehlscache, 8 KB primären Datencache und 3 MB integrierten L2-Cache.

Der Sun Fire T2000 Server ist entweder mit einem T1-Prozessor mit 4, 6 oder 8 Kernen bei 1,0 GHz oder bei 1,2 GHz mit 8 Kernen verfügbar. Bis zu 64 GB Arbeitsspeicher können die 16 DIMM-Steckplätze aufnehmen (DDR2 mit Chipkill-Technik, DRAM-Sparing, ECC registered DIMMs).

Von Haus aus werden die Modelle mit zwei 73-GB-SAS-Festplatten (2,5 Zoll, 10.000 U/min) ausgestattet, bis zu vier nimmt das 2-HE-Gehäuse auf. Sie können im laufenden Betrieb getauscht werden. Gleiches gilt für die beiden Netzteile und die Lüfter (Frontansicht: Abbildung 1.1 auf der vorherigen Seite und Draufsicht offen, Abbildung 1.2 auf der vorherigen Seite). An der Frontseite befinden sich ein Slimline-DVD-ROM-Laufwerk, Platteneinschübe, USB-Anschlüsse und Kontrollanzeigen.

An der Geräterückseite (Abbildung 1.3 auf der vorherigen Seite) befinden sich die beiden Netzteile. Es stehen vier Netzwerkanschlüsse (je 10/100/1000 Mbit/s), eine serielle Schnittstelle, zwei USB-1.1-Steckplätze, je ein Systemcontroller-Verwaltungsport für den seriellen und den Netzwerkanschluss zur Verfügung. An der Rückseite befinden sich auch die Blenden der Erweiterungsbaugruppen.

Da der Server keinen Monitoranschluss aufweist, muss für die Inbetriebnahme und lokale Wartung entweder ein serielles Terminal oder ein PC mit seriellem Anschluss und Terminalprogramm (siehe auch Kapitel 2) benutzt werden. Der serielle Systemcontroller-Verwaltungsport (RJ-45-Buchse neben serieller Schnittstelle) muss für das erstmalige Benutzen des Servers damit verbunden werden. Über diesen Port können Sie dann auch die Einstellungen für den Netzwerk-Systemcontroller-Verwaltungsport konfigurieren, der anschließend mittels Telnet ansprechbar ist. Es versteht sich von selbst, dass das interne Server-Kontrollnetz nicht direkt mit dem „Arbeitsnetzwerk" verbunden wird. Über diese Systemcontroller-Anschlüsse können Sie den Rechner ein- und ausschalten, booten oder auf die Systemkonsole wechseln.

1.3.2 Workstation Sun Ultra 45

Diese Workstation verfügt über einen oder zwei UltraSPARC-IIIi-Prozessoren. Der Hauptspeicher kann insgesamt 16 GB aufweisen und ist auf vier DIMM-Steckplätze aufgeteilt. Als Massenspeicher dienen, je nach Ausstattung, entweder bis zu vier SATA-Festplatten mit je 250 GB oder SAS-Festplatten mit je 146 GB. Ferner befindet sich an der Frontplatte ein Slim-Line-DVD-RW/CD-RW-Laufwerk. Das Gerät kann wahlweise mit einer 2D- oder 3D-Grafikkarte ausgestattet werden. Für weitere Einbauten stehen zwei PCI-Express-x16, ein PCI-Express-x8 und zwei PCI-X-Steckplätze bereit. Zwei Netzwerk-(10/100/1000 MBit/s), sechs USB-2.0- und zwei serielle (DB-9-) Anschlüsse stellen die Verbindungen zu den verschiedensten Peripheriegeräten her. Ebenso sind Audio-Ein- und -Ausgänge vorhanden. Ein 1000-Watt-Netzteil stellt die Energieversorgung sicher. Der Rechner bringt knapp 27 kg auf die Waage.

1.3.3 Thin Client, Sun Ray

Nicht für jeden Arbeitsplatz benötigt man einen PC oder eine vollwertige Workstation. Wurden anfangs der 1990er Jahre noch die meist auf serieller Datenübertragung basierenden Terminals dem PC geopfert, geht man in vielen Bereichen nunmehr dazu über, moderne, jetzt netzwerkbasierte Terminals aufzustellen, die man unter dem Namen „Thin Client" führt. Der PC stellte sich als zu kosten- und wartungsintensiv heraus. Benutzerfehler oder -eingriffe, Viren und Trojaner, Nutzdaten- und Software-Klau, sowie ständige Updates binden qualifiziertes Personal mit unnötigen Routineaufgaben. Der durchweg hohe Stromverbrauch treibt neben dem Ersatzteilbedarf die Kosten zusätzlich in die Höhe.

Die Thin Clients lassen sich in zwei Gruppen einteilen. Die einen verfügen über ein eigenes, stark reduziertes Minibetriebssystem, meist Linux, das die notwendige Funktionalität bereitstellt. Diese werden von verschiedenen Herstellern in verschiedenen Leistungsklassen angeboten. Problematisch ist bei vielen dieser Geräte allerdings, dass die Kommunikation zwischen Server und Client ohne Verschlüsselung auskommen muss. Für den Datenverkehr zwischen einzelnen Betriebsstellen setzt man daher oft Netzwerkkomponenten ein, die ihrerseits den unbefugten Blick Dritter auf die Daten verwehren.

Eine andere Technik weist die zweite Gruppe auf, die durch die Ray-Modelle repräsentiert wird. Hier wird durch ein eigenes, am Server laufendes Programm eine verschlüsselte Verbindung zum Client aufgebaut. Die Ray-Geräte selbst verfügen über keinerlei Lüfter, Festplatten usw. Es gibt Modelle, an welche man seine eigenen vorhandenen Bildschirme anschließen kann oder jene, die in einem modernen Flachbildschirm integriert sind.

Beim Einsatz von Thin Clients ist der Administrationsaufwand auf ein Minimum beschränkt. Nach dem Aufstellen am Einsatzort muss man ggf. noch einigen zentralen Anwendungen Informationen über das neue Gerät geben. Meist wird man die MAC-Adresse in die Konfigurationsdatei des DHCP-Servers eintragen und entsprechend die Zonen-Dateien des lokalen Nameservers ergänzen, wenn man eine feste Zuordnung von Gerät, Name und Adresse möchte. Damit ist im Regelfall der Arbeitsaufwand auch schon erschöpft. Bei den Ray-Modellen ist noch die Einrichtung und Konfiguration des Server-Programms notwendig.

Drei Vertreter der Sun-Ray-Modelle sehen wir uns näher an. Sie verfügen teilweise über unterschiedliche Anschlussmöglichkeiten und Ausstattungsmerkmale (Tabelle 1.1 auf der nächsten Seite). In den Unterlagen werden diese Geräte auch als „Virtual Display Client" bezeichnet.

Die zu den Sun-Ray-Clients notwendige „Sun-Ray-Software" (SRS) 4 läuft auf SPARC-basierten Systemen ab Solaris 8, für X64-Geräte ab Solaris 10 3/05 und höher sowie einigen Linux-Derivaten. Der „Sun Desktop Manager" dieses Programms funktioniert nur unter Solaris.

Tab. 1.1: Ausstattungsmerkmale ausgewählter Sun-Ray-Modelle

Gerätetyp	Ausstattung
Sun Ray 2	LAN/WAN: 10/100 Base-T, 2 USB-Anschlüsse für Tastatur und Maus, Smartcard-Lesegerät, 32-Bit-Grafik mit 2D-Beschleunigung, Auflösung bis 1600 * 1200 Pixel bei 60 Hz, DVI-1-Anschluss für Sun-Monitore, Adapter für Standard-VGA-Anschluss beigelegt, Kopfhörerbuchse, Mikrofon
Sun Ray 2FS	Wie Sun Ray 2, zusätzlich Glasfaser-Netzwerkanschluss 100Base-F, 1 serielle Schnittstelle, Auflösung der 32-Bit-Grafikkarte maximal 1920 * 1200 Pixel bei 72 Hz, 2 DVI-1-Monitoranschlüsse, VGA-Adapter liegen bei.
Sun Ray 270	Wie Sun Ray 2, mit 17-Zoll-Flachbildschirm mit maximaler Auflösung 1280 * 1024 Pixel, 24-Bit-Grafik, 4 USB-Anschlüsse, Projektorausgang, Videoeingang, Mikrofon-, Kopfhörer- und Stereo-Eingangsbuchsen

Abb. 1.4: Sun Ray 2
(Bild: Sun Microsystems)

Abb. 1.5: Sun Ray 270
(Bild: Sun Microsystems)

Für jeden Sun Ray Client muss eine Benutzerlizenz erworben werden.

Im Netzwerk muss ein DHCP-Server vorhanden sein, am Server selbst müssen vorliegen: HTTP, ggf. LDAP, DSA, MD5, SSL, ARCFOUR, LZ77-Kompression.

1.3.4 Gebrauchte Hardware: Sun Blade 1000

Wer für den ersten Einstieg für den Betrieb von Solaris nicht gleich ein neues SPARC-basiertes System erwerben möchte, kommt auch mit einem Gebrauchtsystem zurecht. Da sich i. d. R. die Verarbeitungsqualität und Haltbarkeit dieser Geräte doch von jenen aus dem PC-Bereich deutlich abheben, ist der höhere Preis dafür gerechtfertigt.

Stellvertretend für viele Gebrauchtangebote steht die Sun Blade 1000 (Abbildung 1.6). Der Rechner verfügt über FC-AL-Platten, kann zwei Prozessoren (750 MHz) und 1 GB Arbeitsspeicher aufnehmen. Ein DVD- oder CD-ROM-Laufwerk und der Kartenleser befinden sich an der Frontseite. An der Rückseite findet man 4 USB-Buchsen, Fire-Wire, 1 Druckerport, 2 serielle Schnittstellen, 1 SCSI-Anschluss, Audio-Klinkenbuchsen. 13W3-Grafik-Anschluss (für VGA-Monitore ist ein Adapter notwendig, siehe unter 1.3.5).

Abb. 1.6: Frontansicht Sun Blade 1000

1.3.5 Bildschirmanschluss

Die Geräte von Sun verfügen i. d. R. über einen im PC-Bereich nicht gebräuchlichen Bildschirmanschluss (13W3).

Mit einem im guten Fachhandel erhältlichen Adapter (Abbildung 1.7) kann dann ein gewöhnlicher Monitor für den VGA-Anschluss verwendet werden, wenn er die weiteren Vorgaben bei Bildwiederholrate und Auflösung erfüllt.

Abb. 1.7: Adapter für VGA-Monitoranschluss von 13W3-Stecker auf VGA-Kupplung

1.3.6 Tastatur von Sun-Rechnern

Die Tastatur von Sun-Rechnern weist, wie hier der Typ 6 (mit USB-Anschluss) gegenüber der Standard-Tastatur von PCs einige Besonderheiten auf, die man kennen sollte. Da sie mehr Tasten besitzt, benötigt sie in der Breite etwas mehr Platz am Schreibtisch. Auf der linken Seite befindet sich ein zusätzlicher Sondertastenblock. Links oben befindet sich die Hilfe-Taste. Bei Betrieb einer grafischen Benutzeroberfläche öffnet sich deren Hilfemenü. Darunter liegen Tasten, deren Betätigung teilweise Reaktionen am Desktop hervorrufen. Der Programmierer kann sie aber im Rahmen einer zu erstellenden Anwendung nutzen.

Am großen alphanumerischen Hauptblock ist die Erzeugung von Sonderzeichen anders als mit dem PC gelöst. Die Taste `AltGraph` entspricht hierbei der von der PC-Tastatur bekannten `AltGr`, womit in gewohnter Weise das €- oder das @-Zeichen auf den Bildschirm gebracht wird. Mit der `Compose`-Taste (Abbildung 1.8 auf der nächsten Seite) können Sie je nach eingestellter Ländervariante auch zusammengesetzte Zeichen anderer Sprachen, z. B. das æ und weitere Sonderzeichen (Tabelle 1.2) erreichen.

Weitere Sondertasten (über dem Ziffernblock) dienen dem Ein-/Ausschalten sowie der Lautstärkeregelung der Sound-Ausgabe (Abbildung 1.9 auf der nächsten Seite). Die weiße „Mondschein-Taste" rechts oben benötigt man zum Herunterfahren des Rechners, wenn man sich in einer grafischen Sitzung befindet.

Zeichen	Zusammensetzung (Compose +)
ç	,c
ø	/o
œ	oe
.	..
×	xx

Tab. 1.2: Beispiele für Sonderzeichen, mittels Compose-Taste erzeugt

Abb. 1.8: Abweichung von der PC-Standard-Tastatur: Compose-Taste

Abb. 1.9: Sound-Tasten und Abschalt-Taste

1.4 Grundlagen der UNIX-Welt

1.4.1 Klicken oder Tippen?

Hier im Buch werden Sie sehr oft mit der „Shell" konfrontiert. Es mag Ihnen anfangs rückständig erscheinen, auf der Tastatur Befehle eintippen zu müssen. Aber die Shell ist ungleich mächtiger als das, was Sie von der DOS-Kommandozeile her kennen. Die vielen Optionen eines Shell-Befehls sind nicht immer in einem GUI-Programm unterzubringen. Eine kleine Ausnahme hiervon mögen die Dateimanager sein. Mittels der Shell-Programmierung können Sie mit wenigen Handgriffen mächtige Konstrukte zur Systemverwaltung aber auch zur Nutzdatenverarbeitung zusammenstellen. Es gibt übrigens auch Mittler zwischen den Welten – Shell-Befehle, welche mit Ihnen die Kommunikation mittels der grafischen Benutzeroberfläche sicherstellen.

Wenn ein System nur noch über seine serielle Schnittstelle erreichbar ist und damit nur noch über eine Terminalsitzung mit Ihnen kommunizieren kann, wird das Arbeiten mit den Shell-Kommandos der meist alles rettende seidene Faden sein. Sie können sogar ein Betriebssystem über so eine Verbindung installieren (wie auch in Kapitel 2 dargestellt), wenn der Zugriff auf ein Installationsmedium (DVD, Server ...) möglich ist.

Shell-Kommandos sind einfach zu erlernen, denn sie weisen alle das gleiche Schema auf. Und man muss sie nicht unbedingt alle auswendig kennen, Hauptsache man weiß, wo man nachlesen kann. Eigene Notizen, das Skript eines Shell-Kurses, eine Befehlsreferenz oder ein gutes Buch zum Thema sind hier gute Begleiter bei der täglichen Arbeit.

Zum Arbeiten auf der Shell meldet man sich entweder direkt an einem Rechner ohne grafische Anmeldung an, oder man startet während einer Sitzung in diesem Modus ein Terminalfenster. Shells gibt es mehrere mit verschiedenen Komfortausstattungen (Historie, Namensvervollständigung). Gerne benutzt man die bash (Bourne-again-Shell) oder die zsh (Z-Shell).

1.4.2 Der Verzeichnisbaum

Laufwerksbuchstaben im herkömmlichen Sinn, wie man sie von Microsoft-Betriebssystemen oder IBMs OS/2 her kennt, gibt es im Unix-Bereich nicht. Alle Objekte, also Geräte (Platten, Schnittstellen usw.) und Daten sind als Dateien in Verzeichnissen abgelegt. Die einzelnen Hierarchien werden mit dem Zeichen „/" getrennt. Oft wird in Fachpublikationen von *relativen* und *absoluten* Pfadangaben gesprochen. Der Unterschied zwischen den beiden ist einzig der Ausgangspunkt der verzeichnisbezogenen Aktion. Die absolute Pfadangabe geht stets vom Wurzelverzeichnis aus und ist besonders am Anfang „treffsicherer" als die relative, die vom augenblicklichen Aufenthaltsort im Verzeichnisbaum ausgeht.

Die Verzeichnisbäume der verschiedenen Unixe und verwandten Systeme ähneln sich. Das Wurzelverzeichnis wird durch „/" gekennzeichnet. Es ist absolut unbeachtlich, wie der Verzeichnisbaum auf verschiedene Plattenlaufwerke verteilt ist.

/	Wurzelverzeichnis
bin	Link nach /usr/bin, enthält Programme für alle Benutzer
boot	NUR auf x64/i386, enthält Bootkonfiguration
dev	Geräte mit logischem Gerätenamen, Links zu `/devices`
devices	Geräte mit (vollem) physikalischem Dateinamen
etc	Verzeichnis mit Konfigurationsdateien
export	Benutzerverzeichnisse
home	Vom Automounter gemountete Dateisysteme mit Benutzerverzeichnissen
kernel	(plattformunabhängige) Kernelmodule/Kernelteile
lib	Bibliotheken für (C)-Programme
lost+found	Wird nur angelegt, wenn bei der Dateisystemüberprüfung Probleme beim Dateisystem festgestellt wurden.
mnt	Leeres Verzeichnis zur Verwendung als Mountpunkt, z. B. für CDs
net	Gemountete Ressourcen von anderen Rechnern im Netzwerk (via NFS)
opt	Optionale Software (StarOffice, Netscape . . .)
platform	Plattformabhängiger Kernelteil und -module
proc	Abbildung laufender Prozesse in Verzeichnisform
sbin	Systemstartbefehle und rc-Skripte
tmp	Temporäres Verzeichnis
usr	Unix-System-Software
var	Protokolle, Spooldateien, Statusdateien . . .
vol	Mountverzeichnis für den Volumemanager

Externe Datenträger (Diskette, CD/DVD-ROM, MO, USB-Stick, usw.) werden ebenfalls bei Bedarf in den Verzeichnisbaum eingebunden. Diesen Vorgang nennt man *Mounten*, das Herausnehmen *Umounten* (ohne „n"!). Der Begriff stammt aus alten Tagen der EDV, als man für das Einhängen einer Wechselplatte noch über eine entsprechende Muskulatur und teilweise Hilfswerkzeuge verfügen musste. Das Mounten übernimmt bei Solaris entweder ein spezieller Daemon, so dass der Benutzer diesen Vorgang eigentlich nicht bewusst mitbekommt. Bei höheren Sicherheitsanforderungen wird dies manuell oder per Skript durch `root` oder entsprechend berechtigte Benutzer ausgeführt.

1.4.3 Lesen-Schreiben-Ausführen: die Dateiattribute

Dieses Thema wird uns von Anfang an immer begleiten, darum wird es hier im Buch so früh wie möglich behandelt.

Unter Solaris gibt es die Standard-Attribute für Verzeichnisse und Dateien, wie man sie auch bei ähnlichen Systemen kennt. Zusätzlich sind noch weitere zugriffsregelnde Attribute (ACLs) verfügbar.

Grundsätzlich kennt die Rechtestruktur drei Gruppen:

- Eigentümer (u)
- Gruppe (g)
- alle weiteren Benutzer des Systems (o)

Die Buchstaben in Klammern benötigen wir bei den weiteren Ausführungen. Für jede dieser Gruppen stehen folgende Rechte (Attribute) zur Verfügung:

- Leserecht (4 , r)
- Schreibrecht (2 , w)
- Ausführungsrecht (1 , x)

Die Zahlen und Buchstaben hinter den Attributen benötigen wir zur Eingabe von Shell-Befehlen.

Das Ausführungsrecht benötigen Skripte und auch „richtige" Programmdateien. Es gibt hier auch keine festen Regeln für Dateinamen bzw. deren Endungen, außer bei Shell- (.sh) oder Perl-Skripten (.pl). Programme tragen weder „.exe" noch „.com" als Endung.

Es gibt noch weitere Attribute für Dateien und Verzeichnisse:

- SetUID-Bit (4000): Bei gestarteter ausführbarer Datei läuft der entsprechende Prozess unter dem Namen des Eigentümers.
- SetGID-Bit (2000): Wie oben, nur bezogen auf die Gruppe anstelle des Eigentümers.
- Sticky-Bit (1000): Setzen des Sticky-Bits. Verschiedene Bedeutungen für Dateien einerseits und Verzeichnisse andererseits.

Spezielle Objekte werden auch über die Attribute an der ersten Stelle links gekennzeichnet:

- l Link, Verweis
- d Verzeichnis
- c Zeichenorientiertes Gerät (z. B. Tastatur)
- b Blockorientiertes Gerät (z. B. Festplatte)
- p Named-Pipe, FIFO der Interprozesskommunikation
- P Ereignisport
- s Socket-Datei von Prozessen
- D Door-Datei, Verweis, für Kommunikation

Verschiedene Befehle und Programme zeigen uns diese Attribute an. In einer Shell-Sitzung wenden wir hauptsächlich `ls -l` an.

Für Dateien und Verzeichnisse können die Rechte getrennt für Eigentümer, Gruppe und dem Rest der Benutzer vergeben werden.

```
-rwx------   1 harald   staff         25 Dec 11 17:32 eigentuemer
-rwxrwx---   1 harald   staff         25 Dec 11 17:33 gruppe
-rwxrwxrwx   1 harald   staff         25 Dec 11 17:33 alle
-rw-rw----   1 harald   staff       2569 Dec 11 17:34 Bericht
-rw-rw----   1 harald   staff       2569 Dec 11 17:34 bericht
```

Die Datei `eigentümer` kann von diesem gelesen, beschrieben und ausgeführt werden. Alle anderen Benutzer (ausgenommen natürlich `root`) können mit der Datei nichts anfangen. Bei der Datei `gruppe` dürfen Eigentümer und Gruppe eben lesen, ausführen und beschreiben. Und bei der Datei `alle` stehen allen Benutzern alle Möglichkeiten offen.

Sie sehen nach den Attributen eine Zahl. Diese dient bei Dateien als Linkzähler, sie gibt an, wieviele Hardlinks (nicht die gebräuchlichen Softlinks!) dafür existieren. Anschließend finden Sie den Namen und die primäre Gruppe des Eigentümers, die Dateigröße, Datum und Uhrzeit der letzten Veränderung und endlich den Dateinamen selbst.

Weiter sehen Sie eine Datei `Bericht` aufgelistet. Der Eigentümer und die Gruppe können sie lesen und beschreiben. Groß-/Kleinschreibung ist hier übrigens wichtig, Sie finden eine Kopie der Datei in Kleinschreibung mit aufgelistet.

```
-r-sr-x---   1 harald   staff         25 Dec 11 17:11 hallo
-r-xr-s---   1 harald   staff         25 Dec 11 17:11 skript
```

Das SETUID-Bit (Eigentümer) bzw. das SETGID-Bit (Gruppe) wird mit „s" gekennzeichnet.

Die Datei `hallo` ist für den Eigentümer und die Gruppe les- und ausführbar, bei der Ausführung ist der Datei- auch der Prozesseigentümer. Bei `skript` dagegen nimmt der Ausführende die Gruppenrechte an.

Bedenken Sie, dass sich eventuell bei unbedachter Anwendung dieser Attribute Sicherheitslücken ergeben können.

```
crw-------   1 root     root      99,   0 Nov  6 20:39 display@0:text-0
brw-r-----   1 root     sys       54, 532 Dec 11 17:28 sd@0,0:u
```

Bei diesen beiden Dateien handelt es sich um Gerätedateien. Mit „c" an der ersten Stelle werden zeichenorientierte Geräte, wie Tastatur, Controller usw. bezeichnet, mit „b" die Blockgeräte wie z. B. Festplatten. Anstelle der Dateigröße werden die Major- und die Minornummer angezeigt. Die Major-Nummer beschreibt den vom Kernel zu verwendenden Gerätetreiber, die Minor-Nummer dagegen das einzelne Gerät.

```
drwxr-x---  18 harald   staff       1024 Dec 11 17:35 harald
drwx------   2 harald   staff        512 Dec 11 17:35 privat
drwxrwx--T   2 harald   staff        512 Dec 11 19:54 verein
```

Verzeichnisse werden durch ein „d" an der ersten Stelle der Attributangaben gekennzeichnet. Der Linkzähler gibt bei Verzeichnissen die Zahl der Unterverzeichnisse an. Dabei werden Sie auch bei scheinbar leeren Unterverzeichnissen mindestens die Zahl 2 finden. Sie steht für „." und „..", welche die Verzeichnisse selbst repräsentieren.

In das Verzeichnis harald können neben dem Eigentümer auch die Mitglieder der Gruppe lesend und schreibend zugreifen. privat ist gegen alle anderen Zugriffe abgeschottet, nur der Eigentümer (und root) können darin lesen, schreiben und ausführen. Eine Besonderheit finden Sie bei verein. Den Gruppenmitgliedern ist hier der volle Zugriff gestattet, aber das Sticky-Bit („T") setzt klare Regeln bezüglich der Löschung von darin angelegten Dateien und Verzeichnissen. Damit die Benutzer sich nicht gegenseitig Daten zerstören können, gilt: Der Eigentümer und root können das Verzeichnis und darinliegende Daten löschen. Die anderen zugriffsberechtigten Benutzer können darin nur ihre eigenen Objekte löschen.

```
lrwxrwxrwx   1 harald   staff        5 Dec 11 17:38 hello -> hallo
```

Dies ist ein symbolischer Link, auch Softlink genannt. Er wird mittels „l" gekennzeichnet. Die Zugriffsattribute sind ohne Belang, es gelten jene des bezogenen Objektes. Neben dem Linknamen wird der Name des bezogenen Objektes angezeigt. Ein Link kann sich auf eine Datei oder ein Verzeichnis beziehen. Ein Softlink kann dabei auch dateisystemübergreifend gesetzt werden, da es sich hier nur um einen Verweis auf ein Originalverzeichnis oder -datei handelt, für den ein eigener Inode-Eintrag (ein Inode enthält alle Angaben über ein Verzeichnis oder eine Datei, auch die Adressangaben der Datenblöcke, welche die eigentlichen Nutzdaten beeinhalten) gesetzt wird. Bei einem Hardlink dagegen handelt es sich um einen weiteren logischen Namen für einen bestehenden Inode-Eintrag, weshalb ein dateisystemübergreifendes Setzen nicht möglich ist.

```
-rw-rw----+  1 harald   staff     2569 Dec 11 17:34 speiseplan.txt
```

Die Datei speiseplan.txt ist mit weiteren Berechtigungen ausgestattet, welche über die *Access Control Lists* verwaltet werden. Vertiefende Hinweise zu Attributen und ACLs finden Sie in den folgenden Kapiteln dieses Buches.

1.4.4 Gerätedateien

Mittler zwischen der Hardware einerseits und dem Betriebssystem andererseits sind die Gerätetreiber, diese sind bei Solaris als dynamisch ladbare Kernelmodule realisiert. Die Anwendungen aber greifen dabei nicht mittels dieser Treiber direkt auf die Hardware zu, sondern nutzen diese Gerätedateien dazu.

Wir unterscheiden zwei Arten von Gerätedateien. Zum einen gibt es die zeichenorientierten Geräte. Dazu zählen unter anderem die serielle Schnittstelle, Tastatur, Bildschirm. Die zeichenorientierten Geräte werden auch als Raw- oder Character-Device bezeichnet. Von letzterem stammt das „c", welches den Attributeblock der Datei kennzeichnet. Die Blockgröße beträgt 512 Byte.

Blockgeräte (Block Devices) tragen das Kennzeichen „b" im Attributeblock der Datei und weisen eine Blockgröße von 8 kB auf. Zu ihnen zählen vor allem die Festplatten.

Anstelle der Dateigröße stehen zwei Nummern vor dem Dateinamen, wenn man eine Abfrage `ls -l` durchführt. Die erste davon ist die Major-Device-Nummer. Sie ist für den Kernel die Angabe über den zu verwendenden Gerätetreiber. Die zweite Zahl, die Minor-Device-Nummer, beschreibt das Gerät, welches der Gerätetreiber steuert.

Unter Solaris kann eine Gerätedatei jeweils unter einem logischen oder physikalischen sowie ggf. einem BSD- oder Instanznamen angesprochen werden:

- Physikalische Gerätenamen
  - entsprechen den Bezeichnungen, die in OpenBoot (siehe auch Kapitel 2) verwendet werden,
  - finden Sie im Verzeichnis `/devices`,
  - bilden den physikalischen Hardware-Baum ab.
  - Beispiel: `pci10ec,8139@c:rtls0` (Netzwerkkarte mit Realtek-8139-Chip)
- Logische Gerätenamen
  - sind Links auf die physikalischen Namen unter `/devices`,
  - befinden sich im Verzeichnis `/dev`.
  - Beispiel: `c0d0s0` (IDE-Platte (1. Gerät am 1. Controller)
- Instanznamen
  - sind die vom Kernel verwendeten Kurzformen physikalischer Gerätenamen,
  - sind in der Datei `/etc/path_to_inst` den physikalischen gegenübergestellt, die Wartung der Datei nimmt der Kernel selbst vor.
  - Beispiel: "`/pci@8,700000/network@5,1`" 0 "`eri`" (Eintrag für die Netzwerkkarte einer Sun-Blade)
- BSD-Gerätenamen
  - befinden sich in `/dev`,
  - werden zwecks Kompatibilität mit BSD-Systemen vorgehalten,
  - ist nach Installation des BSD-Kompatibilitätspaketes vorhanden.
  - Beispiel: `sd1a` (1. Partition der 2. SCSI-Festplatte)

Der (physikalische) Gerätebaum im Verzeichnis `/devices` entspricht der Technik im Rechner. Von `/devices` aus absteigend geht man über die Controller-Ebene bis hin zum Gerät.

Auf einem PC-basierten System betrachten wir die Position des Slices mit der Nummer 7 der ersten IDE-Platte des Rechners:

```
/devices        PCI-IDE-Kontroller    Festplatte      Partitionen

isa
iscsi
iscsi:devctl                                          ..........
objmgr                                                cmdk@0,0:g
```

```
options                                                     cmdk@0,0:g,raw
pci@0,0              pci-ide@11,1          ide@0             cmdk@0,0:h
pci@0,0:devctl       pci1000,1000@b        ide@0:control     cmdk@0,0:h,raw
pseudo               pci1000,1000@b:devctl ide@1             cmdk@0,0:i
pseudo:devctl        pci1000,1000@b:scsi   ide@1:control     cmdk@0,0:i,raw
scsi_vhci            pci10ec,8139@c
scsi_vhci:devctl     pci10ec,8139@c:rtls0
xsvc                 ..............
xsvc:xsvc
```

Dieses Slice (h) liegt auf der ersten Platte (cmdk@0,0) des ersten IDE-Kontrollers (ide@0) des 1. PCI-IDE-Kontrollers (pci-ide@11,1) am 1. PCI-Bus (pci@0,0) des Rechners.

Der Aufbau eines logischen Gerätenamens spiegelt einen Teil des physikalischen Gerätebaumes wieder. Das oben gezeigte Slice hat hier die Bezeichnung /dev/dsk/c0d0s7. Das c0 steht für den ersten PCI-IDE-Kontroller, d0 bezeichnet die erste Platte und s7 das 8. Slice der Platte.

Auf einem SPARC-System mit SCSI-Bus verhält es sich ähnlich, z. B. c1t2d0s7. Hier hat das System mehrere SCSI-Kontroller, die ausgewählte Platte hängt am zweiten Kontroller (c1). Mit t2 ist die SCSI-Target-Nummer angegeben. Daran angeschlossen ist die Platte d0 mit dem Slice s7.

Sehen wir uns den Inhalt der Datei /etc/path_to_inst eines PC-basierten Systems nochmals an:

```
#
#       Caution! This file contains critical kernel state
#
"/pseudo" 0 "pseudo"
"/options" 0 "options"
"/xsvc" 0 "xsvc"
"/objmgr" 0 "objmgr"
"/scsi_vhci" 0 "scsi_vhci"
"/isa" 0 "isa"
"/isa/i8042@1,60" 0 "i8042"
"/isa/i8042@1,60/keyboard@0" 0 "kb8042"
"/isa/i8042@1,60/mouse@1" 0 "mouse8042"
"/isa/fdc@1,3f2" 0 "fdc"
"/isa/fdc@1,3f2/fd@0,0" 0 "fd"
"/isa/asy@1,3f8" 0 "asy"
"/isa/lp@1,278" 0 "ecpp"
"/ramdisk" 0 "ramdisk"
"/pci@0,0" 0 "pci"
"/pci@0,0/pci1106,b099@1" 0 "pci_pci"
"/pci@0,0/pci1106,b099@1/display@0" 0 "vgatext"
"/pci@0,0/pci1106,3104@10,3" 0 "ehci"
"/pci@0,0/pci1106,3038@10" 0 "uhci"
"/pci@0,0/pci1106,3038@10,1" 1 "uhci"
"/pci@0,0/pci1106,3038@10,2" 2 "uhci"
"/pci@0,0/pci1000,1000@b" 0 "ncrs"
"/pci@0,0/pci10ec,8139@c" 0 "rtls"
"/pci@0,0/pci-ide@11,1" 0 "pci-ide"
"/pci@0,0/pci-ide@11,1/ide@0" 0 "ata"
"/pci@0,0/pci-ide@11,1/ide@0/cmdk@0,0" 0 "cmdk"
```

```
"/pci@0,0/pci-ide@11,1/ide@0/cmdk@1,0" 1 "cmdk"
"/pci@0,0/pci-ide@11,1/ide@1" 1 "ata"
"/pci@0,0/pci-ide@11,1/ide@1/sd@0,0" 8 "sd
"/pci@0,0/pci1106,4161@11,5" 0 "audiovia823x"
"/iscsi" 0 "iscsi"
```

Auch hier ist zunächst in den meisten Fällen der Kontroller (oder ein anderes Geräteobjekt) aufgeführt. Bei den Geräten, die über die ISA-Bridge laufen, wie Maus, Tastatur, serielle Schnittstelle, ist sogar die Adresse angegeben. Bei vielen Geräten sind hier die Chipsatzdaten erkennbar, z. B. der SCSI-Kontroller mit dem NCR-Chipsatz oder die realtek-basierte Netzwerkkarte. Man bekommt so auch eine schnelle Übersicht über erkannte Hardware.

1.4.5 Aufbau von Shell-Befehlen

Für den Aufbau fast aller Unix-Shell-Befehle gibt es ein festes Muster. Dem eigentlichen Kommando folgen Optionen, die durch ein oder zwei „–"-Zeichen gekennzeichnet sind und Argumente, z. B. eines Dateinamens. Die Option -v bewirkt bei fast allen Kommandos eine ausführlichere Meldungsausgabe, -i ein interaktives Vorgehen bei bestimmten Kommandos wie beim Löschen.

Viele Befehle geben auf Wunsch eine kurze Hilfe aus. Diese erhält man durch die Option -help oder --help.

```
 1  sparc% cp *.txt ablage
 2  sparc% cp *.txt ablage
 3  sparc% cp -i *.txt ablage
 4  cp: überschreiben ablage/Bericht.txt (ja/nein)? ja
 5  cp: überschreiben ablage/bericht.txt (ja/nein)? nein
 6  sparc%

 7  sparc% tar cf sicherung.tar ablage/*
 8  sparc% tar cfv sicherung.tar ablage/*
 9  a ablage/Bericht.txt 1K
10  a ablage/bericht.txt 1K

11  sparc% man --help
12  Syntax: man [-] [-adFlrt] [-M path] [-T macro-package ] [ -s section ] name ⟩
...
13        man [-M path] -k keyword ...
14        man [-M path] -f file ...
sparc%
```

Als Beispiel kopieren wir Dateien in ein Verzeichnis. Ein Unix-Befehl erzeugt i. d. R. keine Nachfrage oder Meldung, wenn es bei seiner Ausführung keine Probleme (aus der Sicht des Kommandos) gab. So können wir (Zeile 1) alle Textdateien problemlos in das Verzeichnis ablage kopieren. Genauso problemlos gelingt die Wiederholung des Befehls (Zeile 2), wobei die nun im Verzeichnis befindlichen Dateien ggf. überschrieben werden. Wollen wir dies steuern, bewirkt die Option -i (Zeile 3) die Rückfragen (Zeilen 4 und 5).

Wir wollen vom Verzeichnis ablage ein TAR-Archiv erstellen. Im ersten Beispiel (Zeile 7) sehen wir nichts über den Inhalt. Mit der Option -v wird tar gesprächiger (Zeile 8) und zeigt uns (Zeilen 9 und 10) die ins Archiv gepackten Dateinamen an. Das Programm `tar` weicht übrigens vom Grundsatz ab, dass Optionen mit dem Minuszeichen versehen werden müssen.

Die Zeile 11 zeigt die Anforderung einer Kurzbeschreibung, die in den Zeilen 12 bis 14 ausgegeben wird.

1.4.6 Wichtigste Kommandos für den Einstieg

Ohne dem Shell-Kapitel vorgreifen zu wollen, finden Sie in der Tabelle 1.3 wichtige Befehle kurz aufgelistet, die Sie möglicherweise kurzfristig benötigen könnten.

Tab. 1.3: Wichtige Shell-Befehle

Aktion	Befehl
Variable belegen	`a=WERT`
Variable belegen, mit Wirkung auf weitere Prozesse	`export a=WERT`
Variablenwert abfragen	`echo $a`
In Variable abgelegtes Kommando ausführen	`eval $c`
Aktuelles Arbeitsverzeichnis ermitteln	`pwd` bzw. `echo $PWD`
Dateien auflisten	`ls`
w. o., ausführliche Anzeige	`ls -l`
w. o., Punktdateien anzeigen	`ls -a`
Verzeichnis anlegen	`mkdir neuordner`
Verzeichnis löschen	`rm -r neuordner`
Verzeichnis kopieren	`cp -R alt neu`
Datei kopieren	`cp a.txt b.txt`
Datei kopieren über Verzeichnisgrenzen hinweg	`cp ../ordner/a.txt ../neu`
Datei löschen	`rm a.txt`
Datei/Verzeichnis umbenennen	`mv alt neu`
Datei/Verzeichnis verschieben	`mv alt ../berichte`
Dateien auslesen	`cat fehler.log`
Die letzten 10 Zeilen anzeigen	`tail -10 fehler.log`
Die ersten 10 Zeilen anzeigen	`head -10 fehler.log`
Textdatei mit Blätterfunktion anzeigen	`less fehler.log`
	`more fehler.log`

1.4.7 Hilfe ... die Manual-Seiten (Man-Pages), apropos und andere Hilfen

Solaris bringt wie jedes Unix und Unix-ähnliche System eine umfangreiche, jederzeit abrufbare Hilfe mit.

Für fast jedes auf der Shell absetzbare Kommando existiert eine sogenannte Manual-Seite. In dieser sind Informationen über den Befehl und weitergehende Angaben (Konfigurationsdateien, Variablen) abgelegt. Auch über wichtige Konfigurationsdateien, Schnittstellenbeschreibungen usw. werden Man-Pages vorgehalten.

```
sparc% man whoami
Seite wird neu formatiert. Bitte warten... fertig

SunOS/BSD Compatibility Package Commands                    whoami(1B)

NAME
     whoami - display the effective current username

SYNOPSIS
     /usr/ucb/whoami

DESCRIPTION
     whoami displays the login name corresponding to the  current
     effective  user  ID.  If  you have used su to temporarily adopt
     another user, whoami will report the login  name  associated
     with  that  user  ID.  whoami  gets its information from the
     geteuid and getpwuid library routines (see  getuid  and
     getpwnam(3C), respectively).

FILES
     /etc/passwd                username data base

ATTRIBUTES
     See attributes(5) for descriptions of the  following  attri-
     butes:


     |         ATTRIBUTE TYPE        |        ATTRIBUTE VALUE       |
     |_____|_____|
     | Availability                  | SUNWscpu                     |
     |_____|_____|


SEE ALSO
     su(1M), who(1), getuid(2), getpwnam(3C), attributes(5)

SunOS 5.10          Last change: 14 Sep 1992                       1
```

Das gezeigte Muster stellt eine komplette Man-Page dar. Oben rechts erkennen Sie den Befehl und die zugeordnete Kategorie. Man-Pages sind in verschiedene Kategorien eingeteilt, so dass auch zum selben Begriff mehrere Einträge zur Verfügung stehen können. Dies ist oft der Fall, wenn das Schlüsselwort zum einen ein Kommando, aber auch einen Befehl einer Programmiersprache bezeichnet. Es werden eine Kurzbeschreibung, der Ablageort der Datei, eine ausführliche Beschreibung und Dateien benannt, die mit dem Befehl zusammenarbeiten. Bei Solaris werden sogenannte Attribute aufgelistet, die sich auf die Verfügbarkeit beziehen. Sie können diese selbst gleich durch man attributes genauer erforschen. Hier wird übrigens die Kategorie hinter attributes in Klammern angezeigt. Zum Schluss jeder Man-Page finden Sie noch weitergehende Themen sowie den Stand der letzten Bearbeitung.

Oft kommt es vor, dass Sie für Ihr Problem eine Manual-Seite nicht klar benennen können. Sie wollen eine Übersicht von Man-Pages zu einem bestimmten Thema aufgelistet bekommen. Hier hilft der Befehl apropos <Suchbegriff> weiter.

Sie möchten Ihr (lokales) Kennwort ändern und suchen deshalb unter dem Begriff „password". Eine lange, hier gekürzt dargestellte Liste erhalten Sie als Antwort.

```
sparc% apropos password
..................
d_passwd          d_passwd (4)      - dial-up password file
getpw             getpw (3c)        - get passwd entry from UID
pam_passwd_auth pam_passwd_auth (5) - authentication module for password
passwd            passwd (1)        - change login password and password attributes
passwd            passwd (4)        - password file
pwconv            pwconv (1m)       - installs and updates /etc/shadow with ⏎
information from /etc/passwd
rpc.nispasswdd    rpc.nispasswdd (1m) - NIS+ password update daemon
rpc.yppasswdd     rpc.yppasswdd (1m)  - server for modifying NIS password file
yppasswd          yppasswd (1)      - change your network password in the NIS ⏎
database
yppasswdd         rpc.yppasswdd (1m)  - server for modifying NIS password file
yppasswdd         yppasswdd (4)     - configuration file for rpc\&.yppasswdd (NIS ⏎
password daemon)
..................
sparc%
```

Wie geht es nun weiter? Sie suchen sich aus den Ergebnissen die Zeile heraus, die Ihren Fragen am nächsten kommt und finden die (hier im Listing hervorgehobene) Zeile. Wenn Sie jetzt man passwd eingeben, erhalten Sie zufällig, da Sie ja den Befehl kennenlernen wollen, auch die Ausgabe der zutreffenden Manual-Seite. Dies beruht darauf, dass Programmaufrufe in der Kategorie 1 abgelegt sind und die Man-Pages „aufsteigend" durchsucht werden. Wenn Sie sich jedoch für den Aufbau der Passwort-Datei interessieren, müssen Sie dies dem man-Kommando mitteilen.

man -s 4 passwd lautet dann die Abfrage.

Sollten Sie bei der Apropos-Abfrage eine Fehlermeldung bezüglich der Windex-Datenbank bei einem frisch installierten System erhalten, so können Sie diese ganz einfach mit dem Befehl catman -w erstellen.

1.4.8 Kurzeinführung in den Editor vi

Der Texteditor vi zählt zu den wohl ältesten und immer noch im Einsatz befindlichen Programmen der EDV-Welt. Was für seine Verwendung spricht, ist die Tatsache, dass

- der vi auf jedem Unix oder verwandten System vorhanden ist,

- er unabhängig vom verwendeten Terminaltyp funktioniert,

- und oft der letzte Retter ist, wenn ein System wegen Fehlkonfiguration kaum mehr zugänglich ist.

Auch bei Solaris gehört der Editor zur Standard-Ausstattung.

Der vi verfügt über keine Menüs und braucht fast keine Systemressourcen. Er hat drei Arbeitsmodi. Nach dem Start befinden Sie sich im „direkten Kommandomodus". Jetzt bestimmen Sie, ob Sie an der zu bearbeitenden Datei etwas anfügen („a"-append) oder einfügen („i"-insert) möchten. In jedem Fall gelangen Sie damit in den „Eingabemodus", den Sie nur durch mehrfaches Drücken der ESC -Taste wieder verlassen können. Außerhalb des Eingabemodus leiten Sie bestimmte Kommandos mit einem Doppelpunkt ein, z. B. Speichern und Beenden („:wq!"). Das Ausrufezeichen unterdrückt dabei weitere Meldungen.

Ein großer Vorteil des vi ist, dass man auch mittels Buchstaben navigieren kann. In diese Situation kommt man schnell, wenn man z. B. nicht über eine passende Terminalemulation verfügt.

Eine kleine Befehlsreferenz sollte der Systembetreuer, wenn er sonst andere Editoren verwendet, stets griffbereit haben.

Vielen Kommandos kann man eine Zahl voranstellen, damit es mehrfach ausgeführt wird, z. B. „3b" für die Anweisung „Springe drei Wörter nach links".

Die wichtigsten Kommandos finden Sie in Tabelle 1.4 aufgelistet, die Richtungsangaben finden Sie in Abbildung 1.10 auf der nächsten Seite.

Tab. 1.4: Wichtige vi-Kommandos

Aktion	*Kommando*
Einfügen von	
Zeichen vor Schreibmarke	i
am Zeilenanfang	I
Anfügen von Zeichen	
Zeichen nach Schreibmarke	a
am Zeilenende	A
Einfügen von Text in neuer Zeile	
nach Zeile mit Schreibmarke	o
vor Zeile mit Schreibmarke	O
Löschen	
des Zeichens unter der Schreibmarke	x
von <Zahl> Zeichen ab der Schreibmarke	<Zahl>x
des Wortes unter der Schreibmarke	dw
von <Zahl> Wörtern ab Schreibmarke	<Zahl> dw

Tab. 1.4: (Fortsetzung): Wichtige `vi`-Kommandos

der Zeile mit Schreibmarke	`dd`
\<Zahl\> Zeilen ab der Schreibmarke	`<Zahl>dd`
Ersetzen	
eines Zeichens unter der Schreibmarke	`r <Zeichen>`
eines Wortes unter der Schreibmarke	`cw <wort>`
Aktion	
rückgängig machen	`u`
Datei	
(zwischen-)speichern	`:w`
speichern und `vi` beenden	`:wq`
speichern und `vi` beenden ohne Nachfrage	`:wq!`
vi beenden	
ohne Datei speichern, Abbruch	`:q!`
ohne Datei speichern, wenn Puffer ungeändert, sonst Programmende nicht möglich	`:q`

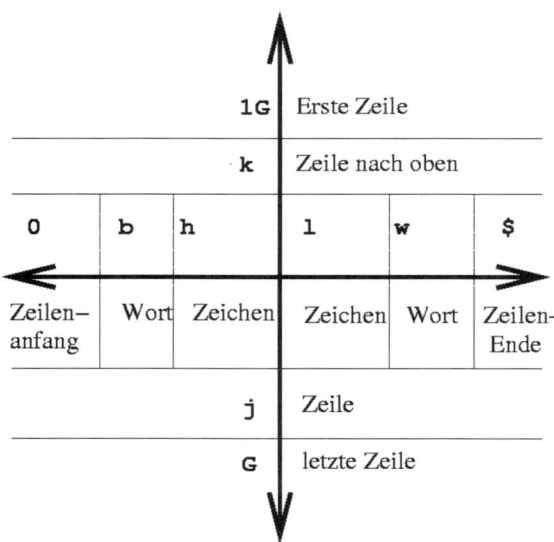

Abb. 1.10: Positionierungskommandos des „`vi`"

In der Abbildung 1.11 auf der nächsten Seite sieht man `vi` in Aktion. In diesem Moment wird die geänderte Datei gespeichert und der Editor ohne weitere Rückfrage beendet (links unten).

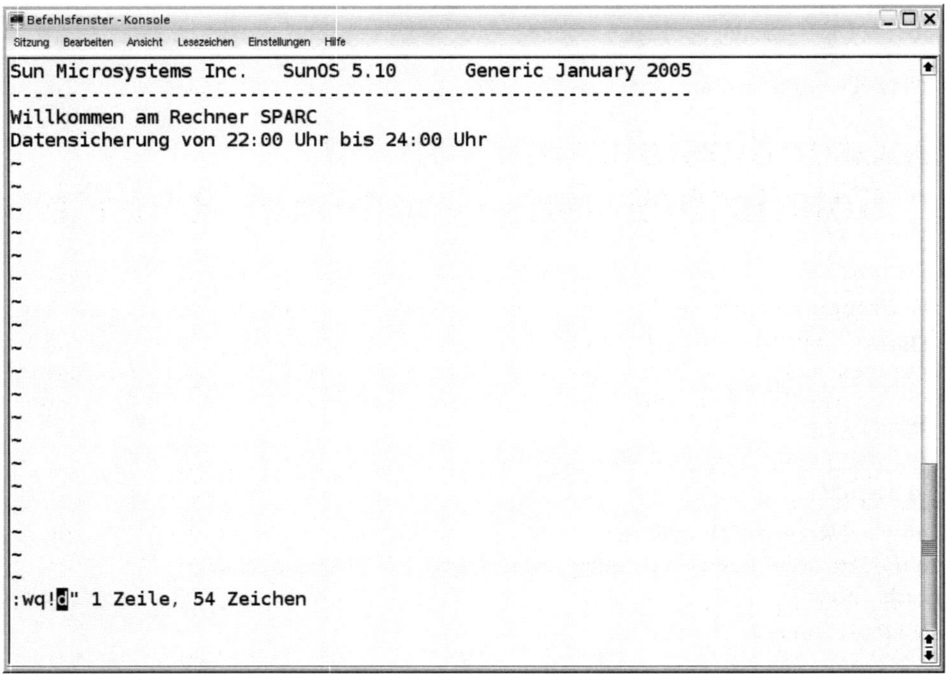

```
▓ Befehlsfenster - Konsole                                                    _ □ ×
Sitzung  Bearbeiten  Ansicht  Lesezeichen  Einstellungen  Hilfe
Sun Microsystems Inc.    SunOS 5.10      Generic January 2005        ▲
---------------------------------------------------------------
Willkommen am Rechner SPARC
Datensicherung von 22:00 Uhr bis 24:00 Uhr
~
~
~
~
~
~
~
~
~
~
~
~
~
~
~
~
~
:wq!█" 1 Zeile, 54 Zeichen                                          ▲
                                                                    ▼
```

Abb. 1.11: vi in Aktion

2 Grundinstallation von Solaris10/Solaris Community Release

Die Grundinstallation verläuft i. d. R. unspektakulär. Anwender, die zum ersten Mal mit den hier besprochenen Systemen betraut sind, sollten zunächst einmal ohne Zeitdruck übungshalber einen Rechner installieren. Gehen Sie in Ruhe alle für Sie in Betracht kommenden Möglichkeiten schrittweise durch, damit Ihnen diese bei der „Echtinstallation" geläufig sind.

Sie können das System mittels CD-ROM, DVD-ROM oder über einen Installations-Server aufspielen. Die Abbilddateien zur Erstellung der CD-ROMs oder der DVD-ROM können über die Internetseite der Firma Sun bzw. der des OpenSolaris-Projektes (verlinkt auf das Sun-Download-Center) heruntergeladen werden.

Die Ausführungen hier gelten gleichfalls für Solaris10 und Solaris Community Release für die SPARC- und die PC-Plattform.

Inhalt

2.1 Hardware-Unterstützung

Besitzer von neuerer 64-Bit-Hardware von Sun brauchen sich bezüglich Hardware-Unterstützung keine Sorgen zu machen. I. d. R. werden alle Rechnerkomponenten unterstützt. Anders kann es bei Hardware aus dem PC-Bereich aussehen. Nicht alles, was am Markt erhältlich ist oder war, wird hier unterstützt. Besonders betroffen sind Netzwerkkarten, SCSI-Kontroller und z. T. auch Grafikkarten. Hier hilft ein Blick in die diversen Auflistungen am Sun-Server: `http://www.sun.com/bigadmin/hcl`. bzw. `http://www.sun.com/bigadmin`. Bei den Tests zeigte es sich aber, dass eigentlich doch vieles reibungslos unterstützt wurde, also Maus, Tastatur, Netzwerkkarte, Brenner, Drucker, USB-Stick, Scanner ...

2.2 Benutzung der seriellen Konsole für die Installation

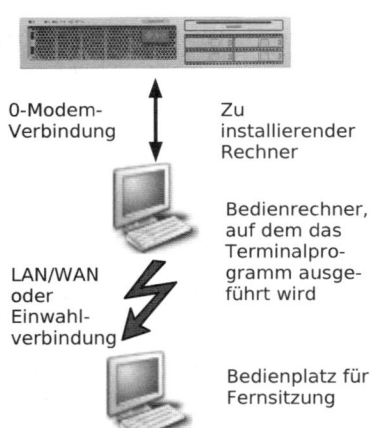

0-Modem-Verbindung

Zu installierender Rechner

Bedienrechner, auf dem das Terminalprogramm ausgeführt wird

LAN/WAN oder Einwahlverbindung

Bedienplatz für Fernsitzung

Abb. 2.1: Verbindungsmöglichkeiten für die „ferngesteuerte" Installation

Nicht immer verfügt man über einen passenden Bildschirm, Maus und Tastatur zum Anschluss an einen Rechner. Oftmals kann sich der zu installierende Rechner auch in einem 19-Zoll-Schrank befinden. Fehlt eine KVM-Switch-Einrichtung, um die Bild-, Maus- und Tastaturinformationen zu einem Arbeitsplatz außerhalb des lärmenden Rechnerraumes zu übertragen, so bleibt immer noch der Weg, ein Terminal mit seriellem Anschluss mit dem Gerät zu verbinden und von diesem aus die notwendigen Arbeitsschritte vorzunehmen.

Die Installation wird dann komplett im Textmodus vorgenommen, was aber keinen Nachteil darstellt. Es steht grundsätzlich der gleiche Funktionsumfang zur Verfügung.

Meist ist ein PC vorhanden, den wir als Bedienplatz für die Grundinstallation verwenden können. Er muss mit einem Terminalprogramm ausgestattet sein und durch ein (serielles) „Null-Modemkabel" mit dem zu installierenden Gerät verbunden werden. Schon die Bootmeldungen können damit mitgelesen werden.

Mittels SSH-Verbindung kann auf dem Rechner, welcher die Nullmodemverbindung zum Installationsprobanden innehat, eine Fernsitzung via Netzwerk oder Internet abgehalten werden. Mit dieser Möglichkeit kann man durch einen externen Dienstleister auch den kostengünstigeren Fern-Support in Anspruch nehmen, weil ja diverse Anfahrtspauschalen usw. entfallen. Für einen eventuellen Datenträgerwechsel muss sich kein Fachpersonal vor Ort aufhalten, dies kann jeder Mitarbeiter (des Kunden) erledigen.

Für fast alle Betriebssysteme stehen geeignete Programme (Tabelle 2.1 auf der nächsten Seite) bereit. Wichtig in allen Fällen ist, dass man als Benutzer auch über ungehinderten

Zugriff auf die serielle Schnittstelle des Bedienplatzrechners verfügt. Nicht alle Terminal-programme geben immer eine zutreffende Fehlermeldung aus, wenn ein Rechte-Problem vorliegt!

Betriebssystem	Programm
MS-DOS	Telix, Vipcom
OS/2	Zoc
Windows	Hyperterminal
Linux, FreeBSD	minicom
FreeBSD	cu
Solaris	cu

Tab. 2.1: Terminalprogramme

Damit das Zusammenspiel zwischen den beiden Rechnern auch klappt, müssen bei den meisten Terminalprogrammen noch einige Parameter gesetzt werden. Mit den nachstehend gezeigten Einstellungen klappt die Verbindung:

Schnittstelle Gerät angeben, `COM...` unter MSDOS und Windows, `/dev/...` unter Linux und Unix.
Bit/Sekunde 9600 Bit/s
Parität 8N1 (8 Bit, kein Paritäts-Bit, 1 Stop-Bit)
Flusskontrolle durch Hardware ...
Backspace-Taste löscht Zeichen links von der Schreibmarke

Die Übertragungsgeschwindigkeit mit 9600 Bit/Sekunde reicht vollkommen aus, auch wenn sich das Bild langsam aufbaut.

Nachdem man die Werte eingestellt und das Terminalprogramm gestartet hat, muss (bei einem laufenden Solaris-Rechner) bei aktivierter serieller Schnittstelle die Verbindungsauf-nahme möglich sein (Beispiel mit `minicom` unter FreeBSD).

> **Hinweis:** PC-BIOS umstellen
> Bei PC-Hardware muss eventuell das BIOS so eingestellt werden, dass der Rechner trotz abgezogener Tastatur den Bootvorgang einleitet!

2.3 OpenBoot-PROM – Hinweise zum Booten von Sparc-Hardware

Im Gegensatz zu auf herkömmlicher PC-Technik basierter Hardware existiert bei diesen Geräten kein BIOS. Beim Einschalten eines Sparc-Rechners führt die System-Firmware Selbsttestroutinen aus. Falls im nicht-flüchtigen Speicherbereich des Firmware-Proms der entsprechende Merker gesetzt wurde, wird anschließend versucht, automatisch ein System zu laden.

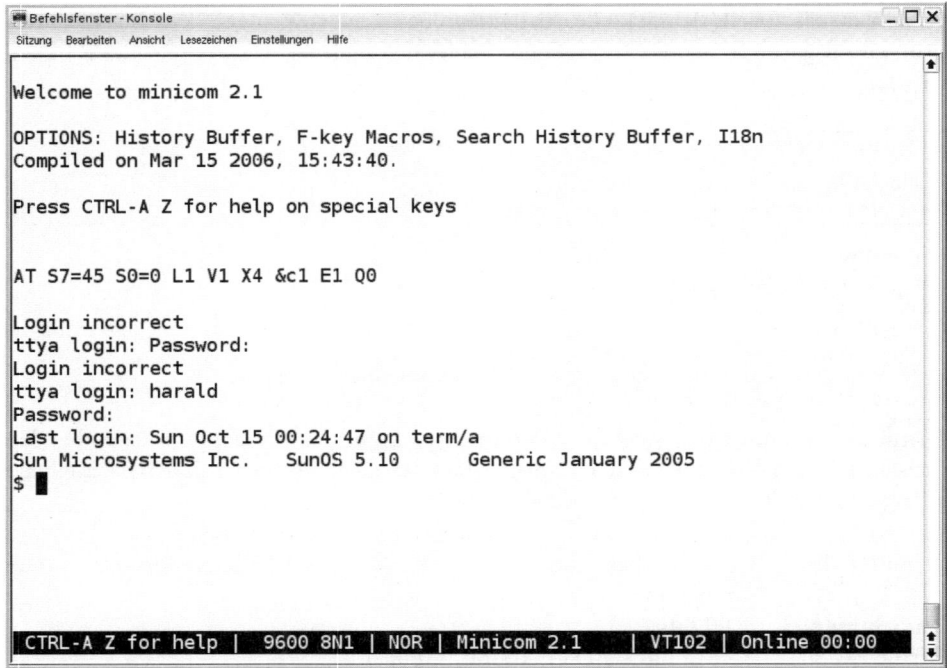

Abb. 2.2: Mit `minicom` wird der Rechner zum seriellen Terminal, auch für die „ferngesteuerte" Installation

Auf einem laufenden System kann man gleichfalls auf diesen Mechanismus zugreifen. Soll beispielsweise ein bereits bestehendes System neu installiert werden und daher von einer Installations-CD oder -DVD geladen werden, geben Sie als Benutzer „root" folgendes Kommando ein:

```
reboot cdrom
```

Das laufende System wird heruntergefahren und der Rechner anschließend von der Installations-CD oder -DVD geladen.

> **Hinweis:** Booten von Sparc-Hardware
> Bei einem installierten System erhalten Sie mit dem Shell-Aufruf „`man boot`" weitere Informationen, insbesondere auch zum Booten über das Netzwerk! Weitere Informationen erhalten Sie auch über `http://docs.sun.com/app/docs/doc/817-5504`.

Das OpenBoot-PROM bietet Ihnen unter anderem folgende Möglichkeiten:

- vorhandene Hardware anzeigen, konfigurieren und rücksetzen,
- den Rechner abschalten,

- Auswahl des Boot-Gerätes (Platte, CD/DVD-ROM, Netzwerk, Magnetband) vornehmen und festlegen.

Betrachten Sie zunächst einmal einen Bootvorgang und die Konsolmeldungen in der Abbildung 2.3.

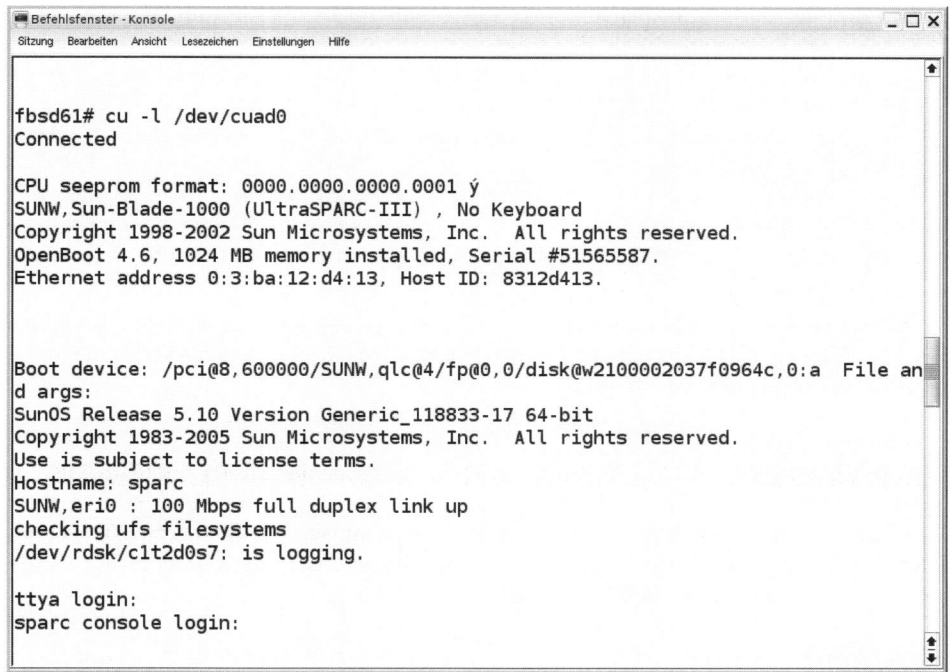

Abb. 2.3: Booten eines Sparc-basierten Sun-Rechners

Die ersten beiden Zeilen des Terminalbildabzuges zeigen die Verbindungsaufnahme zwischen dem Arbeitsplatzrechner und dem Sun-Rechner. Es wird das Programm „cu" verwendet. Nach dem Einschalten des Sun-Rechners dauert es eine Weile, bis Sie die folgenden Meldungen angezeigt bekommen. Sie erhalten Informationen, um welches Rechnermodell es sich handelt und welcher Prozessor verwendet wird. Die Versionsnummer von OpenBoot, die Kapazität des installierten Arbeitsspeichers und die Seriennummer werden als Nächstes ausgegeben. Zuletzt erfahren Sie die MAC-Adresse der eingebauten Netzwerkkarte und die sogenannte Host-ID. Letztere ist eine zusätzliche, eindeutige Kennzeichnung für ein SPARC-basiertes System, welche zur Lizensierung von Software herangezogen werden kann und damit eine unerwünschte, mehrfache Verwendung eines Programmes innerhalb eines Netzwerkes verhindert.

Anschließend werden die Bootanweisungen ausgelesen und ausgeführt. Hier im Beispiel wird das Bootgerät, eine Festplatte, mit Nummer und Kontrollerdaten angezeigt. Die restlichen Meldungen stammen bereits vom Ladevorgang des Betriebssystems.

Die OpenBoot-Software ist im OpenBoot-PROM abgelegt. Die optionalen Konfigurationseinstellungen sind im NVRAM hinterlegt und änderbar.

Nach dem Einschalten des Sun-Rechners beginnt der Power-on-Selbsttest, in den Anleitungen als POST bezeichnet. Solange dieser läuft, bleiben Konsolen- oder Terminalbildschirm noch leer. Erst wenn die Firmware aus dem PROM das Kommando über den Computer übernimmt, werden Hauptspeicher und CPU getestet und initialisiert und die Ergebnisse aus diesen Arbeitsschritten auch angezeigt.

Hinweis: Das OpenBoot-PROM
wird in Anleitungen und in der Fachliteratur unter den Begriffen PROM-Monitor oder Monitorprogramm geführt!

Auf den OpenBoot-Prompt gelangen Sie automatisch, wenn die entsprechende Konfigurationsvariable `auto-boot` auf den Wert „`false`" gesetzt oder noch kein Betriebssystem installiert wurde.

In allen anderen Fällen müssen Sie nach dem Einschalten des Sun-Rechners zehn Sekunden lang die Taste STOP gedrückt halten, um den Fortgang des Bootens zu verhindern und den OpenBoot-Prompt zu erhalten.

Hinweis: Stop-Taste
Diese Taste befindet sich am linken Funktionsblock links oben, unter der Hilfe-Taste!

Der OpenBoot-Prompt (Abbildung 2.4) erschien nach langem Drücken der STOP -Taste. Die USB-Fehlermeldung wurde genau aus diesem Grund, dem langen Tastendruck, ausgegeben. Der Kommandoprompt lautet „`ok`".

```
SUNW, Sun-Blade-1000 (UltraSPARC-III) , Keyboard Present
Copyright 1998-2002 Sun Microsystems, Inc.  All rights reserved.
Openboot 4.6, 1024 MB memory installed, Serial #51565587.
Ethernet address 0:3:ba:12:d4:13, Host ID: 8312d413.
```

ok ∎

Abb. 2.4: OpenBoot-Prompt

Die Kommandosyntax des OpenBoot-Prompt ist recht einfach und unkompliziert gehalten. In der Abbildung 2.5 auf der nächsten Seite wird der Rechner angewiesen, alle SCSI-Komponenten zu durchforsten.

Es gibt Befehle zum Abfragen und Ändern von Einstellwerten sowie dem Auslösen von Aktionen. Nicht jedes der gezeigten Kommandos ist in jeder Version des OpenBoot-PROM verfügbar.

```
ok probe-scsi-all
/pci@8,600000/SUNW,qlc@4
Lid HA LUN  --- Post WWN ---   ----- Disk description -----
  2  2   0  2100002037f0964c  SEAGATE ST318304FSUN18G 0726

/pci@8,700000/scsi@6,1

/pci@8,700000/scsi@6
Target 6
  Unit 0   Removable Read Only device   TOSHIBA DVD-ROM SD-M14011007
ok ∎
```

Abb. 2.5: Abarbeitung eines OpenBoot-Prompt-Kommandos

help	Hilfe-Unterthemen anzeigen
help \<Kategorie>	Das erste Wort muss in Kleinbuchstaben geschrieben werden, also z. B. „`help power`".
.version	Ausgabe der Versionsnummern des OpenBoot-PROM und des POST-Programms, bei Maschinen mit mehreren CPUs auch des Einschubes.
banner	Gibt die gleichen Informationen aus, die beim Rechnerstart gezeigt werden, u. a. MAC-Adresse, CPU, Speichergröße.
printenv	Ausgabe aller Einstellungen
printenv \<Variable>	Ausgabe einer bestimmten Einstellung
show-devs	Auflisten vorhandener Hardware
words	Liste aller Befehle und Variablen
.enet-addr	Anzeigen der MAC-Adresse(n) der Netzwerkkarten
boot	Laden des Betriebssystems von voreingestelltem Gerät
boot -v	w. o., aber mit ausführlichen Meldungen
boot -a	Interaktives Laden des Rechners
boot cdrom	Laden von CD/DVD
boot disk	Laden von anderer Festplatte als der Standardplatte. Bestimmte Partitionen werden mit Kleinbuchstaben (a für 0, b für 1, usw.) mit vorangestelltem „:" angegeben.
boot net	Laden des Rechners über das Netzwerk, es muss ein Bootserver im LAN erreichbar sein, der dem plattenlosen Client alle notwendigen Daten übermittelt.
boot tape	Laden von Magnetband.
reset	Emuliert das Aus- und Einschalten des Rechners.
reset-all	w. o., es werden alle Systembestandteile neu initialisiert.
power-off	Abschalten des Rechners
probe-scsi	Durchsuchen des ersten SCSI-Kontrollers nach Geräten
probe-scsi-all	Durchsuchen aller SCSI-Kontroller nach Geräten
probe-ide	Durchsuchen der IDE-Kontroller nach Geräten
test \<Gerät>	Einzelnes Gerät testen

test-all	Alle Geräte testen
setenv <Variable>	Variable setzen
set-defaults	Manuelle Einstellungen wieder rückgängig machen

Das Auslesen und Setzen von Variablen soll nochmals ausführlicher gezeigt werden. Im konkreten Beispiel geht es darum, dass der Rechner automatisch das Betriebssystem von Platte lädt und nicht mehr beim OpenBoot-Prompt stehen bleibt und auf weitere Anweisungen wartet.

Wir fragen mit `printenv` den Wert der Variablen ab, ändern ihn mit `setenv` von „`false`" auf „`true`" ab und kontrollieren die Einstellung nochmals.

```
ok printenv auto-boot?
auto-boot?  =           false
ok setenv auto-boot? true
auto-boot?  =           true
ok printenv auto-boot?
auto-boot?  =           true
```

2.4 Chronologie einer Standard-Grundinstallation

Verfolgen Sie jetzt den Ablauf einer Grundinstallation auf einer Sun Blade 1000, gesteuert über die serielle Konsole. Die Darstellung im grafischen Modus war technisch leider nicht möglich, inhaltlich bestehen aber keinerlei Unterschiede zwischen diesen beiden Ansichten.

Es ist fast immer möglich, die Installation abzubrechen. Nach dem Booten der Installations-DVD erscheint als erstes die Abfrage zur Sprachauswahl (Abbildung 2.6).

```
Select a Language

   0. English
   1. French
   2. German
   3. Italian
   4. Japanese
   5. Korean
   6. Simplified Chinese
   7. Spanish
   8. Swedish
   9. Traditional Chinese

Please make a choice (0 - 9), or press h or ? for help: ▮
```
Abb. 2.6: Sprachauswahl

Anschließend werden Sie, wenn Sie über die serielle Konsole die Installation führen, nach dem Terminaltyp gefragt (Abbildung 2.7 auf der nächsten Seite).

Wenn Sie von einem Rechner mit laufendem Xfree/Xorg aus arbeiten, wählen Sie die 12. Das können Sie auch von einer Sun-Workstation aus verwenden, wenn Sie den Java-Desktop gestartet haben. Sonst werden Sie meist das Ansi-Terminal (1) oder das DEC VT100 (3) bemühen müssen, dabei handelt es sich um seit Jahren verbreitete Terminalstandards, mit denen viele Programme gut zurecht kommen.

```
Auf welcher Art von Terminal arbeiten Sie?
 1) ANSI Standard CRT
 2) DEC VT52
 3) DEC VT100
 4) Heathkit 19
 5) Lear Siegler ADM31
 6) PC-Konsole
 7) Sun-Kommando-Shell
 8) Sun-Workstation
 9) Televideo 910
10) Televideo 925
11) Wyse Modell 50
12) X Terminal Emulator (xterms)
13) CDE Terminal Emulator (dtterm)
14) Andere
Geben Sie die gewünschte Zahl ein und drücken Sie Eingabetaste: ▮
```

Abb. 2.7: Terminalauswahl

Meist sind die Funktionstasten im Terminalprogramm anderweitig belegt und können deshalb nicht benutzt werden. Drücken Sie die Taste ⌐F2⌐. Wenn jetzt nicht der Folgebildschirm des Installationsprogrammes erscheint, betätigen Sie die Taste ⌐ESC⌐, und in der letzten Zeile springt die Tastenauswahl von `F2_Weiter` nach `Esc-2_weiter` um. Im weiteren Verlauf werden vom Programm die zutreffenden Tastenkombinationen angezeigt (Abbildung 2.8).

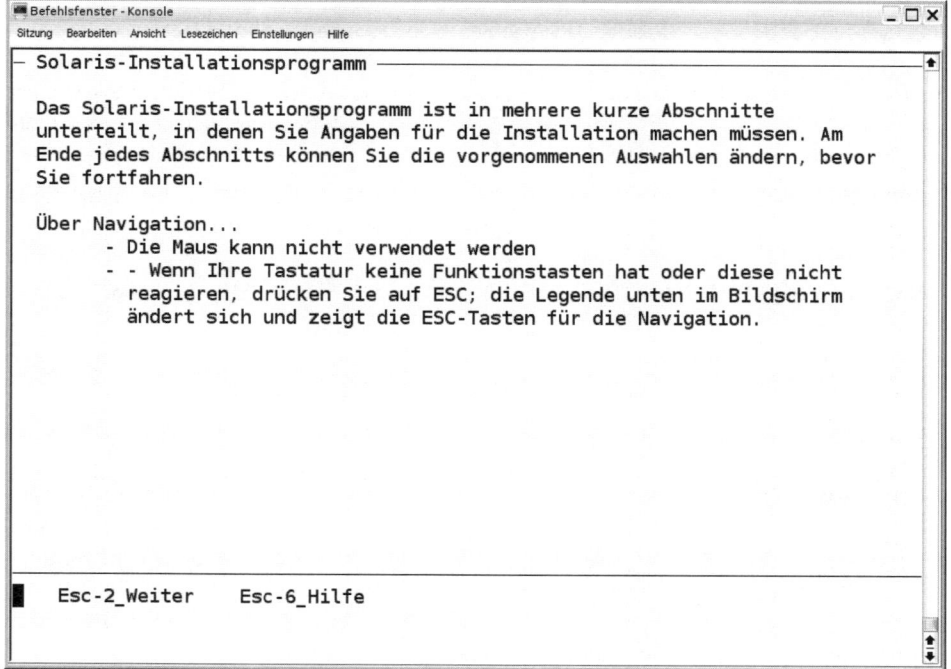

Abb. 2.8: Funktionstastenbestimmung

Nachdem Sie im Programm „weiter" gesprungen sind, werden Sie auf die nächsten Schritte von „System identifizieren" hingewiesen. Es wird festgelegt, ob der Rechner vernetzt wird und die Zeitzone und Uhrzeit müssen bestimmt werden. Spätestens hier sollten Sie über alle notwendigen Informationen über das Netzwerk, an dem der Rechner angeschlossen wird, verfügen!

Bei der Installation auf PC-Geräten kann es auch vorkommen, dass eine von Solaris nicht unterstützte Netzwerkkarte im Rechner eingebaut ist. Hier hilft ein Blick in die Hardware-Dokumentation und ggf. ein Austausch dieser Baugruppe. Der Gerätename einer erkannten Netzwerkkarte setzt sich aus dem Treiber und der laufenden Nummer, i. d. R. „0", zusammen.

Unser Testrechner sollte vernetzt werden, IP-Adresse, Hostname und Netzmaske waren bekannt, der Gateway-Rechner wurde manuell bestimmt. Somit waren die folgenden Fragen des Installationsprogrammes wie in der Tabelle 2.2 gelistet zu beantworten. Die Reihenfolge entspricht der des Programmlaufes. Natürlich wird die Fragestellung unter Umständen abweichen, z. B. wenn DHCP gewählt wird.

Frage	*Antwort*
vernetzt	ja
DHCP verwenden	nein
Hostname	sparc
IP-Adresse	192.168.0.3
Teilnetz	ja
Netzmaske	255.255.255.0
IPv6 aktivieren	nein
Standard-Route	Ein Element bestimmen (Abbildung 2.9 auf der nächsten Seite)
IP-Adresse Standard-Route	192.168.0.1

Tab. 2.2:
Netzwerkkonfiguration

Sie sehen eine Zusammenfassung der bisher eingegebenen Daten, welche Sie bestätigen müssen oder abändern können (Abbildung 2.10 auf der nächsten Seite).

Sie müssen anschließend angeben, ob das Sicherheitssystem Kerberos eingesetzt wird. In unserem Falle traf dies nicht zu, und wir wählten „nein", was wir nochmals bestätigen mussten.

Solaris kann mit verschiedenen Name-Services zusammenarbeiten. Im lokalen Netz hier arbeitet ein herkömmlicher DNS-Server zur Namensauflösung, so dass wir uns auch für diese Option entschieden haben (Abbildung 2.11 auf Seite 46).

Im Installationsprogramm nehmen wir weitere Eingaben vor:

- Domainname,
- DNS-Server-Adresse. Es können bis zu drei davon angegeben werden.
- Such-Domain. Beim Vorhandensein mehrerer Domainnamen im lokalen Netz können mehrere eingegeben werden. Bleiben die Felder leer, wird nur für die vorher angegebene durchsucht.

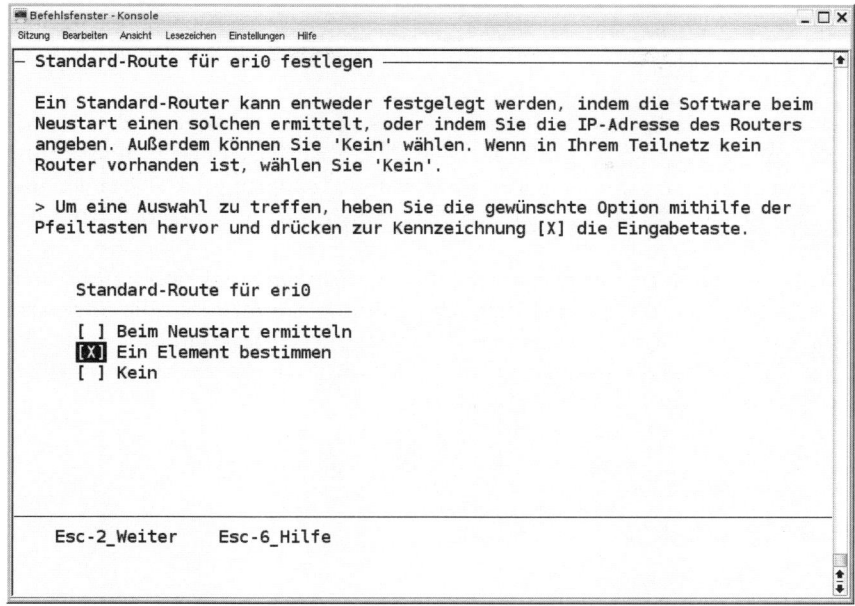

Abb. 2.9: Standard-Route festlegen

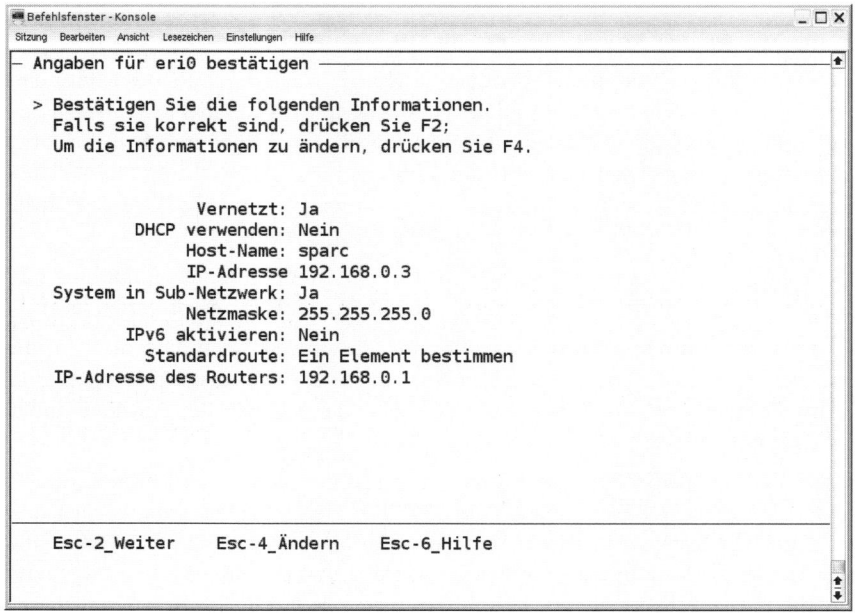

Abb. 2.10: Zusammenfassung der Angaben für die Netzwerkkarte

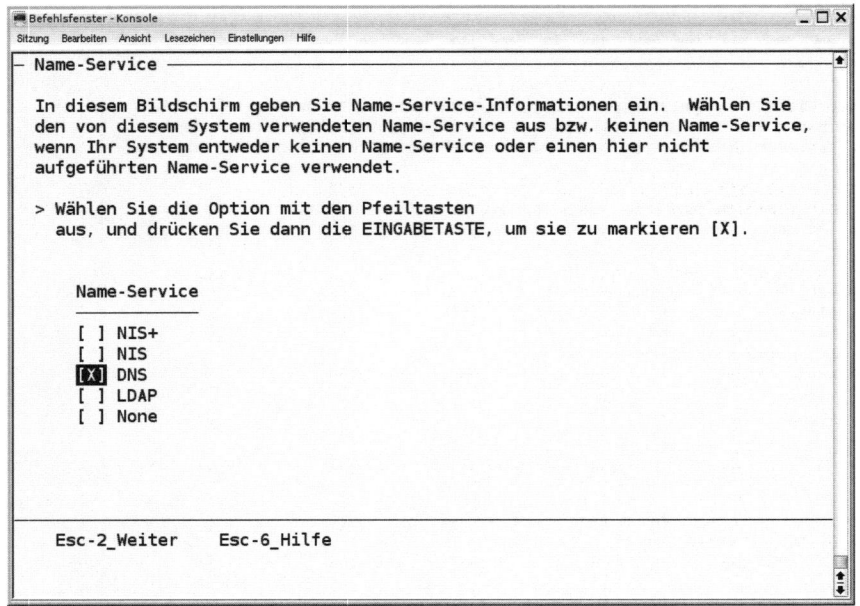

Abb. 2.11: Festlegung des Name-Services

Wiederum sind die gerade getroffenen Eintragungen nochmals zu bestätigen.

Die nächsten Einstellungen betreffen Zeitzone und Uhrzeit. Nach der Wahl des Kontinents (Abbildung 2.12 auf der nächsten Seite) und des Landes besteht die Möglichkeit, Datum und Uhrzeit einzustellen. Auch diese Festlegungen müssen in einem eigenen Schritt bestätigt werden. In Mitteleuropa beträgt während der Winterzeit die Abweichung zur Weltzeit „GMT" (Greenwich Mean Time) eine Stunde, in der Sommerzeit zwei Stunden. Die Weltzeit wird neuerdings als „UTC" (Universal Time Coordinated) bezeichnet.

Die nächste Eingabe betrifft wiederum die Systemsicherheit im Besonderen (Abbildung 2.13 auf der nächsten Seite). Nehmen Sie das Angebot nicht an, beide Einträge leer zu lassen!

Das Installationsprogramm bietet uns an, die Programme entweder vom Datenträger oder einem Flash-Server zu installieren. Sun bezeichnet damit speziell ausgerüstete Rechner, welche die Installationsdateien vorhalten. Die anschließend einzugebenden Angaben finden Sie in Tabelle 2.3 auf Seite 48).

Nachdem wir „Mitteleuropa" ausgewählt haben, soll die System-Sprachumgebung bestimmt werden. Wenn Sie sich hier für den Wert „POSIX C" entscheiden, erhalten Sie i. d. R. eine englischsprachige Installation. In unserem Falle wurde das Kreuzchen bei „Deutschland ISO8859-15" gesetzt (Abbildung 2.14 auf Seite 48). Wir erhalten damit eine weitgehend deutschsprachige Anzeige von Menüs, Hilfetexten usw. sowie die Tastaturunterstützung (Umlaute, Eurozeichen, „Z" und „Y" und Sonderzeichen am richtigen Platz).

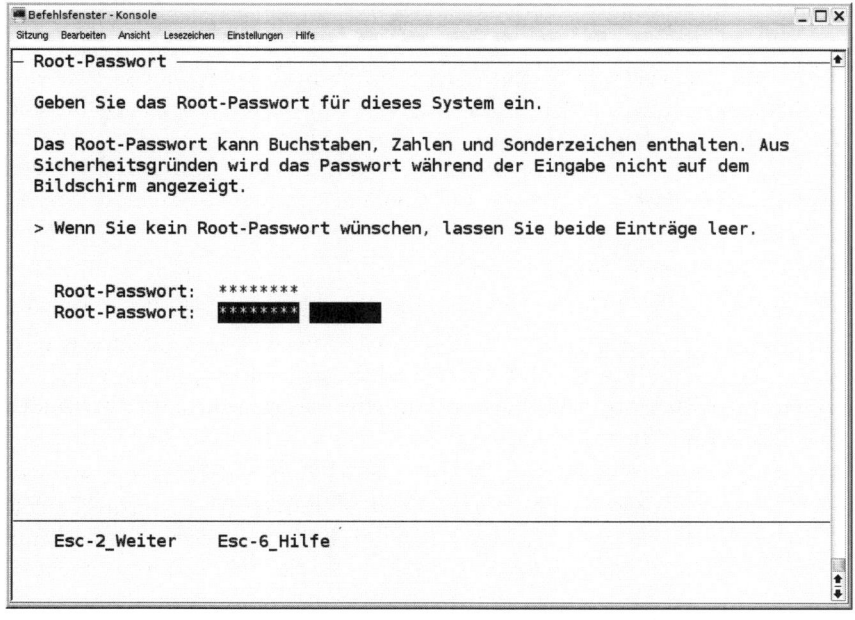

Abb. 2.12: Wahl des Kontinents oder der Abweichung von der GMT

```
■ Befehlsfenster - Konsole                                          _ □ x
Sitzung  Bearbeiten  Ansicht  Lesezeichen  Einstellungen  Hilfe
┌ Root-Passwort ──────────────────────────────────────────────────── ↑

   Geben Sie das Root-Passwort für dieses System ein.

   Das Root-Passwort kann Buchstaben, Zahlen und Sonderzeichen enthalten. Aus
   Sicherheitsgründen wird das Passwort während der Eingabe nicht auf dem
   Bildschirm angezeigt.

   > Wenn Sie kein Root-Passwort wünschen, lassen Sie beide Einträge leer.


      Root-Passwort:  ********
      Root-Passwort:  ********



      Esc-2_Weiter      Esc-6_Hilfe
```

Abb. 2.13: Vergabe des Systemverwalter-Kennworts

Tab. 2.3: Software-Installation

Frage	Antwort
Installationsmethode	Standard (F2 , ESC - 2)
CD/DVD-Auswurf automatisch	Ja
Automatischer Neustart n. Installation	Ja
Aufrüstung/Erstinstallation	Erstinstallation (F4 , ESC - 4)
Lizenzvertrag	Akzeptieren (F2 , ESC - 2)
Geografische Region	Mitteleuropa

```
▦ Befehlsfenster - Konsole                                         _ □ ×
  Sitzung  Bearbeiten  Ansicht  Lesezeichen  Einstellungen  Hilfe
┌ System-Sprachumgebung auswählen ─────────────────────────────────  ↑

  Wählen Sie die nach der Installation des Systems zu verwendende
  Anfangssprachumgebung aus.

  [ ]     POSIX C ( C )
      Mitteleuropa
  [ ]     [Deutschland (ISO8859-1)] ( de_DE.ISO8859-1 )
  [X]     [Deutschland (ISO8859-15 - Euro)] ( de_DE.ISO8859-15 )
  [ ]     [Deutschland (UTF-8)] ( de_DE.UTF-8 )
  [ ]     [Österreich (ISO8859-1)] ( de_AT.ISO8859-1 )
  [ ]     [Österreich (ISO8859-15 - Euro)] ( de_AT.ISO8859-15 )
  [ ]     Austria (German) (UTF-8) ( de_AT.UTF-8 )
  [ ]     [Polen (ISO8859-2)] ( pl_PL.ISO8859-2 )
  [ ]     [Polen (UTF-8)] ( pl_PL.UTF-8 )
  [ ]     [Schweiz-Deutsch (ISO8859-1)] ( de_CH.ISO8859-1 )
  [ ]     German, Switzerland (UTF-8) ( de_CH.UTF-8 )
  [ ]     [Schweiz-Französisch (ISO8859-1)] ( fr_CH.ISO8859-1 )
  [ ]     French, Switzerland (UTF-8) ( fr_CH.UTF-8 )
  [ ]     [Slowakei (ISO8859-2)] ( sk_SK.ISO8859-2 )


    Esc-2_Weiter     F3_Zurück    F5_Beenden    F6_Hilfe
                                                                      ↓
```

Abb. 2.14: Festlegung der Sprachumgebung

Die kommenden Arbeitsschritte beschäftigen sich mit der Software-Installation selbst. Es erscheint eine Auswahl, was an zusätzlicher Software auf den Rechner gegeben werden soll (Abbildung 2.15 auf der nächsten Seite). Diese Auswahl ist insofern irreführend, als auch nicht vorhandene oder möglicherweise sich auf einem anderen Datenträger befindliche Dinge angeboten werden, was aber aus der Größenangabe „0.00 MB" ersichtlich ist. Die Produktinformationen lassen sich mit F4 bzw. ESC - 4 abrufen.

Anschließend erscheint eine ähnlich klingende Frage. Hier soll jetzt aber erst nach weiteren Produkten gesucht werden. Wir haben diese weder auf CD/DVD noch auf unserem NFS-Server liegen, darum wählten wir hier „Keine".

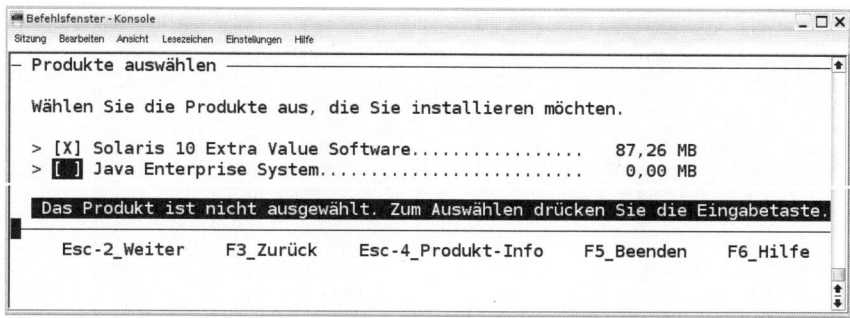

Abb. 2.15: Auswahl von Zusatz-Software

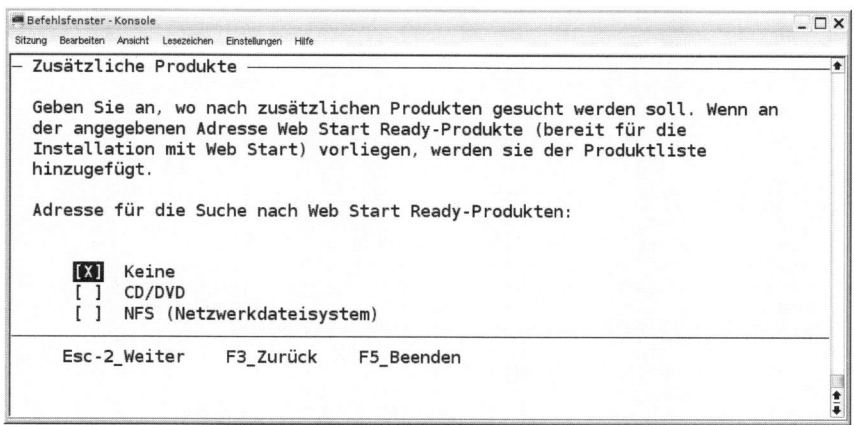

Abb. 2.16: Auswahl von weiteren Installationsquellen für Zusatzprogramme

Erst jetzt können wir den Umfang der eigentlichen Grundinstallation festlegen. Das Menü, welches Abbildung 2.17 auf der nächsten Seite zeigt, verfügt auch über weitere Möglichkeiten zur Anpassung, welche durch Druck der F4 -Taste oder der Tastenkombination ESC - 4 erreicht wird. Wir wollen aber für unsere erste „Solaris-Spielwiese" alles, was möglich ist, installieren und wählen den entsprechenden Punkt.

Die Wahl der Festplatte steht als nächste Aufgabe an. Unser System verfügt nur über eine einzige, so dass diese Anzeige (Abbildung 2.18 auf der nächsten Seite) mehr Hinweischarakter hat. Neben der Möglichkeit des manuellen Eingriffs (F4 bzw. ESC - 4) ist hier die Möglichkeit geboten, die Installation auf mehrere Platten zu verteilen. Bei den heutigen Plattengrößen mag dies den „Installateur" irritieren, doch wer seinem alten nicht mehr so neuen SPARC-Schätzchen ein frisches System gönnen will, wird über diese Hilfe froh sein.

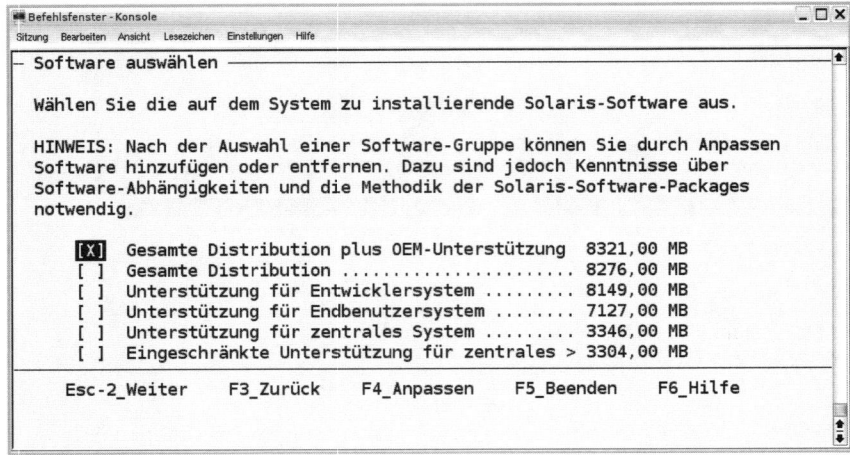

Abb. 2.17: Festlegung des Installationsumfangs

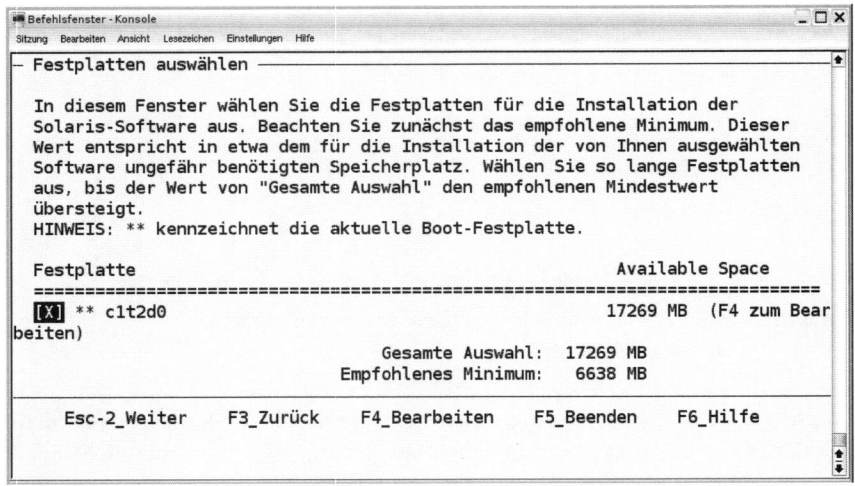

Abb. 2.18: Auswahl der Platte(n) für die Installation

Falls sich Solaris bereits auf dem Rechner befindet, erhalten Sie die Möglichkeit, noch eine Sicherung des alten Bestandes vorzunehmen (Abbildung 2.19 auf der nächsten Seite). Normalerweise aber sichert der Systemverwalter notwendige Daten bereits vor dem Beginn einer Installation.

Was folgt, kennen viele unter dem Begriff „fdisk". Dabei wird die Festplatte in verschiedene Partitionen unterteilt, auf die anschließend auch jeweils ein Dateisystem aufgebracht wird („Formatierung"). Möchte man hier manuell Größen bestimmen, sollte man die Gege-

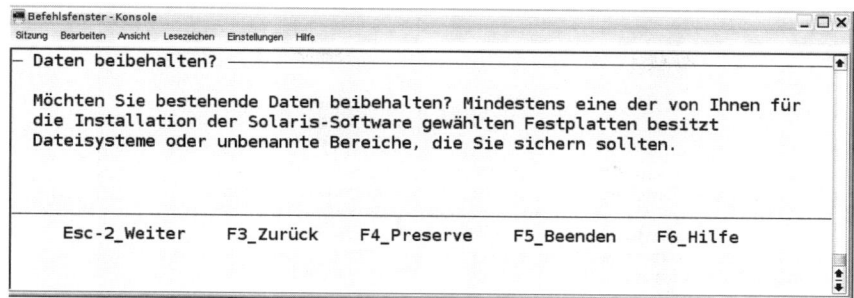

Abb. 2.19: Letzte Chance zum Erhalt vorhandener Daten

benheiten des Unix-Verzeichnisbaumes gut kennen, denn sonst kann sehr schnell an der falschen Ecke an Platz gespart und Nachbesserungen notwendig werden. Nicht umsonst wird dieser Arbeitsgang mit dem freundlichen Angebot, die Einteilung doch „Auto-Layout" zu überlassen, eingeleitet (Abbildung 2.20).

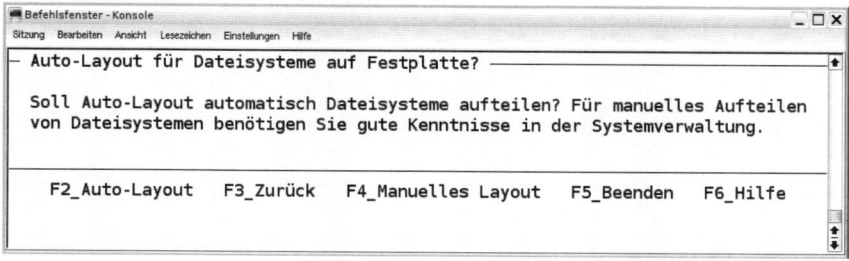

Abb. 2.20: Wahl zwischen automatischer und manueller Plattenplatzeinteilung

Der nächste Bildschirm zeigt uns dann die Ergebnisse von Auto-Layout. Ist der Plattenplatz für die Grundinstallation ausreichend, so wird das Anlegen einer einzigen Partition für Programme („/") sowie eine für die Auslagerung („swap") vorgeschlagen (Abbildung 2.21 auf der nächsten Seite). Der restliche Platz für die Heimatverzeichnisse der Benutzer ist hier noch nicht einkalkuliert.

Dies geschieht erst im Folgebildschirm. Hier wird eine Zusammenfassung des Vorschlages in Form einer Tabelle aufgelistet (Abbildung 2.22 auf der nächsten Seite). Ein Dateisystem wird einem Gerät unter Angabe des Speicherplatzes zugewiesen. Hierzu sei erinnert, dass eine Partition eine eigene Gerätedatei darstellt, nicht nur die (technische) Platte.

Die Heimatverzeichnisse bekommen eine eigene Partition (export/home). Dies ist vor allem für alle Arten von Datensicherungen wichtig, welche ein ganzes Dateisystem sichern und nicht nur ein Verzeichnis auslesen.

Uns wurde im Anschluss angeboten, dauerhaft entfernte Dateisysteme einzuhängen. Dies würde mittels NFS geschehen und ist dann sinnvoll, wenn man nur über sehr wenig

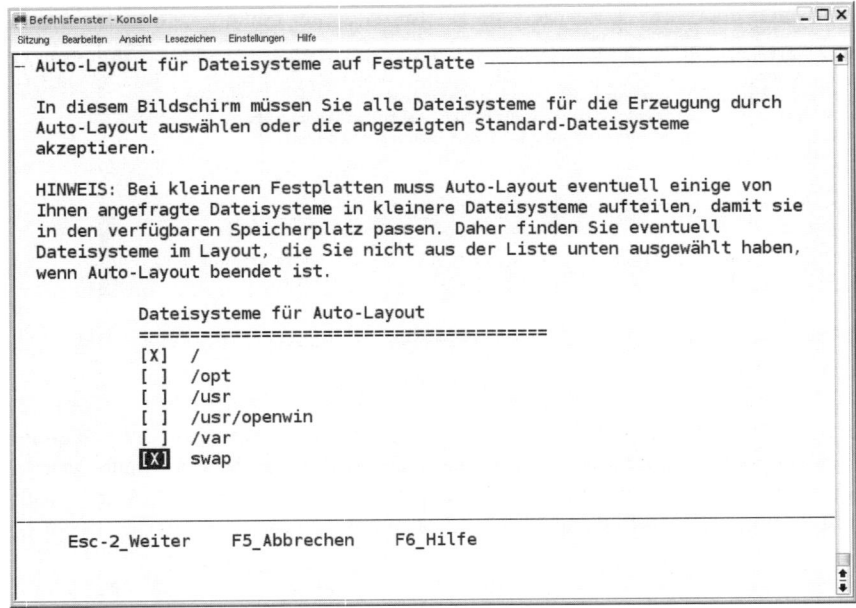

Abb. 2.21: Vorschlag für das Anlegen der Standard-Dateisysteme

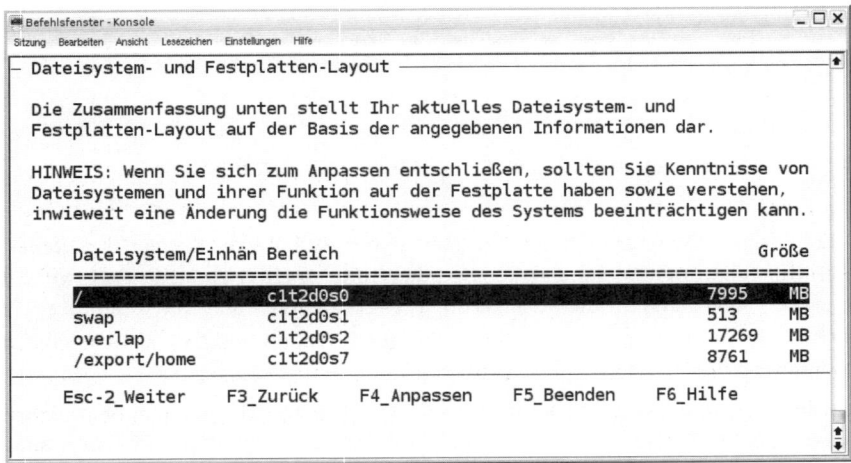

Abb. 2.22: Ergebnisse der automatischen Einteilung des Plattenspeichers

Plattenspeicher verfügt oder aber bestimmte Daten oder Software zentral vorhalten möchte. Wir machten von diesem Angebot keinen Gebrauch.

Bevor das Installationsprogramm mit dem Bearbeiten der Festplatte und dem Aufspielen der Programmdaten beginnt, bekommen wir die vorher gemachten Festlegungen nochmals zusammengefasst dargestellt und eine Möglichkeit zum Ändern angeboten (Abbildung 2.23).

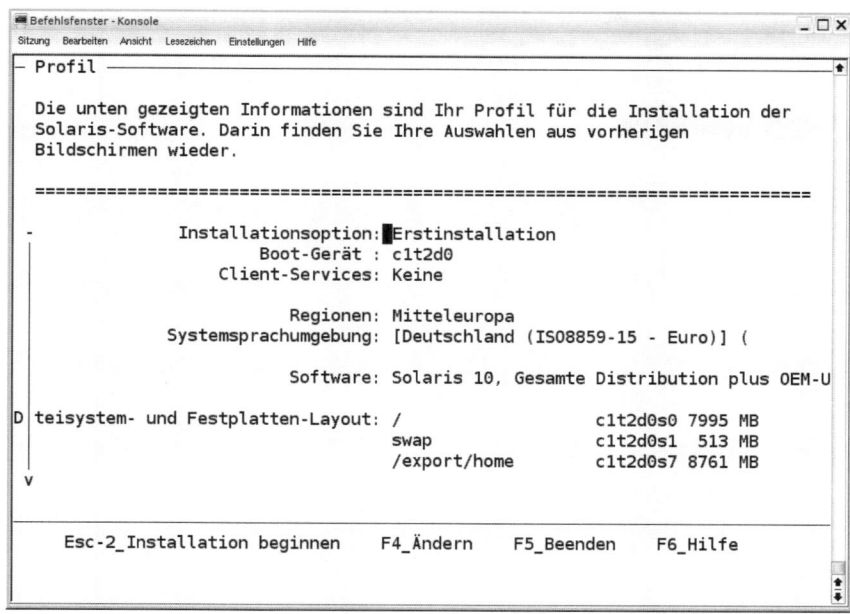

Abb. 2.23: Zusammenfassung und letzte Änderungsmöglichkeit

Anschließend hat der Installateur Zeit, sich einer anderen Arbeit zu widmen oder eine Pause einzulegen. Die Geschwindigkeit der jetzt ablaufenden Installation wird durch die Hardware vorgegeben und dauert bis zu einer Stunde bei älteren und langsameren Systemen. Über den Fortgang informiert ein Fortschrittsbalken (Abbildung 2.24 auf der nächsten Seite).

Nach getaner Arbeit erscheinen die Schlussmeldungen (Abbildung 2.25 auf der nächsten Seite). Beachten Sie die Hinweise auf die erstellten Konfigurationsdateien unter /etc.

Danach startet die Installation weiterer Pakete und schließlich wird der Rechner neu geladen (Abbildung 2.26 auf Seite 55).

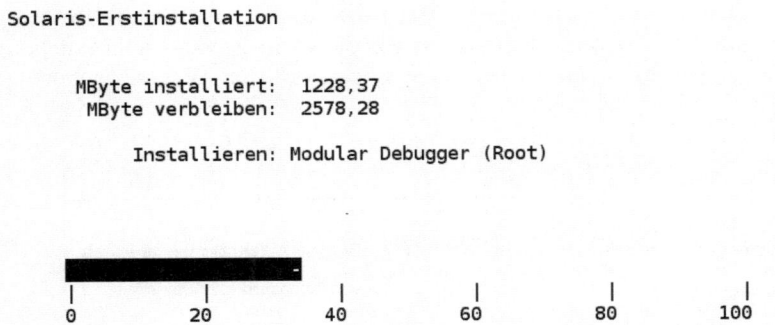

```
Solaris-Erstinstallation


      MByte installiert:   1228,37
      MByte verbleiben:    2578,28

          Installieren: Modular Debugger (Root)
```

Abb. 2.24: Fortschrittsanzeige der Installation

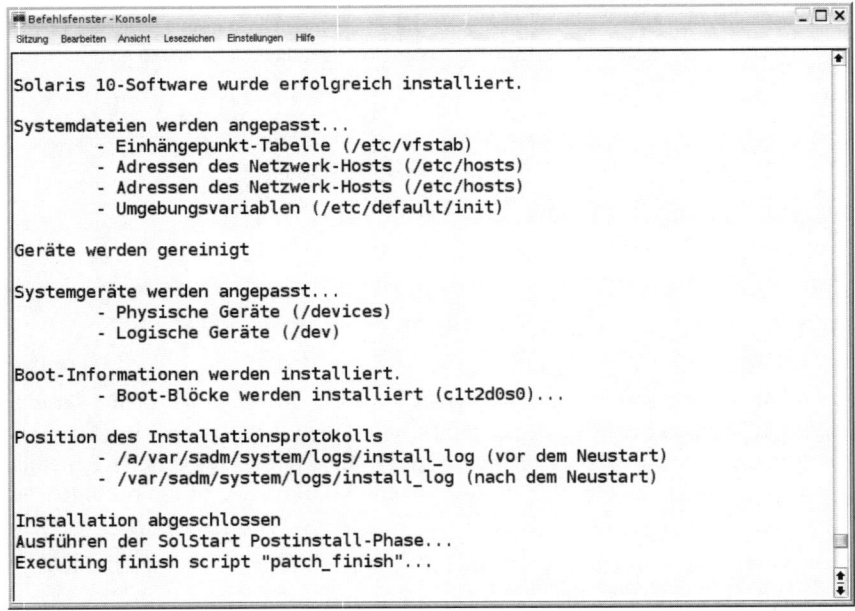

Abb. 2.25: Schlussmeldungen

Das eben installierte Solaris bootet zum ersten Mal. Es werden die öffentlichen und privaten Schlüsselpaare erzeugt, und das System will das letzte Mal eine Frage vom Installateur beantwortet wissen. Wir werden gefragt, ob wir den NFS-Domainnamen überschreiben wollen, was wir aber getrost mit „nein" beantworten können (Abbildung 2.27 auf der nächsten Seite).

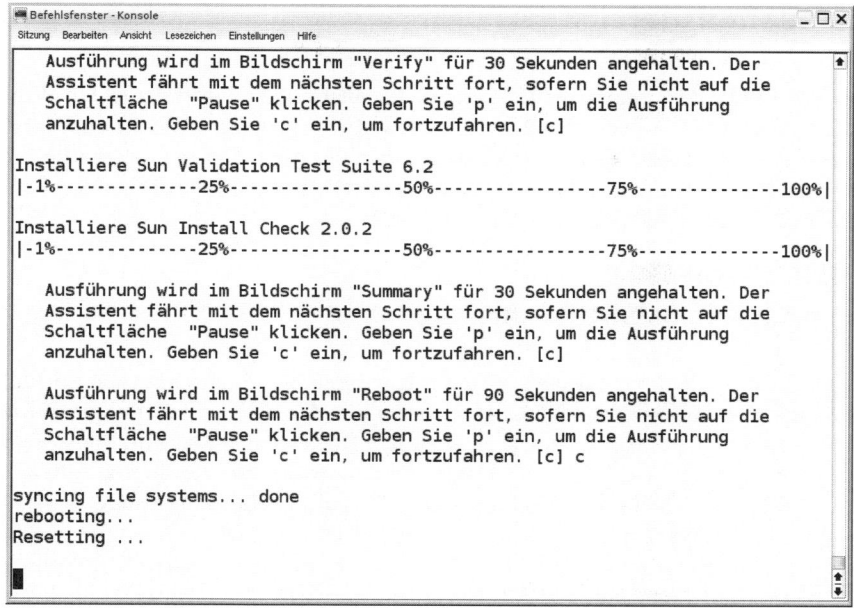

Abb. 2.26: Installation von Paketen und Einleiten des Rechnerneustarts

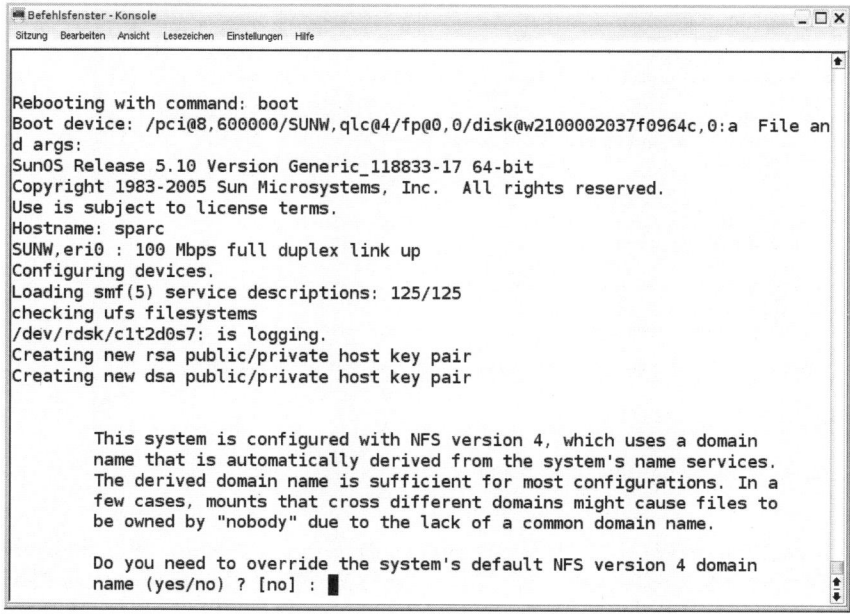

Abb. 2.27: Erstmaliges Booten der neuen Installation

2.5 Installationsdetails

Nicht in jedem Fall ist die allumfassende Standard-Installation das Mittel der ersten Wahl. Die Verteilung der Verzeichnisse auf mehrere Plattenlaufwerke ergeben schnelleren Zugriff und höhere Ausfallsicherheit. Je weniger Software installiert wird, desto leichter ist die Systempflege. Die gezielte Einschränkung von Benutzerrechten verhindert Datendiebstahl und andere Auswüchse am System.

2.5.1 Angepasster Installationsumfang

Im täglichen Einsatz wird man aus Gründen der leichteren Administrierbarkeit nur das an Software installieren, was auch benötigt wird. Führen Sie die Grundinstallation wie vorhin unter Kapitel 2.4 auf Seite 42 beschrieben durch. Doch wenn Sie sich im Bildschirm, wie ihn die Abbildung 2.15 auf Seite 49 zeigt, befinden, dürfen Sie die Zusatz-Software nicht zum Installieren anweisen. Bei der „großen" Auswahl (siehe auch Abbildung 2.17 auf Seite 50) bestimmen wir nun einen eingeschränkten Umfang, wie „Unterstützung für zentrales System" (Abbildung 2.28). Wenn wir hier noch manuell eingreifen und durch F4 / ESC - 4 zwecks Anpassung in das Detailmenü springen, sehen wir den möglichen Umfang entsprechend der gewählten Kategorie (Abbildung 2.29 auf der nächsten Seite).

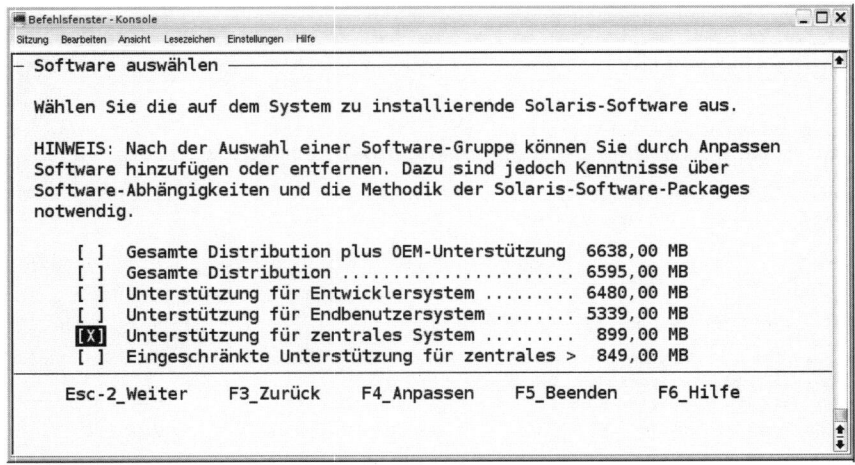

Abb. 2.28: Einschränkung des Installationsumfanges

Im Auswahlmenü, welches Abbildung 2.29 auf der nächsten Seite zeigt, finden wir verschiedene Symbole vor. Stellen wir den Wahlbalken in eine Zeile, an deren linkem Rand ein „Größer-Zeichen" steht und drücken die Eingabe-Taste, werden die einzelnen Bestandteile von einem Cluster (Paketbündel) aufgelistet. Das Zeichen ist dann durch ein „V" ersetzt worden (siehe Beispiel „Boot Server"). Drücken wir nochmals die Eingabe-Taste,

```
▓ Befehlsfenster - Konsole                                          _ □ x
Sitzung  Bearbeiten  Ansicht  Lesezeichen  Einstellungen  Hilfe
┌─ Software anpassen: Unterstützung für zentrales System ──────────  ▲
  
    [ ] Auto encoding finder (auto_ef)............................  0,00 MB
    [ ] autoconf - GNU autoconf utility..........................  0,00 MB
    [X] AutoFS, (Root)...........................................  0,08 MB
    [X] AutoFS, (Usr)............................................  0,31 MB
    [ ] Basic Audit Reporting Tool...............................  0,00 MB
    [X] Basic IP commands (Root).................................  0,03 MB
    [X] Basic IP commands (Usr)..................................  0,22 MB
  > [ ] Basic Networking........................................  0,00 MB
  > [ ] Basic Registration......................................  0,00 MB
  > [X] BerkeleyDB-Base 4.2.52...................................  5,50 MB
    [ ] BIND DNS Name server and tools...........................  0,00 MB
    [ ] BIND Name server Manifest................................  0,00 MB
  V [X] Boot Server daemons                                       0,22 MB
    [X]     Boot Server daemons (Root)...........................  0,10 MB
    [X]     Boot Server daemons (Usr)............................  0,13 MB
    [!] Broadcom 57xx GE NIC Driver..............................  0,20 MB
  > [ ] CD creation utilities....................................  0,00 MB
  > [ ] CDE Developer Software...................................  0,00 MB

  ▐ Eingabetaste drücken, um Komponenten einzublenden ▌

       Esc-2_OK     F6_Hilfe
                                                                    ▲
                                                                    ▼
```

Abb. 2.29: Wahlmöglichkeit für einzelne Pakete

wird diese Zeile wieder wie vorher angezeigt. Neben abgewählten, also nicht zur Installation vorgesehenen Paketen stehen die leeren Klammernpaare. Mit „X" werden komplett ausgewählte Cluster oder Pakete gekennzeichnet. Das Zeichen „/" steht für den teilweise zur Installation selektierten Inhalt eines Clusters. Von anderen Komponenten benötigte Cluster oder Pakete sind mit dem „!"-Zeichen markiert und werden nur ohne weitere Bearbeitungsmöglichkeiten angezeigt.

Bei der Auswahl kann es vorkommen, dass Sie Abhängigkeiten übersehen. Dann erscheint eine Warnmeldung wie in Abbildung 2.30 auf der nächsten Seite gezeigt. Wenn Sie sich dafür entscheiden, die fehlenden Komponenten mit zu installieren, können Sie im Folgebildschirm wieder zurückspringen. Nehmen Sie dann Ihre Einzelauswahl vor, und markieren Sie die fehlenden Pakete zur Mitinstallation.

Es gibt auch Fälle, in denen man Programme netzwerkweit installieren und für andere Rechner vorhalten wird. Vorteil dieses Verfahrens ist der geringere Wartungsaufwand. Man muss nicht mehr auf jedem Arbeitsplatz die Software pflegen, Updates finden nur auf der einen Maschine ihre Anwendung. Sind solche Programme als nicht aufgelöste Abhängigkeit in der Fehlermeldung aufgeführt, können Sie ohne dies zu beachten Ihre Arbeit fortsetzen. Die für andere Programme fehlenden Dinge werden dann durch das Einhängen des entfernten Verzeichnisses trotzdem verfügbar sein.

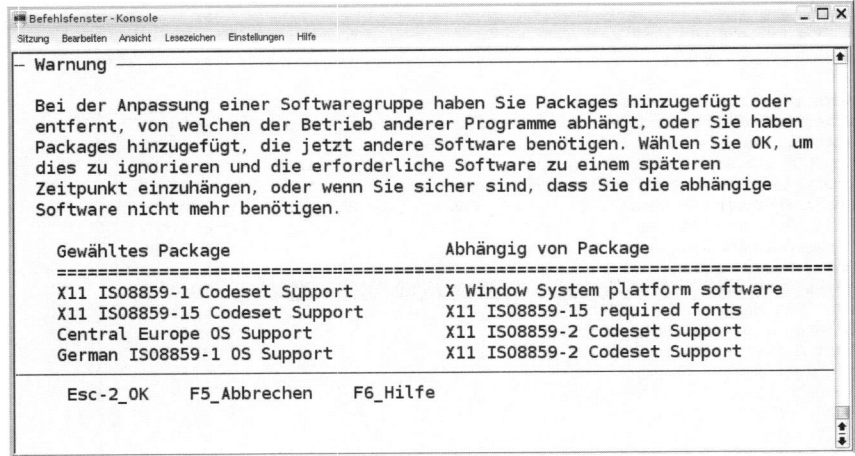

```
🖳 Befehlsfenster - Konsole                                            _ □ ×
Sitzung  Bearbeiten  Ansicht  Lesezeichen  Einstellungen  Hilfe
┌─ Warnung ─────────────────────────────────────────────────────────────┐↑
│                                                                         │
│  Bei der Anpassung einer Softwaregruppe haben Sie Packages hinzugefügt oder│
│  entfernt, von welchen der Betrieb anderer Programme abhängt, oder Sie haben│
│  Packages hinzugefügt, die jetzt andere Software benötigen. Wählen Sie OK, um│
│  dies zu ignorieren und die erforderliche Software zu einem späteren     │
│  Zeitpunkt einzuhängen, oder wenn Sie sicher sind, dass Sie die abhängige │
│  Software nicht mehr benötigen.                                          │
│                                                                          │
│     Gewähltes Package                    Abhängig von Package            │
│     ================================================================     │
│     X11 ISO8859-1 Codeset Support        X Window System platform software│
│     X11 ISO8859-15 Codeset Support       X11 ISO8859-15 required fonts    │
│     Central Europe OS Support            X11 ISO8859-2 Codeset Support    │
│     German ISO8859-1 OS Support          X11 ISO8859-2 Codeset Support    │
│                                                                          │
│     Esc-2_OK     F5_Abbrechen     F6_Hilfe                               │
│                                                                          │
└──────────────────────────────────────────────────────────────────────┘↕
```

Abb. 2.30: Warnmeldung für nicht aufgelöste Paketabhängigkeiten

2.5.2 Plattenplatz selbst einteilen

Vielfach hat man eigene Vorstellungen darüber, wie der Plattenplatz einzuteilen ist. Besonders wenn Datensicherungsmethoden benutzt werden, die ein Dateisystem als komplette Einheit behandeln, ist eine durchdachte Unterteilung des Verzeichnisbaums auf verschiedene Partitionen und damit auch Dateisystemen von Vorteil. Bei der hier nochmals vorgenommenen Grundinstallation weichen wir deshalb gegenüber Kapitel 2.4 auf Seite 42 ab und möchten die Platzverteilung selbst bestimmen, da wir vorhaben, weitere Programme zu installieren.

Den Vorschlag (Abbildung 2.31 auf der nächsten Seite) ändern wir ab.

Die Veränderungen beginnen damit, dass wir das Slice mit der höchsten Nummer, /export/home/, entsprechend verkleinern. Der frei gewordene Speicher wird, sobald wir das Feld „Größe" verlassen, angezeigt. Im zweiten Schritt überschreiben wir den Eintrag für „/" und bestätigen mit F2 / ESC - 2 den Änderungswunsch (Abbildung 2.32 auf der nächsten Seite).

Anschließend wird die geänderte Einteilung nochmals angezeigt, wir bestätigen und gelangen zum nächsten Schritt im Installationsprogramm.

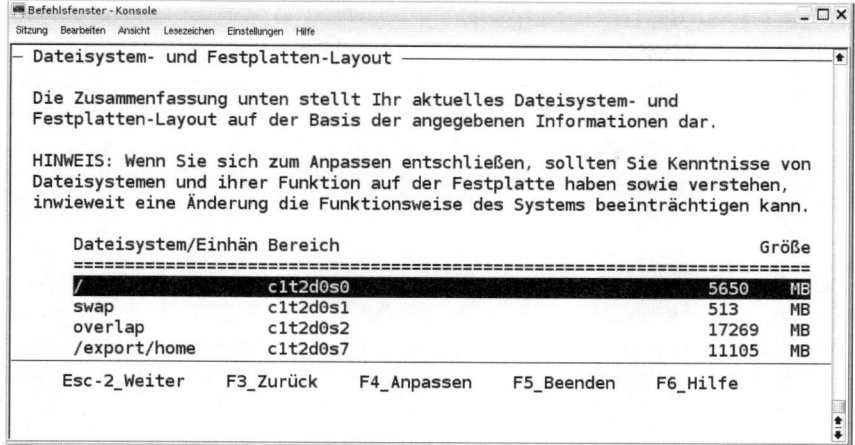

Abb. 2.31: Vorschlag, durch F4 / ESC - 4 abzuändern

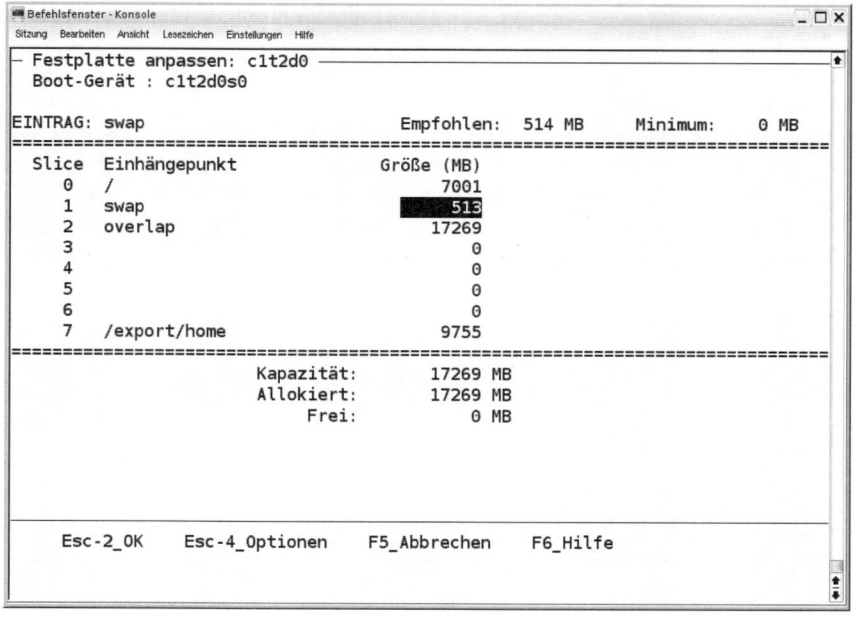

Abb. 2.32: Änderung der Platteneinteilung

2.5.3 Weitere Festplatte einrichten

Lesen Sie vor Beginn der Arbeiten unbedingt auch Kapitel 2.5.5 auf Seite 65 und entscheiden Sie anschließend, auf welche Art Sie die Platte einrichten möchten! Bei der vorliegenden Version von Solaris/Opensolaris war es leider noch nicht möglich, von Anfang an alle Dateisysteme als ZFS auszuführen. Darum sollten Sie die Methode vom Partitionieren mit fdisk über das Formatieren bis zum Einrichten des Dateisystems UFS trotzdem kennen lernen.

Wenn bei kleineren Systemen der Plattenspeicherplatz nicht mehr ausreicht, wird eine weitere Festplatte in den Rechner eingebaut. Ist das Gehäuse wieder verschlossen und der Schraubendreher weggelegt, muss der Systembetreuer tätig werden. Die neue Platte muss in das System eingebunden werden.

Die hierfür notwendigen Schritte wurden auf einem PC-System durchgeführt, damit Sie auch mit dem Programm fdisk vertraut werden. Dieses ist nicht für SPARC-basierte Systeme notwendig und vorhanden, womit bei solchen Systemen dieser Zwischenschritt entfällt.

Die neue Festplatte befindet sich am ersten IDE-Controller als zweite Platte. Der Gerätename lautet deshalb c0d1.

> **Hinweis:** Format
> Dieser Befehl dient hier zur Partitionierung einer Festplatte, nicht zum Einrichten eines Dateisystems, wie es bei PC-Betriebssystemen („Formatierung") bekannt ist.

Als Benutzer „root" rufen wir zunächst format auf. Das Programm sucht alle Plattengeräte und bietet sie als Auswahl an (Abbildung 2.33).

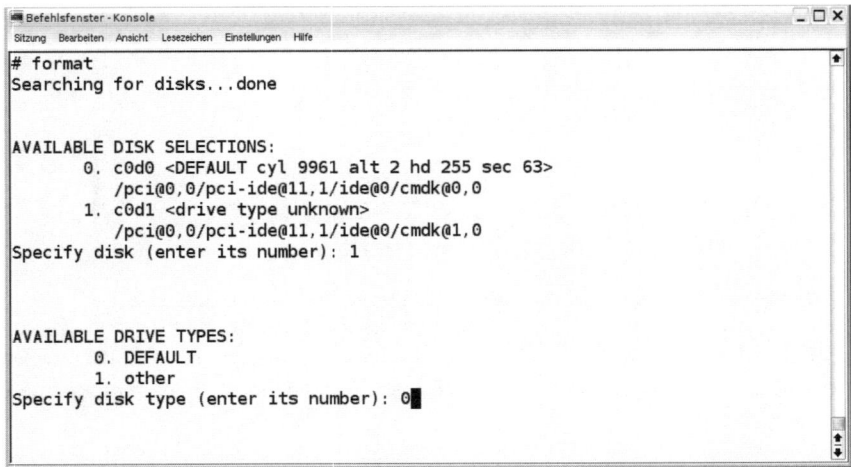

Abb. 2.33: format: Auswahl der Festplatte

Unsere Platte trägt die „1". Anschließend sollen wir noch zum Typ eine Aussage treffen. Nachdem es sich um eine herkömmliche Platte handelt, wählen wir die „0". Erst dann erscheint das Programm-Menü (Abbildung 2.34) von `format`, in welchem wir `fdisk` (Abbildung 2.35) aufrufen.

```
■ Befehlsfenster - Konsole                                          _ □ ×
Sitzung  Bearbeiten  Ansicht  Lesezeichen  Einstellungen  Hilfe
Specify disk type (enter its number): 0
selecting c0d1
No current partition list
No defect list found
[disk formatted, no defect list found]


FORMAT MENU:
        disk       - select a disk
        type       - select (define) a disk type
        partition  - select (define) a partition table
        current    - describe the current disk
        format     - format and analyze the disk
        fdisk      - run the fdisk program
        repair     - repair a defective sector
        show       - translate a disk address
        label      - write label to the disk
        analyze    - surface analysis
        defect     - defect list management
        backup     - search for backup labels
        verify     - read and display labels
        save       - save new disk/partition definitions
        volname    - set 8-character volume name
        !<cmd>     - execute <cmd>, then return
        quit
format> fdisk█
```

Abb. 2.34: `format`: Funktionsmenü

```
format> fdisk
No fdisk table exists. The default partition for the disk is:

  a 100% "SOLARIS System" partition

Type "y" to accept the default partition,  otherwise type "n" to edit the
 partition table.
y
format> █
```

Abb. 2.35: `format/fdisk`:„Schnelles" Anlegen einer Partition mit `fdisk`

Wenn es keine gebrauchte Platte mit zu löschendem Inhalt ist, genügt hier die Eingabe von „y" (Andernfalls „n" und in diesem Menü sind dann die nicht mehr benötigten Partitionen zu löschen). Bis Sie mit dem System vertrauter sind, können Sie die Platte auch unter einem anderen System bearbeiten.

Die Partition ist hiermit eingerichtet, und wir wechseln mit „p" in das Partition-Menü. Mit `print` lassen wir uns die einzelnen Partitionen innerhalb des Slices auflisten (Abbildung 2.36 auf der nächsten Seite). Wie schon im Hardware-Kapitel beschrieben, wird das, was man im PC-Bereich landläufig Partition nennt, im Bereich Solaris (und auch den anderen BSD-Abkömmlingen) als Slice bezeichnet. Innerhalb dieser Slices befinden sich die Partitionen, die in etwa mit den „logischen Laufwerken" unter DOS-basierten Systemen vergleichbar sind. Wir sehen im Part 2, backup, eine Partition, welche die gesamte Plattengröße aufweist. Wir könnten nun diese gleich für unsere Zwecke einspannen, was aber nicht ratsam ist, da manche Programme genau diesen Part 2 so wie er ist benötigen. Für uns bleibt der etwas kleinere Part 7, den wir dann auch aufrufen (Abbildung 2.37).

```
partition> print
Current partition table (original):
Total disk cylinders available: 9730 + 2 (reserved cylinders)

Part      Tag    Flag     Cylinders        Size            Blocks
  0 unassigned    wm      70 -  685      4.72GB      (616/0/0)       9896040
  1 unassigned    wm       3 -   69    525.56MB      (67/0/0)        1076355
  2    backup     wu       0 - 9960     76.31GB    (9961/0/0)      160023465
  3 unassigned    wm       0              0          (0/0/0)               0
  4 unassigned    wm       0              0          (0/0/0)               0
  5 unassigned    wm       0              0          (0/0/0)               0
  6 unassigned    wm       0              0          (0/0/0)               0
  7 unassigned    wm     686 - 9959     71.04GB    (9274/0/0)      148986810
  8      boot     wu       0 -    0      7.84MB        (1/0/0)          16065
  9 alternates    wm       1 -    2     15.69MB        (2/0/0)          32130
```

Abb. 2.36: format: Anzeigen von Partitionen

```
  8      boot     wu       0 -    0      7.84MB        (1/0/0)          16065
  9 alternates    wm       1 -    2     15.69MB        (2/0/0)          32130

partition> 7
Part      Tag    Flag     Cylinders        Size            Blocks
  7 unassigned    wm     686 - 9959     71.04GB    (9274/0/0)      148986810

Enter partition id tag[unassigned]: alternates
Enter partition permission flags[wm]: wm
Enter new starting cyl[686]:
Enter partition size[145291860b, 9044c, 9729e, 70943.29mb, 69.28gb]:
partition> █
```

Abb. 2.37: format: Änderung von Partitionen

Wir sollen Angaben zum ID-Tag, den Flags, dem Beginn und der Größe der Partition vornehmen. Die Bedeutung der einzelnen Einträge zu den Flags finden Sie in der Tabelle 2.4.

Flag	Partition ist ...
wm	beschreib- und mountbar
rm	nur lesbar und mountbar
wu	beschreibbar aber nicht mountbar
ru	nur lesbar und nicht mountbar

Tab. 2.4: Flags

Für die Tags sind folgende Einträge zulässig: unassigned (für nicht zugewiesene Bereiche), alternates (für alles abseits des Standard-Verzeichnisbaums), backup (umfasst stets die komplette Platte und wird stets auf „wu" gesetzt), swap (Auslagerung), var, home, stand, usr, root, boot.

Außer dem ID-Tag werden alle weiteren Einstellungen angeboten und durch Drücken der Eingabetaste „abgenickt".

Die Änderung muss nun auf die Festplatte geschrieben werden, was mit label geschieht. Wir müssen mit „y" noch die Zustimmung hierfür erteilen. Wir überprüfen mit print unser Ergebnis und beenden mit „q" das Untermenü.

Wir möchten für die Platte noch einen Namen vergeben (Abbildung 2.38) und rufen deshalb volname auf. Hier geben wir, in Anführungszeichen eingeschlossen, den Namen (zweite) ein und bestätigen die Aktion mit „y".

```
                quit
format> volname
Enter 8-character volume name (remember quotes)[""]:"zweite"
Ready to label disk, continue? y

format> █
```

Abb. 2.38: format: Vergabe Datenträgername

Der letzte fehlende Arbeitsschritt ist das Erzeugen des Dateisystems. Hierzu benutzen wir das Kommando newfs und sprechen die Partition 7 beim Plattengerät an (c0d1s7). Wir legen im Wurzelverzeichnis ein neues Verzeichnis „home2" an und mounten die Partition mit dem neuen Dateisystem darauf. Mit df -h lassen wir uns die aktuelle Datenträgerbelegung anzeigen und sehen gleich die Werte der noch frischen neuen c0d1s7. Vergleichen Sie mit der ersten Platte!

```
 Befehlsfenster - Konsole                                          _ □ ×
Sitzung  Bearbeiten  Ansicht  Lesezeichen  Einstellungen  Hilfe
# newfs /dev/rdsk/c0d1s7
newfs: /dev/rdsk/c0d1s7 zuletzt eingehängt als /home2
newfs: Neues Dateisystem /dev/rdsk/c0d1s7 erstellen: (y/n)? y
WARNUNG: 1452 Sektor(en) im letzten
Zylinder nicht zugeordnet
/dev/rdsk/c0d1s7:        145291860 Sektoren in 23648 Zylindern von 48 Spuren, 128
 Sektoren
        70943,3MB in 1478 Zylindergruppen (16 c/g, 48,00MB/g, 5824 i/g)
Superblock Backups (für fsck -F ufs -o b=#) bei:
 32, 98464, 196896, 295328, 393760, 492192, 590624, 689056, 787488, 885920,
Zylindergruppen werden initialisiert:
............................
Superblock-Backups für letzte 10 Zylindergruppen bei:
 144317984, 144416416, 144514848, 144613280, 144703520, 144801952, 144900384,
 144998816, 145097248, 145195680
# mkdir /home2
# mount /dev/dsk/c0d1s7 /home2
# █
```

Abb. 2.39: newfs: Anlegen Dateisystem, mkdir: Anlegen Verzeichnis, mount: Einhängen in den Verzeichnisbaum

```
# df -h
Dateisystem              Größe belegt verfügbar Kapazität Eingehängt auf
/dev/dsk/c0d0s0           4,6G  3,0G   1,6G      66%      /
/devices                   0K    0K     0K       0%      /devices
ctfs                       0K    0K     0K       0%      /system/contract
proc                       0K    0K     0K       0%      /proc
mnttab                     0K    0K     0K       0%      /etc/mnttab
swap                      1,3G  648K   1,3G       1%      /etc/svc/volatile
objfs                      0K    0K     0K       0%      /system/object
/usr/lib/libc/libc_hwcap1.so.1
                          4,6G  3,0G   1,6G      66%      /lib/libc.so.1
fd                         0K    0K     0K       0%      /dev/fd
swap                      1,3G    4K   1,3G       1%      /tmp
swap                      1,3G   24K   1,3G       1%      /var/run
/dev/dsk/c0d0s7            70G   64M    69G       1%      /export/home
/export/home/harald       70G   64M    69G       1%      /home/harald
/dev/dsk/c0d1s7           68G   64M    67G       1%      /home2
#
```

Abb. 2.40: df: Anzeigen Plattenbelegung

Nach dem nächsten Rechnerstart allerdings kann auf die neue Platte nicht zugegriffen werden, die Partition müsste genauso wieder mit dem Mount-Kommando manuell in den Verzeichnisbaum gehängt werden. Soll dies also dauerhaft bleiben, ist ein Eintrag in der Datei /etc/vfstab notwendig. Die in unserem Fall anzuhängende Zeile ist wie folgt aufgebaut:

```
/dev/dsk/c0d1s7  /dev/rdsk/c0d1s7   /export/home    ufs   2   yes   -
```

Die Konfigurationsdateien von Solaris10 finden Sie im Kapitel 5 behandelt.

2.5.4 ZFS-Dateisysteme einrichten und nutzen

Das ZFS-Dateisystem ist sehr neu. Es hat durch die mitgegebenen Werkzeuge eine enorm vereinfachte Handhabung der Plattenspeicherverwaltung, so benötigt man keinen Volumemanager mehr. Es ist 128-Bit-basiert und daher auf absehbare Zeit zukunftssicher. Es benutzt einen veränderbaren Pool anstelle fester Zuordnungen von Geräten und Dateisystemen und wird bereits auch für andere, ähnliche Betriebssysteme portiert.

> **Hinweis:** Platte einrichten mit ZFS
> Geben Sie Ihrem System eine „blanke" Platte ohne jede Partitionierung! Die Vorbehandlung mit format, ggf. format/fdisk ist nicht notwendig und eher hinderlich! Auch ein Modifizieren von /etc/vfstab ist i. d. R. nicht notwendig!

Die Werkzeuge zum Einrichten und Warten des ZFS-Dateisystems heißen zpool und zfs. Mit zpool verwalten Sie komplette Speicherbereiche, während mit zfs mehr die reinen Arbeiten am Dateisystem erledigt werden. Bei genauer Betrachtung wird man feststellen, dass hier viele Dinge aus dem Datenbankbereich übernommen worden sind.

Für den Anfang – wir wollen jetzt nur unseren Rechner fertig installiert bekommen – legen wir einfach ein Dateisystem für die ganze Festplatte an. Die Feinheiten zum ZFS finden Sie im Administrationskapitel dieses Buches.

Wichtig ist, dass sich auf der Platte wirklich nichts befindet, auf das die ZFS-Werkzeuge in irgendeiner Form Rücksicht nehmen müssen. Natürlich arbeiten ZFS und „herkömmliche" Dateisysteme zusammen, doch sind hier einige Dinge zu beachten.

Wir legen in einem Arbeitsgang die Partition (Speicher1) mit dem Werkzeug `zpool` an und lassen uns das fertige Werk anzeigen (Abbildung 2.41). Wir wechseln in das neu geschaffene Verzeichnis und führen einen Schreib/Lesetest dadurch aus, dass wir eine kleine Datei erzeugen (`mkfile ...`) und uns auflisten (`ls -l`) lassen (Abbildung 2.42). Mit dem `df`-Kommando erfahren wir zudem Größe und weitere Angaben über die neue Partition und Festplatte (Abbildung 2.43 auf der nächsten Seite).

Auch nach einem Rechnerneustart ist das neue Verzeichnis eingehängt. Es ist allerdings nicht mehr notwendig, `/etc/vstab` zu ergänzen.

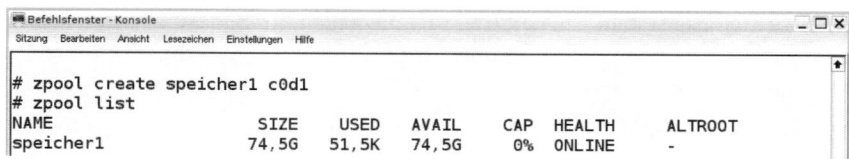

```
# zpool create speicher1 c0d1
# zpool list
NAME                    SIZE     USED    AVAIL    CAP   HEALTH     ALTROOT
speicher1              74,5G    51,5K    74,5G     0%   ONLINE     -
```

Abb. 2.41: `zpool`: Anlegen einer Partition samt Dateisystem und Auflistung

```
#
# cd speicher1
# mkfile 333m datei
# ls -l
Gesamt 474967
-rw------T   1 root     root      349175808 Nov  8 07:57 datei
#
```

Abb. 2.42: `mkfile`: Erzeugen einer Datei, `ls`: Auflisten von Objekten im Dateisystem

Vergleichen Sie den Arbeitsaufwand hier mit dem von Kapitel 2.5.4 auf der vorherigen Seite und treffen Sie Ihre Entscheidung.

2.5.5 Neukonfiguration

Das frisch installierte System ist nun bereit, seine Aufgaben zu erfüllen. Was ist aber, wenn man feststellt, dass die eine oder andere Angabe anfangs der Installation nicht zutreffend war oder es sich um eine Reservemaschine handelt, die dann erst beim Echteinsatz eingeschaltet wird?

Mit `sys-unconfig` wird dies in einem Arbeitsgang für folgende Angaben erledigt:

Entfernen der Angaben von Rechnername, Netzwerkadresse und Netzmaske, Root-Kennwort, Zeitzone, Domainname, Schlüsseldaten.

```
# df -h
Dateisystem              Größe belegt verfügbar Kapazität Eingehängt auf
/dev/dsk/c0d0s0           4,6G  3,0G   1,6G      66%      /
/devices                  0K    0K     0K        0%       /devices
ctfs                      0K    0K     0K        0%       /system/contract
proc                      0K    0K     0K        0%       /proc
mnttab                    0K    0K     0K        0%       /etc/mnttab
swap                      944M  648K   944M      1%       /etc/svc/volatile
objfs                     0K    0K     0K        0%       /system/object
/usr/lib/libc/libc_hwcap1.so.1
                          4,6G  3,0G   1,6G      66%      /lib/libc.so.1
fd                        0K    0K     0K        0%       /dev/fd
swap                      944M  8K     944M      1%       /tmp
swap                      944M  24K    944M      1%       /var/run
/dev/dsk/c0d0s7           70G   65M    69G       1%       /export/home
/export/home/harald       70G   65M    69G       1%       /home/harald
speicher1                 73G   333M   73G       1%       /speicher1
#
```

Abb. 2.43: df: Belegung von Dateisytemen anzeigen. Beachten Sie hier die letzte Zeile

Anschließend werden das System neu gestartet und die neuen Konfigurationsdaten erfragt. Beachten Sie, nach dem Aufruf des Programms Ihre Zustimmung durch „y" anstelle des angebotenen „j" zu erteilen (zumindest bei Solaris10 war dies notwendig).

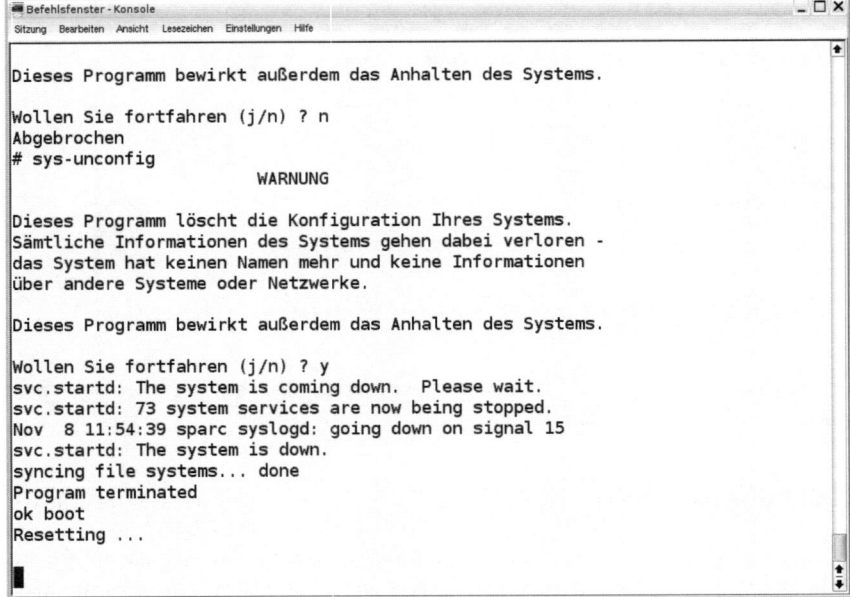

Abb. 2.44: sys-unconfig: Einleitung der Neukonfiguration

Das folgende Frage/Antwortspiel gleicht fast dem der Grundinstallation, so dass Sie hierzu im Kapitel 2.4 auf Seite 42 nachsehen können. Nur die Plattenbelegung und der Installationsumfang entfallen bei der Neukonfiguration.

2.5.6 Patches einspielen

Selten führt man die Grundinstallation einer Arbeitsmaschine mit der soeben komplett neu erschienenen Version eines Betriebssystems durch. Vielmehr prüft und untersucht man das neue System auf einem Testrechner, und schon einige Wochen nach dem Erscheinungstag liegen Patches vor. Diese spielen Sie dann nach der Installation des Systems ein, natürlich auch später im Rahmen der Systempflege.

Patches können Erweiterungen, Verbesserungen oder Fehlerbeseitigungen von Programmen enthalten. Nicht alle Patches für Solaris sind allgemein erhältlich, einige sind Kunden mit Support-Vertrag vorbehalten. Der schnellste Weg, an Patches zu gelangen ist über die Webseite `http://www.sunsolve.sun.com`.

Besorgen Sie sich also die Patchdateien, kopieren, und entpacken Sie diese unter `/var/tmp` mittels `unzip`.

Versetzen Sie den Rechner in den Single-User-Modus durch die Eingabe von

```
init s
```

und wechseln Sie in das Verzeichnis `/var/tmp`. Dort müsste es ähnlich wie in Abbildung 2.45 aussehen.

```
Befehlsfenster - Konsole                                            _ □ ×
Sitzung  Bearbeiten  Ansicht  Lesezeichen  Einstellungen  Hilfe
sparc# pwd                                                            ♦
/var/tmp
sparc# ls
118371-07        119254-25        120469-04        121296-01
118560-01        119317-01        120661-04        121308-04
118562-09        119574-02        120664-01        121453-02
118712-09        119578-27        120719-01        122032-02
118815-03        119593-01        120824-05        122856-02
118822-30        119757-02        120849-04        122911-01
118833-18        119903-01        120900-04        123186-01
118870-01        119981-09        121004-02        CLUSTER_README
118918-18        119985-02        121012-02        copyright
118959-03        120085-01        121133-02        install_cluster
119059-14        120292-01        121229-01        patch_order
119130-22        120329-02        121236-02
119254-06        120467-04        121265-02
sparc# ▊
```

Abb. 2.45: Patches installieren: Inhalt `/var/tmp`

In jedem Fall müssen Sie auf eine Datei `install_cluster` stoßen, welche Sie mit vorangestelltem „./" ausführen lassen (Abbildung 2.46 auf der nächsten Seite). Erschrecken Sie nicht wegen der nun über den Bildschirm laufenden Meldungen. Fehlermeldungen entstehen dadurch, dass eben manche Dinge nicht installiert sind und damit auch nicht gepatcht werden können.

Nach dem Erhalt der Schlussmeldung (Abbildung 2.47 auf der nächsten Seite) starten Sie den Rechner durch `init 6` neu.

Mit `showrev` können Sie übrigens den Systemstand abfragen. Sie erhalten dann den aktuellen Stand des Kernels (Abbildung 2.48 auf der nächsten Seite).

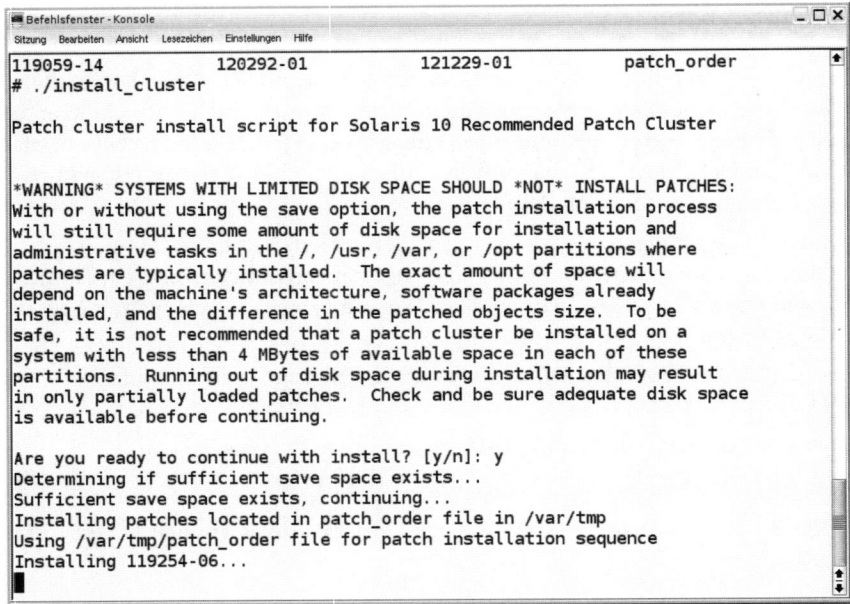

Abb. 2.46: Patches installieren: Start von `install_cluster`

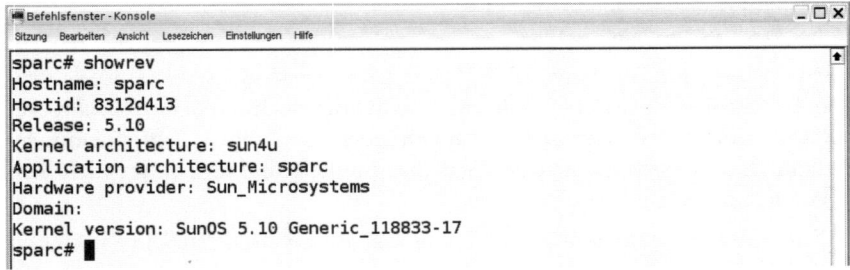

Abb. 2.47: Patches installieren: Schlussmeldung

```
sparc# showrev
Hostname: sparc
Hostid: 8312d413
Release: 5.10
Kernel architecture: sun4u
Application architecture: sparc
Hardware provider: Sun_Microsystems
Domain:
Kernel version: SunOS 5.10 Generic_118833-17
sparc#
```

Abb. 2.48: `showrev`: Ausgabe

3 Umgang mit dem Java-Desktop

Die Umsteiger von Microsoft-Windows-Systemen, aber auch Anwender anderer Window-manager, wie sie bei anderen Unix- und Unix-ähnlichen Betriebssystemen im Einsatz sind, werden sicher leicht mit der von Sun nunmehr favorisierten Benutzeroberfläche Java-Desktop zurechtkommen. Diese Benutzeroberfläche beeinhaltet die Komponenten des GNOME-Desktops, welcher unter anderem unter Linux und den freien BSD-Ablegern (FreeBSD, DragonFly, NetBSD, OpenBSD usw.) eingesetzt werden kann.

Inhalt

Abb. 3.1: Java-Desktop eines neu angelegten Benutzers

Wie bei vielen anderen grafischen Benutzeroberflächen auch können Anwendungen sowohl über ein Startmenü als auch über Icons auf dem Desktop gestartet werden. Im Java-Desktop wird die Schaltfläche hierfür mit „Aufrufen" bezeichnet.

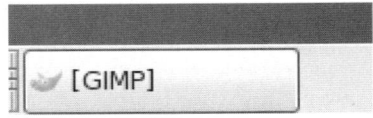

Abb. 3.2: Durch Klick auf diese Schaltfläche wird das Startmenü geöffnet

Abb. 3.3: Anzeige laufender Anwendung, hier: Bildbearbeitung GIMP

Über den Desktop gestartete Anwendungen werden in der Taskleiste angezeigt.

Die Anwendung kann man durch Anklicken mit der linken Maustaste wieder in den Vordergrund holen. Mit dem Rechtsklick erhält man ein Menü, welches verschiedene Auswahlmöglichkeiten bietet.

Die Verwendung mehrerer Arbeitsflächen dient der Übersichtlichkeit, in bestimmten Arbeitssituationen schützt es auch vor neugierigen Blicken, wenn man schnell auf eine unbelegte Fläche wechseln kann. Diese Arbeitsflächen werden in der Taskleiste unten rechts angezeigt, sie bilden auch die aktuellen Desktop-Belegungen ab.

Tab. 3.1: Taskleisten-Menü für Anwendung

Menüpunkt	Aktion
Minimieren	Anwendung läuft weiter, ist aber nur noch auf der Taskleiste sichtbar.
Maximieren	Im Hintergrund laufende Anwendung wird wieder auf den Desktop geholt.
Einrollen	Wie bei Minimieren, Titelleiste der Anwendung verbleibt aber am Desktop.
Schließen	Programm beenden
Verschieben	Anwendungsfenster wird markiert und kann mit der Maus verschoben werden.
Größe ändern	Anwendungsfenster wird markiert, mit der Maus kann dessen Größe geändert werden.
Wiederherstellen	Alten Zustand herstellen, der vor Aufruf von „Verschieben" und „Größe ändern" gegeben war.
Auf alle Arbeitsflächen legen	Die Anwendung ist auf allen Arbeitsflächen abgelegt.
Zu einer anderen Arbeitsfläche geben	Die Anwendung kann auf eine andere Arbeitsfläche verschoben werden.
Nur auf diese Arbeitsfläche	Holt eine auf allen Arbeitsflächen liegende Anwendung auf die aktuelle.

Ein kleiner Kalender erscheint, wenn Sie auf die in der Taskleiste angezeigte Uhrzeit mit der linken Maustaste klicken. Ebenso wird er wieder entfernt. Datum und Uhrzeit können Sie kopieren, indem Sie die Uhranzeige mit der rechten Maustaste anklicken und entsprechend „Uhrzeit kopieren" oder „Datum kopieren" auswählen. In den Einstellungen lassen sich die Wahl der Zeitzone und die Erweiterung der Anzeige um die Darstellung der Sekunden vornehmen.

Zum schnellen Minimieren und Maximieren aller Fenster am Desktop dient die Schaltfläche, welche Abbildung 3.5 zeigt.

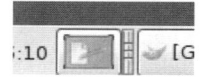

Abb. 3.4: Arbeitsplatzdarstellung des Java-Desktops

Abb. 3.5: Schaltfläche zum Minimieren und Maximieren von Fenstern

3.1 Desktop-Einstellungen

Wenn Sie mit der rechten Maustaste die Taskleiste anklicken, ohne dabei auf ein Symbol zu treffen, erhalten Sie die Möglichkeit, Einstellungen vorzunehmen. Sie können

- Aktionen und Programme zum Panel hinzufügen,
- das Panel löschen,
- die Eigenschaften des Panels bearbeiten,
- ein neues, zusätzliches Panel anbringen.

Der erste Punkt dient dem schnellen Zugriff auf Programme. Wenn Sie zudem aufgabenbezogene Panels erstellen, schaffen Sie sich damit eine übersichtliche Funktion, mit der Sie Ihre Anwendungen schnell starten können. Die zusätzlich angelegten Panels lassen sich auch wieder löschen. Der Menüpunkt „Einstellungen" bezieht sich auf die Möglichkeit, Optik und Form zu verändern sowie die Leiste zu verkleinern oder zu verstecken.

Das Eigenschaftsmenü der Arbeitsflächen und des -umschalters bietet die Möglichkeit, die Anzahl der Desktops zu erhöhen, die Symbolfelder mehrzeilig und ggf. mit Namen anzeigen zu lassen.

3.1.1 Anlegen von Icons auf dem Desktop

Schaltsymbole auf der Arbeitsoberfläche stellen den kürzesten Weg dar, eine Anwendung zu starten oder auf ein anderes Objekt zuzugreifen. Bei der Grundinstallation werden bereits einige Symbole angelegt.

Abb. 3.6: „Grundausstattung" des Java-Desktops

Dieser Computer	Übersicht von Anwendungen und Nutzdaten in Dateimanager-Form
Dokumente	Dateimanager im Unterverzeichnis `Documents` des Benutzers
Netzwerkstationen	Hier können Freigaben von Windows und Samba-Freigaben oder FTP-Verzeichnisse eingehängt werden
Papierkorb	Ablageort für zu löschende Objekte, Menü zum Leeren mit Rechtsklick
Desktop-Übersicht	Hilfe zu Gnome/Java-Desktop
StarOffice 7	Ältere Version, die gratis mitgeliefert wird

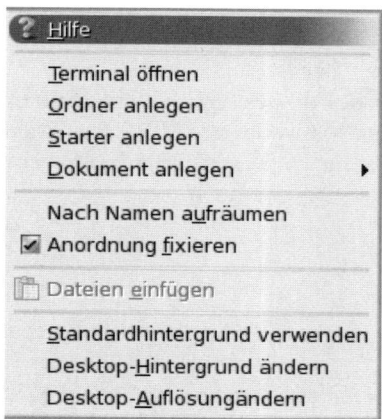

Die Einrichtung eines neuen Symbols auf dem Java-Desktop ist einfach vorzunehmen.

Klicken Sie mit der rechten Maustaste auf den Hintergrund Ihres Desktops. Sodann erhalten Sie eine Auswahl verschiedener Funktionen.

Neben den Einstellmöglichkeiten für die Bildschirmauflösung, Hintergrundfarben und -bilder können hier ein Terminal geöffnet und Objekte für die Oberfläche angelegt werden.

3.1.2 Icons für Programmstart

Wir möchten nun ein Programm, `gnome-term`, gleich über den Desktop starten können. Wie gerade beschrieben, klicken Sie mit der rechten Maustaste in den Desktop-Hintergrund. Wählen Sie „Starter anlegen".

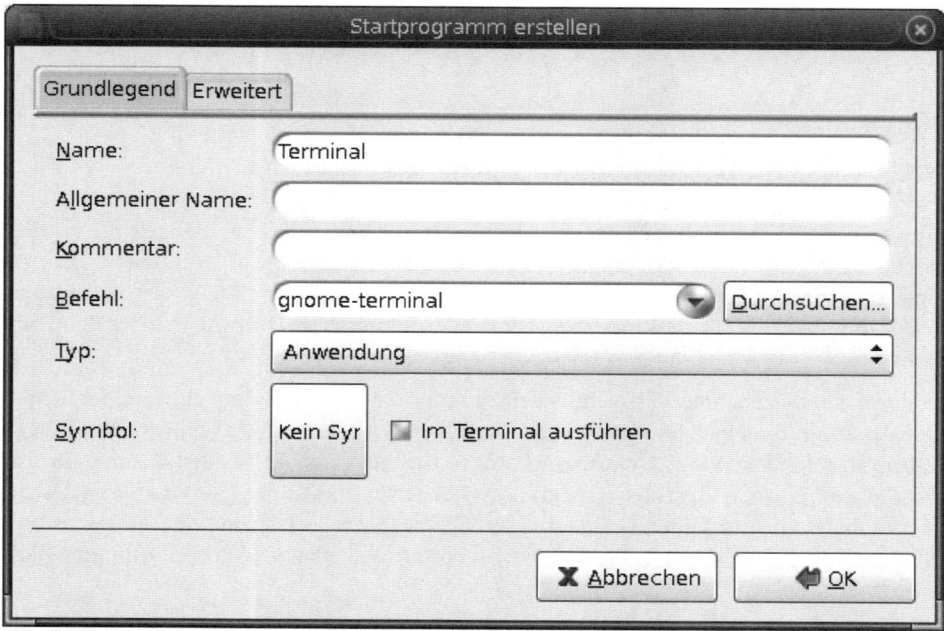

Abb. 3.7: Eintragungen für das zu startende Programm

Füllen Sie hier mindestens die Felder „Name" und „Befehl" aus. Klicken Sie anschließend auf das Feld „Symbol".

Es wird eine Auswahl von Symbolen angezeigt, mit der die Anwendung am Desktop gekennzeichnet wird. Durch Anklicken mit der linken Maustaste treffen Sie Ihre Wahl. Bestätigen Sie Ihre Einstellungen durch Klick auf „OK", und auf der Arbeitsfläche erscheint das neue Symbol. Versuchen Sie, die Anwendung zu starten.

Abb. 3.8: Symbolauswahl

Abb. 3.9: Fertiges Startsymbol am Desktop für das „gnome-term"

3.1.3 Icons für Dateien und Verzeichnisse

Ein neues Unterverzeichnis, hier als „Ordner" bezeichnet, ist schnell angelegt. Aus dem vorhin gezeigten Menü wählen Sie „Ordner anlegen". Das Symbol erscheint sodann auf dem Desktop, der Name kann (und sollte) geändert werden. Damit liegt der neue Ordner wiederum im Ordner „Desktop", der sich wiederum im Heimatverzeichnis des Benutzers befindet.

Soll nun ein bestehendes Verzeichnis eingebunden werden, geht man einen anderen Weg, der genauso z. B. auch für Anwendungen möglich ist. Öffnen Sie den Dateimanager („Dieser Computer"), klicken Sie „Dokumente" an. In unserem Beispiel wollen wir den Ordner „Bilder" einbinden, er liegt aber auf derselben Ebene wie „Dokumente". Wir klicken deshalb „nach oben" an und finden den gesuchten Ordner. Diesen klicken wir mit der rechten Maustaste an, das Bearbeitungsmenü erscheint, aus dem wir „Verknüpfung erstellen" wählen.

Im Anschluss erhalten wir unsere Verknüpfung (rechtes Symbol).

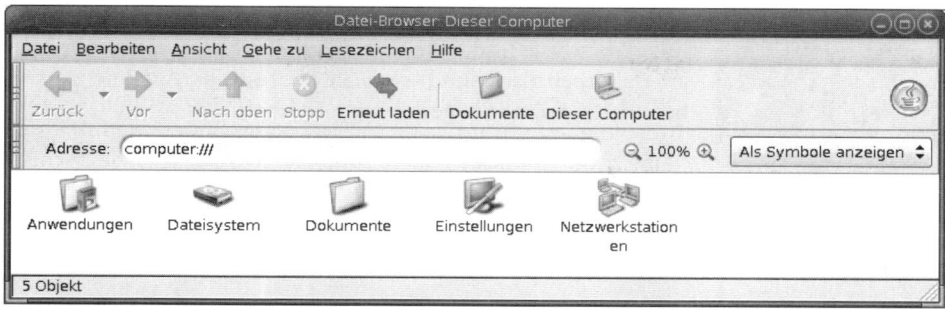

Abb. 3.10: „Dieser Computer"

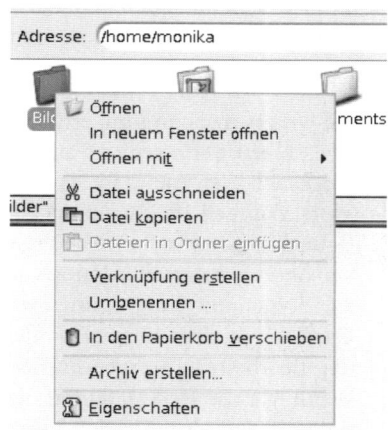

Abb. 3.11: Bearbeitungsmenü für Dateien und Verzeichnisse

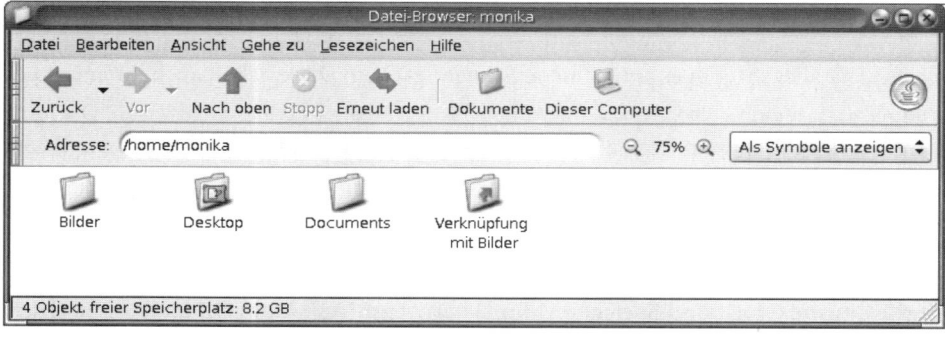

Abb. 3.12: Erstellte Verknüpfung

Stellen Sie den Mauszeiger auf das neue Symbol, drücken Sie die linke Maustaste und halten Sie diese. Ziehen Sie das Symbol nun auf die Arbeitsfläche und lassen Sie die Taste los. Auf dem Desktop befindet sich jetzt das gewünschte Symbol.

Mit einem Doppelklick auf dieses neue Symbol öffnet sich der Dateimanager für dieses Verzeichnis.

3.2 Arbeiten mit Dateien und Verzeichnissen

Das schon im vorigen Unterkapitel gezeigte Bearbeitungsmenü für Dateien und Verzeichnisse ermöglicht uns das Kopieren, Verschieben (Ausschneiden/Einfügen), Verknüpfen, Löschen, Archivieren (Erstellen eines Tar.GZ-Archives) und Umbenennen eines Objektes. Die Punkte sprechen für sich selbst und brauchen hier wohl kaum tiefer erläutert werden.

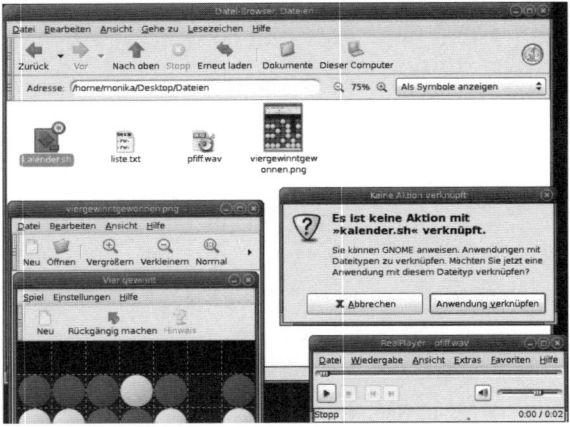

Klicken wir unser Symbol für ein Unterverzeichnis an, erhalten wir, sofern bereits nicht anders eingestellt, den Inhalt in Symbolansicht aufgelistet. Schon bei der Grundinstallation werden Vorgaben bezüglich der Zuordnung von Dateitypen und Programmen zur Darstellung, dem Abspielen oder der Bearbeitung vorgenommen. Wenn wir also eine Datei mit der linken Maustaste anklicken, wird meist eine Aktion automatisch gestartet.

Bei fast allen Objekten gibt es keine Probleme, Real Player macht Musik, die Bildanzeige stellt die Grafikdatei dar und ein Editor gibt uns Einblick in eine Textdatei. Nur für die Datei „kalender.sh" gibt es anscheinend Schwierigkeiten. Diese haben auch ihren Grund.

Diese Datei ist ein Shell-Skript, seine Aufgabe ist es, einen Kalender anzuzeigen. Doch mit dem richtigen Programmieren alleine ist es hier nicht getan, es müssen ausreichend Rechte gesetzt werden. Die Rechte von „kalender.sh" können wir durch den Klick mit der rechten Maustaste und der Funktion „Eigenschaften" erfahren (Abbildung 3.13 auf der nächsten Seite).

Wir sehen neben dem Dateinamen auch, dass der Dateityp richtig erkannt wurde (Shell-Skript), sowie Größe und Speicherort im Dateisystem (Abbildung 3.14 auf der nächsten Seite).

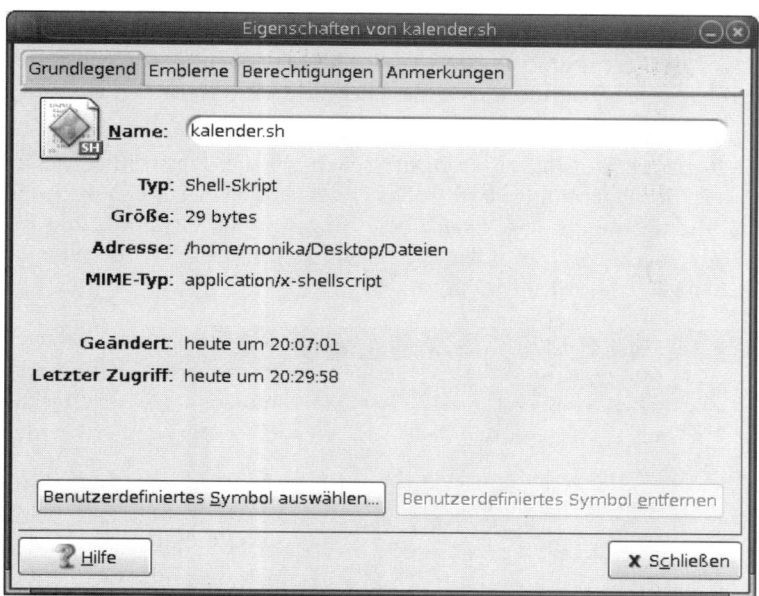

Abb. 3.13: Eigenschaften, allgemein

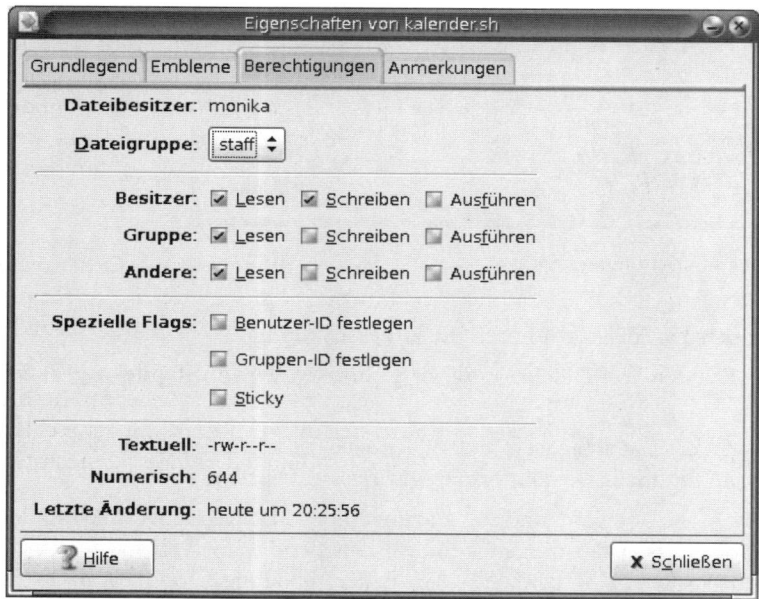

Abb. 3.14: Rechte und Eigentümer

Unter Solaris (genauso wie bei anderen Unix-Derivaten, verschiedenen BSDs und Linux auch) beschränken sich die Rechte grob gesagt auf drei Ebenen: Eigentümer, Gruppe und „Rest der Welt". Jede dieser Ebenen wiederum verfügt über die Rechte Lesen, Schreiben und Ausführen.

Klicken wir auf die Registerkarte „Berechtigungen", sehen wir den Eigentümer, dessen Gruppenzugehörigkeit (der Eigentümer darf für das Objekt auf alle Gruppen wechseln, denen er angehört), die Rechte der jeweiligen Ebene (Eigentümer, Gruppe, „Rest der Welt") und weitere Informationen. Damit das Shell-Skript „ausführbar" wird, muss das entsprechende Häkchen gesetzt werden (Abbildung 3.15).

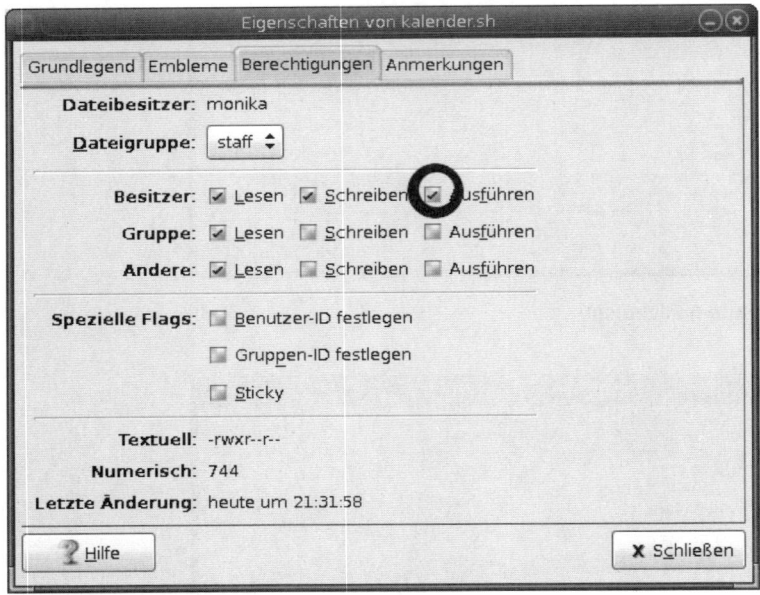

Abb. 3.15: Setzen des Ausführungsrechts

Anschließend lässt sich das Shell-Skript nach Rückfrage ausführen.

Auf die Details zu Rechten von Dateien und Verzeichnissen wird in Kapitel 4 genauer eingegangen.

Sie können die Ansicht des Dateimanagers ändern. Anstelle der reinen Symbolansicht kann auch die Listenansicht mit mehr Detailinformation eingestellt werden.

Dazu öffnen Sie das Menü Ansicht und stellen zum einen „Listenansicht" (bzw. an der Menüzeile rechts oben „Als Liste anzeigen") ein. Anschließend wählen Sie im Ansicht-Menü „Anzuzeigende Spalten". Dort können Sie, wie in der Abbildung 3.16 auf der nächsten Seite gezeigt, die gewünschte Darstellung einstellen.

Ansichtsache ist auch die Größe der Symbole in der entsprechenden Ansicht. Im Bild 3.18 auf Seite 80 ist das Symbol der Archivdatei vergrößert. Es werden sodann Zusatzinformationen mit ausgegeben. Das Vergrößern und Verkleinern geschieht durch Einstellungen mittels „Lupe Minus" und „Lupe Plus" (siehe Pfeil).

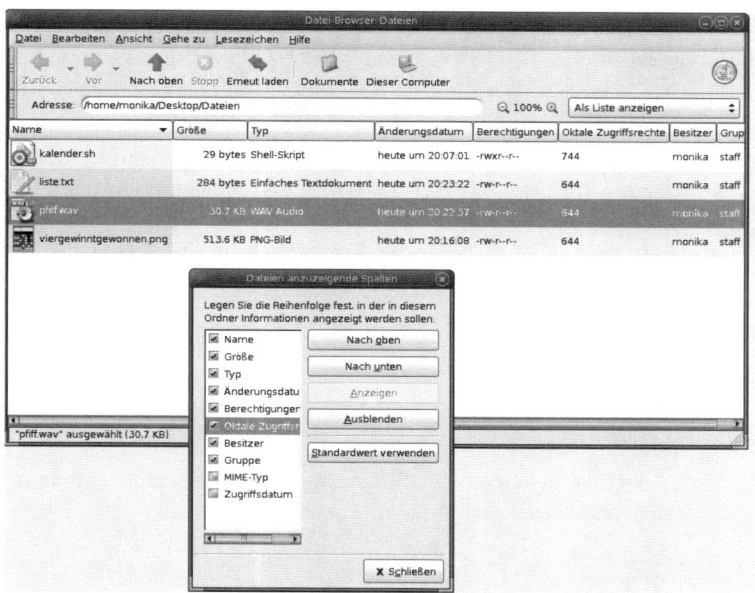

Abb. 3.16: Ausführliche Ansicht im Dateimanager einstellen

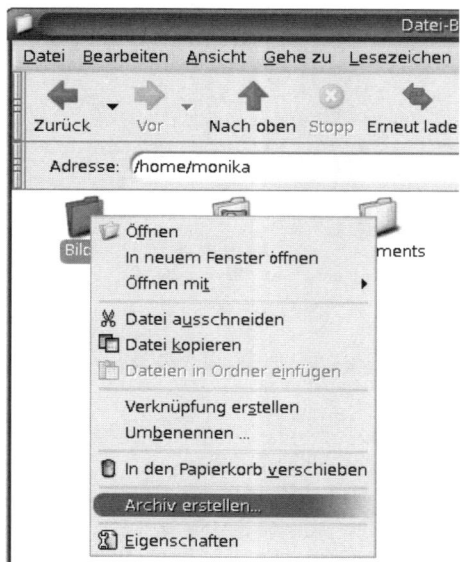

Wenn wir einen Rechtsklick auf eine Datei oder ein Verzeichnis ausführen, wird uns auch die Funktion „Archiv erstellen" angeboten. Wir können damit, z. B. bei einem Verzeichnis mit mehreren Dateien, ein komprimiertes Archiv im tar.gz-Format erstellen. Dieses Format ist fast überall Standard und kann von allen gängigen „Archiv-Managern" gehandhabt werden. Ebenso gibt es entsprechende Shell-Werkzeuge dafür. Archive dienen dem vereinfachten Austausch von Daten oder auch der Datensicherung.

Nach dem Funktionsaufruf erscheint ein kleines Fenster, in welchem wir den Dateinamen ändern könnten (Abbildung 3.17 auf der nächsten Seite).

Das mit dieser Aktion entstandene tar.gz-Archiv trägt ein anderes Oberflächensymbol als das Original (Abbildung 3.18 auf der nächsten Seite).

Wenn wir ein Archiv bekommen, wollen wir es meistens auch entkomprimieren und entpacken, da wir ja auf die „Nutzlast", also die einzelnen Dateien darin, zugreifen wollen.

Abb. 3.17: Bestimmen des Archivnamens

Abb. 3.18: Symbolansicht des fertigen Archivs

Wir führen einen Rechtsklick auf die Archivdatei aus und wählen „Hier entpacken" aus dem Funktionsmenü aus (Abbildung 3.19).

Beim Entpacken größerer Archive erscheint ein Informationsfenster, welches über die laufende Aktion informiert (Abbildung 3.20).

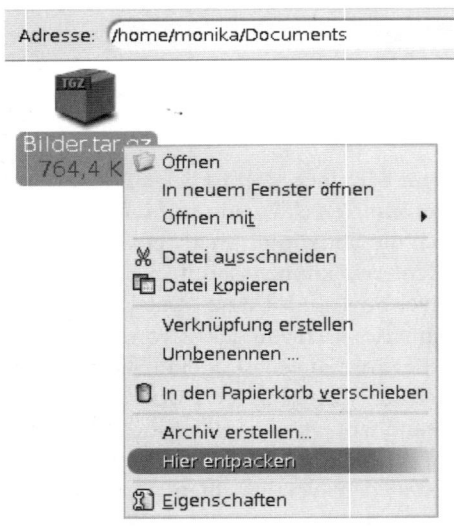

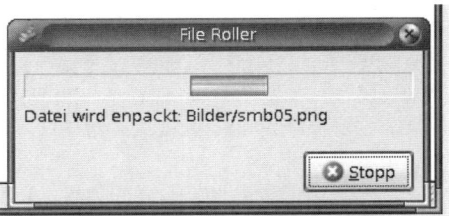

Abb. 3.19: Rechtsklick auf Archivdatei und Auswahl „Hier entpacken"

Abb. 3.20: Informationsfenster beim Entpacken größerer Archivdateien

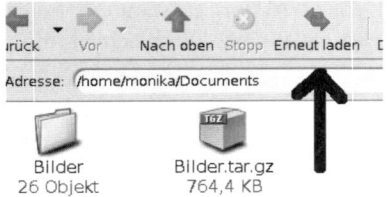

Nachdem wir „Erneut laden" angeklickt haben, sehen wir das entpackte Verzeichnis.

3.3 Arbeiten mit Wechseldatenträgern

Der Java-Desktop von Solaris bietet einige Annehmlichkeiten was den Umgang mit externen Datenträgern betrifft. Der Zugriff auf diese kann selbstverständlich eingeschränkt oder verhindert werden, wenn es die Sicherheit gebietet.

3.3.1 CD-ROM/DVD-ROM

Wenn der Datenträger in das Laufwerk eingelegt wurde, öffnet sich der Dateimanager automatisch. Auf den Inhalt der CD-ROM oder DVD-ROM kann nunmehr zugegriffen werden. Zusätzlich erscheint auf der Arbeitsfläche ein CD/DVD-Symbol. Zum Entnehmen führen Sie einen Rechtsklick auf dieses Symbol aus. Wählen Sie hierin die Funktion „Auswerfen".

Voraussetzung ist hierbei, dass der Systembetreuer das Volume Management mit dem Daemon vold gestartet hat.

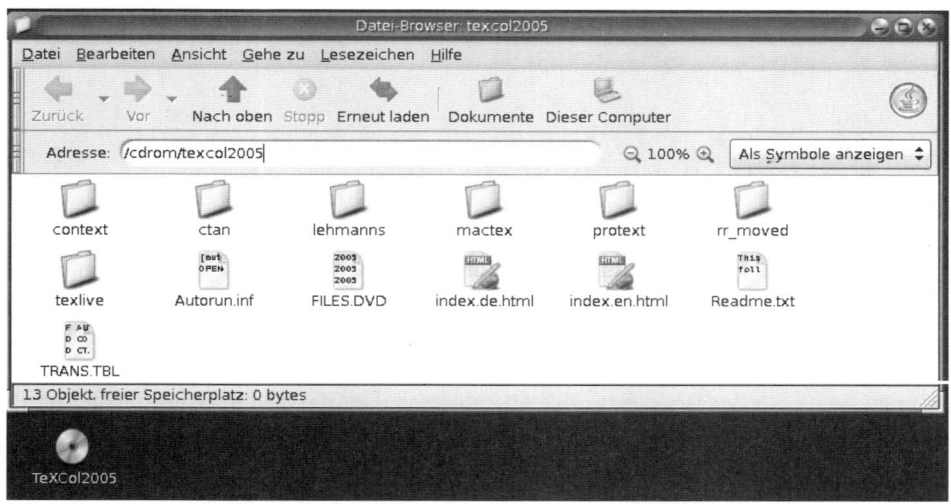

Abb. 3.21: CD/DVD-ROM mit Desktop-Symbol

3.3.2 USB-Stick/Kartenleser

USB-Sticks, Kartenleser und auch viele Kameramodelle werden nach dem Verbinden mit dem USB-Steckplatz als Symbol auf der Arbeitsfläche angezeigt. Nach einem Doppelklick mit der linken Maustaste darauf öffnet sich der Dateimanager.

Es wird, wie bei der CD/DVD-ROM auch, wieder mit dem Menü, welches man über den Rechtsklick erhält, „ausgeworfen". Nachdem das Symbol dabei von der Arbeitsfläche verschwunden ist, kann man das Speichergerät abziehen.

Abb. 3.22: Darstellung eines USB-Gerätes, hier: USB-Stick

Grundsätzlich gilt diese Vorgehensweise auch für weitere externe Speichermedien, wie Festplatten, MO-Laufwerke usw.

3.4 Datenzugriff auf andere Rechner

Der Java-Desktop bietet den Zugriff auf die Daten entfernter Rechner. Mittels NFS und (S)FTP werden Unix-Rechner erreicht, die Benutzer können aber auch auf Windows-Rechner zugreifen, was im Folgenden dargestellt wird.

Zunächst klicken Sie auf das Symbol „Netzwerkstationen" (Abbildung 3.23).

Wählen Sie hier „Windows-Netzwerk". Anschließend wird das Netzwerk nach Arbeitsgruppen durchsucht und, falls vorhanden, angezeigt (Abbildung 3.24).

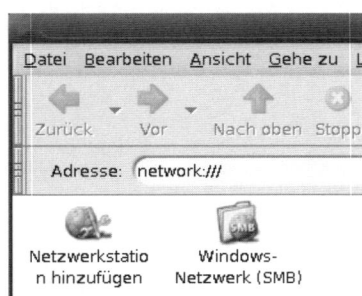

Abb. 3.23: Zugriff auf Windows-Rechner: Verzeichnis Netzwerkstationen

Abb. 3.24: Zugriff auf Windows-Rechner: Anzeige Arbeitsgruppen

Klicken Sie das gewünschte Ergebnis an. Die Rechner der Arbeitsgruppe werden nun aufgelistet. Dabei ist es unerheblich, ob es sich um Windows-Rechner oder Unix/Linux-Rechner mit aufgesetztem Samba-Server handelt (Abbildung 3.25).

Klicken Sie den Rechner an. Wenn keine allgemeinen und ungeschützten Freigaben vorhanden sind, müssen Sie sich ausweisen, wie im Bild 3.26 gezeigt.

Abb. 3.25: Zugriff auf Windows-Rechner: Auflistung der Rechner einer Arbeitsgruppe

Abb. 3.26: Zugriff auf Windows-Rechner: Zugriff mit Benutzerkennung und -kennwort

Die Freigaben des gewählten Rechners werden angezeigt (Abbildung 3.27).

Klicken Sie die jeweilige Freigabe an, damit Sie auf die Nutzdaten zugreifen können (Abbildung 3.28).

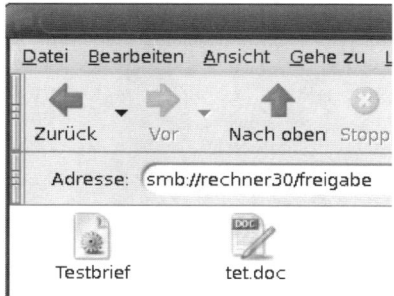

Abb. 3.27: Zugriff auf Windows-Rechner: Anzeige der Freigaben

Abb. 3.28: Zugriff auf Windows-Rechner: Sicht auf die Nutzdaten

Durch Schließen des Fensters ist auch die Verbindung beendet.

Wenn dies nicht gewünscht ist, kann ein anderer Weg beschritten werden. Im Verzeichnis „Netzwerkstationen" klicken Sie anstelle von „Windows-Netzwerk" das Symbol „Netzwerkstation hinzufügen" an. Geben Sie, wie in der Abbildung 3.29 auf der nächsten Seite gezeigt, die notwendigen Verbindungsdaten ein. Auch hier wäre eine Durchsuchungsmöglichkeit des Netzwerks vorhanden.

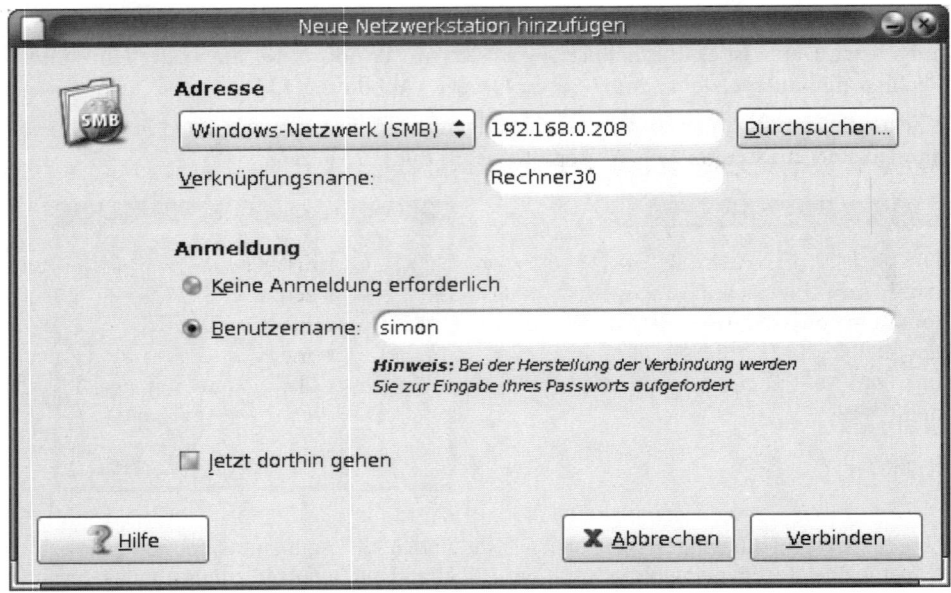

Abb. 3.29: Alternative Zugriffsmöglichkeit auf Windows-Rechner

Die so zustande gekommene Verbindung wird als eigenes Symbol im Ordner „Netzwerkstationen" abgelegt. Mit einfachem Linksklick kann man auf sie zugreifen. Wird der Fernzugriff nicht mehr benötigt, führt man einen Rechtsklick auf das Symbol aus und wählt die Funktion „Partition aushängen". Was es mit diesem recht ungewöhnlichen Begriff auf sich hat, finden Sie an anderer Stelle im Buch.

4 Arbeiten mit der Shell

Die Shell ist weit mehr als ein „DOS-Fenster" oder eine „Kommandozeile". Sie können damit zum einen schnell auch komplexe Kommandos absetzen, aber auch Skripte zur Automation von Abläufen erstellen. Viele Administrationsaufgaben lassen sich zudem nur auf der Shell lösen. Die Shell stellt auch die Kommunikationsebene zwischen dem Systemkern und dem Anwender dar, wenn keine grafische Benutzeroberfläche zur Verfügung steht oder benutzt wird.

Inhalt

4.1 Allgemeines

4.1.1 Shells

Es gibt verschiedene Shells, die mehr oder weniger miteinander kompatibel sind, aber dennoch hat jede ihre Besonderheiten, Stärken und auch Schwächen. So ist die klassische sh, die Bourne-Shell, meist für Shell-Skripte im Einsatz. Sie kennt als älteste Unix-Shell keine History-Funktion und Aliase und verfügt über den kleinsten Befehlsumfang. Für die „Handarbeit" setzt man gerne die bash (Bourne-again-Shell) oder die zsh (Z-Shell) ein, da diese über einigen Komfort verfügen. Die Z-Shell vereinigt viele Funktionen der bash, ksh und der tcsh (Weiterentwicklung der C-Shell). Ferner sind noch verbreitet die Korn-Shell (ksh) und die C-Shell mit ihrer C-artigen Syntax (csh). Es gibt umfangreiche Literatur hierzu, in der Sie sich über die Einzelheiten informieren können.

Hier für die Beispiele verwenden wir hauptsächlich sh und zsh, aber auch auf die ksh wird eingegangen.

Für jeden gewöhnlichen Benutzer wird eine Login-Shell eingetragen. Diese wird bei der Anmeldung automatisch gestartet. Möchten Sie anstelle der meist standardmäßig verwendeten sh z. B. die Z-Shell, bitten Sie Ihren Systemadministrator um Änderung. Natürlich können Sie für sich ebenfalls den Start einer anderen Shell als der Login-Shell automatisch vorsehen (siehe Abschnitt auch 4.3.1 auf Seite 97).

Die Bourne-Shell ist übrigens auf einem Solaris-System i. d. R. doppelt vorhanden. Einmal ist sie in dynamisch gelinkter Ausführung für alle Benutzer installiert, als statische Version steht sie root zur Verfügung, welche im root-Dateisystem untergebracht ist. Im Ernstfall, wenn z. B. das Dateisystem von /usr defekt ist, kann der Systembetreuer trotzdem noch am System tätig werden.

Der Kommandoprompt der hier gezeigten Bourne- und Korn-Shell wird für den normalen Benutzer als $, für root mit dem #-Zeichen dargestellt. Bei der Z-Shell finden Sie zusätzlich noch den Rechnernamen vorangestellt, anstelle des $ steht das Prozentzeichen.

Nun noch das für viele Benutzer am Anfang Wichtigste: Eine Shell-Sitzung wird durch die Eingabe von exit beendet. Das gilt ebenso für eine in der Shell gestartete neue Shell.

4.1.2 Direkte Kommunikation mit der Shell

Zunächst werden Sie ein Terminalfenster in der grafischen Benutzeroberfläche öffnen oder sich am System direkt anmelden:

```
login: harald
Password: *******
$
```

Der Systemprompt erscheint, und Ihre Shell wartet auf Ihre Eingaben.

Die Anzeige können Sie mit clear löschen. Die Shell murrt nicht, solange sie ihre Arbeit erledigen kann.

Wenn es sich nicht gerade um Kommandos handelt, die mit der Anzeige oder Auflistung zu tun haben, erhalten Sie im Erfolgsfall normalerweise keine Rückmeldung. Bei einigen Befehlen können Sie durch Eingabe der Option -v eine (erweiterte) Angabe von Meldungen anfordern.

Welche Shell verwendet wird, erfahren Sie durch die Abfrage echo $0 (Listing Beispiel 1).

Ob ein Kommando oder Programm erfolgreich gearbeitet hat, können Sie durch die Abfrage echo $? ermitteln. Sie erhalten den sogenannten *Exitcode*, der für den Erfolgsfall stets 0 lautet, für Fehler meist 1 (Listing Beispiel 2). Manche Anwendungen geben auch andere Werte zurück. I. d. R finden Sie hierzu die notwendigen Informationen in der Man-Page (siehe auch Kapitel 1).

Ferner gibt es Sonderzeichen, die die Shell nicht als Text auslegt. Sie müssen durch einen vorangestellten \ entwertet werden, wenn sie als gewöhnlicher Text gelten sollen (Listing Beispiel 4). Siehe hierzu auch Kapitel 4.2 auf Seite 90.

```
1   sparc% echo $0
    zsh

2   sparc% tar cf sicherung.tar ablage
    sparc% echo $?
    0
    sparc% tar cf sicherung.tar ablege
    tar: ablege: Datei oder Verzeichnis nicht gefunden
    sparc% echo $?
    1

3   sparc% tar cfv sicherunt.tar ablage
    a ablage/ OK
    a ablage/Bericht.txt 1K
    a ablage/bericht.txt 1K
```

```
     sparc%

4    sparc% echo $0 & $?
     [1] 629
     zsh
     zsh: command not found: 0
     [1] + done            echo $0
     sparc% echo $0 \& $?
     zsh & 127
```

Die hier verwendete Z-Shell bietet für den Bediener komfortable Funktionen. Eine davon ist die Möglichkeit, mittels der Pfeil-Tasten in den zurückliegenden Befehlen zu blättern und diese ggf. (ebenfalls mit Hilfe der Pfeil-Tasten) zu editieren. Viel Tipparbeit wird einem durch die Funktion abgenommen, Kommandoaufrufe und Dateinamen durch Druck auf die Tabulator-Taste zu vervollständigen. Die Z-Shell vervollständigt soweit, bis wieder Mehrdeutigkeiten auftauchen. Nach Ergänzung des oder der fehlenden Zeichen und abermaligem Betätigen der Tabulator-Taste wird weiter vervollständigt. Anstelle der Ergänzung kann die Tabulator-Taste gleich nochmals betätigt werden, der alphabetisch nächste Name wird dann gewählt, allerdings zeigt die Shell die Alternativen an.

Im folgenden Beispiel haben wir zwei Dateien mit ähnlichem Namen, von denen wir eine auflisten wollen.

```
sparc% ls -1 sicherun*
sicherung.tar
sicherunt.tar
```

Geben Sie den Anfang des Kommandos ls si ein, und drücken Sie die Tabulator-Taste. In unserem Beispiel vervollständigt die Shell bis ls sicherun und bietet unten die beiden Dateinamen zur weiteren Auswahl an. Nach nochmaligem Drücken der Tabulator-Taste wird die im Alphabet nächste Möglichkeit ausgewählt (anstelle einer manuellen Angabe) und der Dateiname schließlich komplett vervollständigt.

```
sparc% ls si[TAB]cherun[TAB]g.tar [ENTER]
sicherung.tar  sicherunt.tar

sparc% ls sicherung.tar
sicherung.tar
```

Hinweis: Start ausführbarer Dateien
Befinden Sie sich im selben Verzeichnis wie die auszuführende Datei, muss diese (aus Sicherheitsgründen) stets mit vorangestelltem . / aufgerufen werden.

Wird eine Kommandozeile zu lang und damit zu unübersichtlich, entwerten Sie einfach das Neue-Zeile-Zeichen durch Eingabe von \ und drücken ENTER . Sie können auf der nächsten Zeile weiterschreiben. Ggf. kommt ein besonderer Kommandoprompt. Sie können auf der nächsten Zeile Ihre Eingaben fortsetzen.

4.2 Funktionen der Shell, Sonderzeichen

Die Sonderzeichen der Shell dienen der verfeinerten Steuerung und Ausgabeumleitung.

4.2.1 Verknüpfung von Befehlen

Shell-Befehle können ihre Ausgaben direkt auf weiter folgende Kommandos weiterleiten. Dies wird auch als „Pipen" bezeichnet. Dabei ist es auch möglich, diese Verbindungen an Bedingungen zu knüpfen (Tabelle 4.1).

Tab. 4.1: Kommandoverknüpfung

Aktion	*Kommando*
Standardausgabe von Kommando 1 auf Kommando 2 in dessen Standardeingabe übergeben.	`Kommando_1	Kommando_2`
Wenn das Kommando 1 nicht erfolgreich ausgeführt wurde, wird stattdessen Kommando 2 abgearbeitet.	`Kommando_1 || Kommando_2`
Das Kommando 2 wird nur ausgeführt, wenn Kommando 1 erfolgreich ausgeführt wurde.	`Kommando_1 && Kommando_2`

Im folgenden Listing finden Sie einige Beispiele zur Verknüpfung von Befehlen. Wir möchten die Anzahl der gefundenen Dateien erhalten. `ls -1` listet Dateien ohne weitere Angaben zeilenweise auf, während `wc -1` die Zeilen zählt. Mit dem Pipe-Zeichen übergibt das erste Kommando die gefundenen Dateien an das zweite, das die Zählung vornimmt.

```
sparc% ls -1 | wc -1
    12
sparc%
```

Es soll nach einer Datei (`find`) gesucht werden. Existiert diese nicht, soll sie angelegt werden (`touch`). Im ersten Anlauf ist sie nicht vorhanden. Anschließend wiederholen wir das Kommando, wir sehen den Ablauf bei vorhandener Datei dargestellt.

```
sparc% find text.txt || touch text.txt
find: stat() Fehler text.txt: Datei oder Verzeichnis nicht gefunden
sparc% find text.txt || touch text.txt
text.txt
```

Es soll eine Datei, falls vorhanden, kopiert werden. Wir lassen sie suchen (`find`) und mit `cp` kopieren.

```
sparc% find text.txt && cp text.txt Text.txt
text.txt
sparc% ls *ext.txt
Text.txt   text.txt
```

4.2.2 Ein-/Ausgabe-Umlenkung

Die Shell verfügt über eine Standard-Ausgabe (für reguläre Ergebnisse, `stdout`, 1), eine Standard-Fehlerausgabe (für Fehlermeldungen, `stderr`, 2) und über eine Standard-Eingabe (`stdin`, 0), welche sich normalerweise auf die Tastatureingabe bezieht.

Die Ein- und Ausgaben können wir in oder von Dateien umleiten. Dabei geben die Zeichen > und < die Richtung an. > dient der Ausgabe, wobei eine vorhandene Datei immer überschrieben wird. Mit » dagegen wird die Ausgabe an eine bestehende Datei angefügt (besteht die Datei nicht, wird sie angelegt). < ersetzt die Tastatureingabe.

Den Aufbau der Anweisungen in Abhängigkeit der verwendeten Shell zeigt die Tabelle 4.2.

Tab. 4.2: Ein-/Ausgabeumleitung

Aktion	Anweisung	sh	ksh	zsh
`stdout` in Datei umlenken, Datei stets überschreiben, wenn vorhanden.	`Kommando > Datei`	X	X	X
`stdout` an Datei anhängen, falls diese nicht existiert, anlegen.	`Kommando >> Datei`	X	X	X
`stdout` und `stderr` gemeinsam umleiten.	`Kommando >& Datei`	-	-	X
	`Kommando >>& Datei`	-	-	X
	`Kommando 1>Datei 2>&1`	X	X	X
`stderr` umleiten,	`Kommando 2> Datei`	X	X	X
	`Kommando 2> Datei`	X	X	X
`stdin` durch Datei ersetzen,	`Kommando < Datei`	X	X	X

Einige Beispiele zur Ein-/Ausgabeumlenkung verdeutlichen die Funktion. Anfangs lassen wir einfach die Ausgabe von `echo` in eine Datei umleiten, quasi als eine Art Überschrift für die anschließende Übung:

```
$ echo "Verzeichnisinhalt" > inhalt.txt
```

Nun möchten wir, dass alle Textdateien des Verzeichnisses in der bestehenden Datei `inhalt.txt` aufgelistet werden:

```
$ ls *.txt >>inhalt.txt
```

Zur Probe sehen wir uns das Ergebnis einmal an:

```
$ cat inhalt.txt
Verzeichnisinhalt
Bericht.txt
bericht.txt
datei.txt
inhalt.txt
```

```
Text.txt
text.txt
```

Wir suchen eine (nicht vorhandene) Datei und möchten die Standard-Fehlerausgabe in eine Datei umleiten:

```
$ find inhalt 2> log.txt
$ cat log.txt
find: stat() Fehler inhalt: Datei oder Verzeichnis nicht gefunden
$
```

Das folgende Beispiel führen wir mit der Z-Shell aus. Die Standard- und die Standard-Fehlerausgabe sollen gleichzeitig umgeleitet werden. Dazu suchen wir erst die (nicht vorhandene) Datei inhalt, anschließend inhalt.txt. Wir leiten die Ausgaben jeweils in die Datei log.txt um und sehen uns diese im Anschluss mit dem Befehl cat an:

```
sparc% find inhalt >& log.txt
sparc% find inhalt.txt >>& log.txt
sparc% cat log.txt
find: stat() Fehler inhalt: Datei oder Verzeichnis nicht gefunden
inhalt.txt
sparc%
```

Das Ersetzen einer Tastatureingabe (Standard-Eingabe) durch eine Datei zeigt das nächste Beispiel. Das Kommando wc soll die Anzahl der Wörter, Zeilen und Buchstaben aus der Datei inhalt.txt ermitteln. Für die gezeigte Aufgabenstellung wären mehrere Varianten möglich.

```
$ wc < inhalt.txt
      8       8      91
```

Befehle, die einander keine Daten übermitteln, werden durch ; abgetrennt. Die Kommandos werden dabei von links nach rechts abgearbeitet, Pipes und Sub-Shells werden vorrangig ähnlich der Punkt-vor-Strich-Regel der Mathematik ausgeführt. Diese Funktion wird sehr oft bei Eingaben mit read verwendet:

```
sparc% echo -n "Name eingeben: "; read name; echo "Ihr Name: $name"
Name eingeben: Walter
Ihr Name: Walter
sparc%
```

4.2.3 Jokerzeichen

Für die Arbeit mit Dateien und Verzeichnissen haben folgende Sonderzeichen der Shell eigene Aufgaben:

*	Der Stern ersetzt z. B. in Dateinamen beliebig viele beliebige Zeichen.
?	Das Fragezeichen ersetzt fast alle beliebigen Zeichen, ausgenommen Leerzeichen oder den Punkt am Anfang eines Dateinamens.
[<Zeichen>]	Die eckigen Klammern umfassen einen festgelegten Bereich von Zeichen:

- Zeichen können einzeln aufgeführt werden,
- Bereiche von Zeichen werden durch das Minuszeichen zwischen Anfang und Ende gekennzeichnet,
- Ausschlüsse (Negativauswahl) werden durch ein vorangestelltes Ausrufezeichen nach der öffnenden Klammer gekennzeichnet.

Zunächst wollen wir alle Dateien mit der Endung .txt auflisten lassen. Die Namen selbst dürfen beliebige Zeichen und eine ebenso beliebige Länge aufweisen:

```
$ ls *.txt
Bericht.txt   datei.txt    intro.txt    Text.txt
bericht.txt   inhalt.txt   log.txt      text.txt
```

Jetzt sollen alle Dateien aufgelistet werden, deren Name mit einem beliebigen Zeichen beginnt, der Rest wird vorgegeben:

```
$ ls ?ericht.txt
Bericht.txt   bericht.txt
```

In den eckigen Klammern lassen sich umfangreiche Definitionen für ein einzelnes Zeichen angeben. Die einzelnen Bereichsangaben werden durch Komma getrennt. Wir möchten alle Dateien aufgelistet bekommen, deren erstes Zeichen im Namen zwischen Aa und Kk liegt, die anschließenden Zeichen beliebig (viele) sind und die Endung .txt aufweisen:

```
$ ls [A-K,a-k]*.txt
Bericht.txt   bericht.txt   datei.txt    inhalt.txt    intro.txt
```

Mit dem Ausrufezeichen kennzeichnen wir einen Zeichenbereich, den die aufzulistenden Dateien nicht in deren Namen an dieser Stelle enthalten sollen:

```
$ ls [!Bb]*.txt
datei.txt    inhalt.txt   intro.txt    log.txt      Text.txt     text.txt
```

4.2.4 Kommentarzeichen

Mit # werden Kommentare in Shell-Skripten eingeleitet. Alles was von diesem Zeichen rechts steht, wird nicht beachtet (gilt nicht für die erste Zeile eines Skripts, wo auf die Shell verwiesen wird): #! /bin/sh.

```
$ ls ablage # Verzeichnis auflisten
Bericht.txt   bericht.txt
$ # Kommentar
$
```

4.2.5 Programmstart im Hintergrund

Durch Angabe von & nach dem Kommandonamen wird ein Hintergrundprozess gestartet. Dies ist aber nicht bei Text-Anwendungen sinnvoll, für die eine Benutzerkommunikation notwendig ist. Ein auf diese Art gestartetes Programm blockiert das Terminal nicht.

Auch der manuelle Start von Daemonen außerhalb diverser Start-Skripte wird so vollzogen.

Zur Demonstration benutzen wir sleep, womit man in der übergebenen Zeit (in Sekunden) die weitere Ausführung eines Skriptes anhalten kann. Wir erhalten die Prozessnummer als Quittung. Mit der ps-Abfrage listen wir unsere Prozesse auf.

```
$ sleep 15 &
618
$ ps
    PID TTY         TIME CMD
    618 console     0:00 sleep
    222 console     0:01 sh
    619 console     0:00 ps
```

4.2.6 Sub-Shells, Kommandosubstitution

Subshells führen eine Anweisung aus und geben die Ergebnisse an die „Eltern-Shell" zurück. Der Begriff „Kommandosubstitution" rührt daher, dass der Ausgabewert das Kommando ersetzt. Dabei gelten dieselben Gesetze wie in der Mathematik, die Sub-Shell wird wie eine Klammer behandelt und als Erstes abgearbeitet.

Für diese Funktionalität gibt es zwei Schreibweisen. Entweder man verwendet die runden Klammern ( ) oder die rückwärts gerichteten Hochkommas '.
In Abhängigkeit der verwendeten Shell wird die eine oder andere Schreibweise benötigt.

In der Bourne-Shell etwa funktioniert nur eine Methode:

```
$ wc -l 'find *.txt'
     28 Bericht.txt
      0 Text.txt
   ......
    567 total
$ wc -l (find *.txt)
Syntaxfehler: '(' unerwartet
```

Bei Verwendung der Korn- oder auch der Z-Shell funktionieren diese Schreibweisen:

```
$ ksh

$ wc -l $(find *.txt)
     28 Bericht.txt
      1 bericht.txt
   ........
    567 total
$ wc -l 'find *.txt'
     28 Bericht.txt
      1 bericht.txt
      1 datei.txt
   ..........
    567 total
```

4.2.7 Anführungszeichen

Im Rahmen verschiedener Aktionen (Wertzuweisung für Variable, Ausgabe von Variablen-
werten, usw.) ist es notwendig, mittels Anführungszeichen die Daten „einzurahmen". Dabei
gilt, dass die einfachen Hochkommas (') alle Sonderzeichen als gewöhnlichen Text betrachten, die doppelten (") jedoch folgende Zeichen von dieser Regel ausnehmen: \, ', $.

In der Praxis bedeutet dies, dass z. B. bei bestimmten Ausgabebefehlen trotzdem Werte von
Variablen in Texten richtig ausgegeben werden können (wie die Variablen zu ihren Werten
kommen, finden Sie gleich im Anschluss!) oder Sub-Shells in Ausgaben möglich sind.

Wir lassen uns den Inhalt der Variablen $a (Wert: Hans) in einem durch Hochkommas
begrenzten Text ausgeben:

```
$ echo "Der Name des Gewinners lautet $a"
Der Name des Gewinners lautet Hans
$ echo 'Der Name des Gewinners lautet $a'
Der Name des Gewinners lautet $a
$ echo 'Wert von $a: '$a
Wert von $a: Hans
```

4.2.8 Setzen und Abfragen von Variablen

Mit dem Sonderzeichen (=) werden Variablen Werte zugewiesen. Hierbei gibt es je nach
Shell und Quelle der Zuweisung verschiedene Schreibweisen.

Die Namen der Variablen dürfen nicht aus vom System und Shell reservierten Zeichen
bestehen. Benutzen Sie auch keine schon vom System belegten Variablen (wie PATH, USER
. . .). Bei der Wertzuweisung und dem Export wird die Variable ohne, bei der Ausgabe mit
vorangestelltem $-Zeichen angesprochen.

Eine Variable bekommt ihren Wert entweder durch eine direkte Zuweisung (a='Wert')
oder aus einer Sub-Shell (siehe 4.2.6 auf der vorherigen Seite). Beachten Sie in letzterem
Fall die Shell-spezifischen Eigenheiten.

Zur Zuweisung gehört auch das Kommando export. Damit können wir die Variable auch
für folgende Shells vererben. Für Sub-Shells ist dies aber nicht notwendig.

Zuerst belegen wir in der Bourne-Shell die Variable b, fragen die Variable ab und starten
anschließend die Korn-Shell, um dort die Abfrage abermals zu versuchen. Wir bekommen
dort eine leere Ausgabe und beenden die Shell mit exit wieder.

```
$ b='Willi'
$ echo $b
Willi

$ ksh
$ echo $b

$ exit
```

Nachdem wir in die Ausgangs-Shell zurückgelangt sind, exportieren wir die Variable und starten nacheinander die Korn- und die Z-Shell, wo wir jedesmal die Variable abfragen:

```
$ export b
$ ksh
$ echo $b
Willi
$ zsh
sparc% echo $b
Willi
sparc%
```

Wir können mittels unset Variableninhalte löschen:

```
$ a='Marie'
$ export a
$ echo $a
Marie
$ unset a
$ echo $a

$
```

Mit readonly können Sie die Variable in beschränktem Umfang auch gegen Löschen und Überschreiben schützen. Der Schutz beschränkt sich nur auf die aktuelle Shell, er wird nicht an anschließend gestartete Shells weitervererbt.

```
$ a='Nadine'
$ readonly a
$ export a
$ echo $a
Nadine
$ a='Gernot'
a: ist Nur-Lesen
$ unset a
a: ist Nur-Lesen
$ sh
$ echo $a
Nadine
$ unset a
$ echo $a

$
```

Das schon oft in den vorigen Beispielen gezeigte Kommando echo hat, in Abhängigkeit der verwendeten Shell, einige Optionen, die für den täglichen Gebrauch durchaus interessant sind:
Um „schöne" Eingabezeilen zu erhalten (für sh, ksh und zsh) setzen wir \c:

```
$ echo "Eingabe: \c"; read name
Eingabe: Hans
```

Die Z-Shell kennt hierfür noch die Option -n:

```
$ echo -n "Eingabe: ";read name
```

Zusätzliche Leerzeilen erhalten wir mit \v, Tabulatoren werden durch \t gesetzt:

```
$ echo "Hallo \v"
Hallo

$ echo "Hallo \t Hello"
Hallo    Hello
```

4.2.9 Inhalt von Variablen ausführen

Es ist möglich, den Inhalt von Variablen als Shell-Befehl ausführen zu lassen. Dazu dient eval.

Das Beispiel zeigt die Variablenbelegung, deren Ausgabe und Umsetzung als Shell-Befehl:

```
$ kmd='echo $PATH'
$ echo "Befehl $kmd gibt aus: \c";eval $kmd
Befehl echo $PATH gibt aus: /usr/bin:/usr/ucb:/etc:.
```

4.3 Konfiguration der Shell

4.3.1 Konfigurationsdateien

Bei der Anmeldung (an der Konsole, mit su oder per ssh) werden Konfigurationsdateien gelesen. Einige Shells (sh, bash, ksh) greifen auf die zentrale /etc/profile zu. In dieser werden die systemweit gültigen Einstellungen gesetzt.

```
#ident  "@(#)profile    1.19    01/03/13 SMI"  /* SVr4.0 1.3   */

# The profile that all logins get before using their own .profile.

trap ""  2 3
export LOGNAME PATH

if [ "$TERM" = "" ]
then
        if /bin/i386
        then
                TERM=sun-color
        else
                TERM=sun
        fi
        export TERM
fi

#       Login and -su shells get /etc/profile services.
#       -rsh is given its environment in its .profile.

case "$0" in
-sh | -ksh | -jsh | -bash)
```

```
        if [ ! -f .hushlogin ]
        then
                /usr/sbin/quota
                #        Allow the user to break the Message-Of-The-Day only.
                trap "trap "' 2" 2
                /bin/cat -s /etc/motd
                trap "" 2

                /bin/mail -E
                case $? in
                0)
                        echo "You have new mail."
                        ;;
                2)
                        echo "You have mail."
                        ;;
                esac
        fi
esac

umask 022
trap  2 3
```

Das ganz am Anfang stehende trap-Kommando dient dem Abfangen von Signalen an das
profile-Skript. Damit wird unterbunden, dass der Benutzer seine Ausführung verhindern
kann. Mehr dazu erfahren Sie in den Ausführungen zum Prozessmanagement. Ferner
werden die Variablen LOGNAME und PATH exportiert, damit sie für weitere Shell-Aufrufe
zur Verfügung stehen. Anschließend wird die Terminalvariable ausgewertet und ebenfalls
exportiert (TERM). Die case-Konstruktion wertet die eingesetzte Shell aus. Wenn eine der
aufgeführten als Login-Shell gestartet wurde, werden die nachfolgenden Befehle ausgeführt
(Quota-Abfrage, trap, Nachschau im E-Mail-Konto). Zum Schluss werden noch die Rechte
für neugeschaffene Objekte im Dateisystem mit umask festgelegt und mit dem erneuten
trap-Befehl die Signale wieder freigegeben.

Diese Datei wird nur beim Login eingelesen!

Anschließend wird .profile im lokalen Benutzerverzeichnis ausgewertet. Hier lassen sich
weitere Variablen definieren und auch Anwendungen starten. Es geht sogar soweit, dass
nach Ausführung des Programmes der Benutzer abgemeldet werden kann.

```
#
# Copyright (c) 2001 by Sun Microsystems, Inc.
# All rights reserved.
#
# ident "@(#)local.profile      1.10    01/06/23 SMI"
stty istrip
PATH=/usr/bin:/usr/ucb:/etc:.
export PATH
```

Hinweis: PATH-Variable
Die einzelnen Einträge werden durch den Doppelpunkt getrennt, die Anweisungszeile
mit einem Punkt beendet!

Zentrale Konfigurationsdateien für die Z-Shell werden bei Solaris 10 standardmäßig nicht vorgehalten. Es ist aber möglich, dies nachträglich vorzunehmen. Die Dateien unter /etc enthalten Einträge für alle Benutzer. Einstellungen und Kommandos aus /etc/zshenv können nicht vom Benutzer verändert oder unterdrückt werden. Beschränken Sie aus diesem Grund darin die Einträge auf das Nötigste.

Die Verteilung auf weitere Dateien schafft zusätzliche Möglichkeiten. Die Konfigurationsdateien (Tabelle 4.3) der Z-Shell im Einzelnen:

Datei	bei An-/Abmeldung	bei Aufruf
/etc/zshenv	X	X
.zshenv	X	X
/etc/zprofile	X	-
.zprofile	X	-
/etc/zshrc	X	X
.zshrc	X	X
/etc/zlogin	X	-
.zlogin	X	-
.zlogout	X	-
/etc/zlogout	X	-

Tab. 4.3: Konfigurationsdateien der Z-Shell

Um die Reihenfolge der Abarbeitung zu verdeutlichen, wurden die Dateien unter /etc und im Heimatverzeichnis des Benutzers angelegt. Sie wurden zur Identifikation mit einer echo-Anweisung ausgestattet. Ferner wurde bei dem Benutzer die Z-Shell als Login-Shell gesetzt.

Bei der An- und Abmeldung werden die Dateien in folgender Reihenfolge abgearbeitet:

```
sparc console login: harald
Password: *********
Last login: Wed Dec 20 18:48:45 on console
/etc/zshenv
Benutzerverzeichnis: .zshenv
/etc/zprofile
Benutzerverzeichnis: .zprofile
/etc/zshrc
Benutzerverzeichnis: .zshrc
/etc/zlogin
Benutzerverzeichnis: .zlogin
sparc% exit
Benutzerverzeichnis: .zlogout
/etc/zlogout

sparc console login:
```

Wird die Shell während einer bestehenden Sitzung aufgerufen, werden nicht alle dieser Dateien abgearbeitet, insbesondere jene zum Logout entfallen:

```
$ zsh
/etc/zshenv
Benutzerverzeichnis: .zshenv
/etc/zshrc
Benutzerverzeichnis: .zshrc
```

Häufige Einträge dieser Konfigurationsdateien sind das Setzen von Befehlsaliasen, dem Systemprompt, Erweiterungen der PATH-Variable, ggf. der umask-Anweisung oder eines Standard-Editors. Für jede Shell sind hier aber deren Besonderheiten zu beachten. Als Beispiel dient uns die Datei .zshenv:

```
# .zshenv
PATH=/usr/bin:/usr/ucb:/etc:/usr/sfw/bin:.
export PATH

alias ll='ls -laFo | more'
alias neus='ls -lt | head -10'
alias rm='rm -i'

PS1="`whoami`@`hostname`$ "
```

Die PATH-Anweisung wurde um /usr/sfw/bin erweitert, damit die GNU-Werkzeuge ohne explizite Pfadangabe aufgerufen werden können. Aliase sind Kurzaufrufe von meist komplexeren Kommandos. Sie sind eine meist persönliche Arbeitsvereinfachung. Umsteiger von MS-DOS und MS-Windows haben sich hier oft ihre gewohnten DOS-Befehle nachgebaut ... Schließlich haben wir den Systemprompt noch um den Benutzernamen erweitert (harald@sparc$).

Die Einträge für besondere Benutzer, welche nach Programmende automatisch ausgeloggt werden sollen, enden stets mit exit.

Ein Benutzer mit einem „Zwangsmenü", welches automatisch nach dem Login startet und aus dem heraus die Sitzung beendet wird, kann in der Praxis so aussehen:

```
sparc console login: harald
Password: ********
Last login: Wed Dec 20 20:49:36 on console
Datensicherung
==============
(1) Datensicherung starten
(2) Protokolle sichten
(3) Ende
--------------
Aufgabe: 3

sparc console login:
```

Die dazu passende .profile- oder .zshenv-Datei hat hierfür nur die folgenden Einträge:

```
# .zshenv
PATH=/usr/bin:/usr/ucb:/etc:/usr/sfw/bin:.
export PATH

./menu.sh
exit
```

Das Menüskript `menu.sh` liegt hierbei direkt im Benutzerverzeichnis, darum der Start mit vorangestelltem `./`.

4.3.2 Anzeige der Shell-Variablen

Mit `set` geben Sie die Werte aller lokalen und Umgebungsvariablen aus. Damit sehen Sie auch jene Werte, die Sie nicht in diversen Shell-Konfigurationsdateien selbst gesetzt haben, sondern auch systemweit gültige, die selbst unabhängig von der Shell bestehen.

Eine kompaktere Übersicht erhalten Sie mit `env`. Dieser Befehl gibt nur die aktuell belegten Variablen aus:

```
harald@sparc$ env
_=/usr/bin/env
OLDPWD=/home/harald
PWD=/home/harald
SHLVL=1
HOME=/home/harald
PATH=/usr/bin:/usr/ucb:/etc:/usr/sfw/bin:.
LOGNAME=harald
HZ=100
TERM=xterms
TZ=Europe/Berlin
SHELL=/usr/bin/zsh
MAIL=/var/mail/harald
LC_COLLATE=de_DE.ISO8859-15
LC_CTYPE=de_DE.ISO8859-15
LC_MESSAGES=de
LC_MONETARY=de_DE.ISO8859-15
LC_NUMERIC=de_DE.ISO8859-15
LC_TIME=de_DE.ISO8859-15
```

> **Hinweis:** Shell-Variable
> Die Namen der Shell-Variablen werden i. d. R. groß geschrieben, woran man diese leichter erkennt.

Mit `set` dagegen werden alle Variablen angezeigt, egal ob diese mit einem Wert belegt sind oder nicht.

Die Bedeutung der wichtigsten Standard-Shell-Variablen in Kürze:

CDPATH	Enthält Verzeichnisangaben, welche mit dem `cd`-Befehl nach Unterverzeichnis durchsucht werden. Diese Variable ist standardmäßig nicht belegt, der Punkt (für das aktuelle Verzeichnis) muss mit gesetzt werden, da sonst die relativen Pfadangaben nicht funktionieren.
EDITOR	Angabe des Standard-Editors, wird von Programmen genutzt, die eine externe Editorfunktionalität benötigen.
HOME	Heimatverzeichnis des Benutzers, wird vom `cd`-Kommando ausgewertet für den „schnellen Heimsprung"
IFS	Enthält Feldtrennzeichen

LC_MESSAGES	Sprachumgebung für Meldungen festlegen. Alle Variablen mit LC am Namensbeginn legen länderspezifische Dinge der Sprachumgebung fest.
LOGNAME	Anmeldekennung des Benutzers.
MAIL	Pfad der Mail-Datei des Benutzers am lokalen System
MAILCHECK	Zeitraum (in Sekunden), in denen nach neuen E-Mails abgefragt wird.
MAILPATH	Ablageort von eingehenden Mails
OPTIND	Indexwert des letzten Arguments, für Shell-Programmierung
PATH	In den darin angegebenen Verzeichnissen sucht die Shell nach ausführbaren Dateien, die vom Benutzer oder einem Skript als Befehl aufgerufen werden.
PS1	Festlegung des Promptes
PS2	Festlegung des Promptes, wenn die Befehlseingabe noch nicht abgeschlossen wurde.
PWD	Aktuelles Arbeitsverzeichnis
SHACCT	Enthält Dateinamen im Zusammenhang mit Abrechnungsfunktionen (Accounting)
SHELL	Hier wird die Login-Shell angegeben.
TERM	Angaben zum Terminaltyp
TZ	Zeitzone

4.4 Ändern der Benutzeridentität

Mit dem su-Kommando ändern wir für eine Sitzung oder eine Kommandoausführung unsere Identität. Dabei gilt, dass der gewöhnliche Benutzer stets das Kennwort des gewünschten Benutzers eingeben muss, root dagegen nicht:

```
harald@sparc$ su -
Passwort: *******
Sun Microsystems Inc.     SunOS 5.10     Generic January 2005
# su - simon
Sun Microsystems Inc.     SunOS 5.10     Generic January 2005
$
```

Für den Gebrauch des su-Kommandos ist Folgendes zu beachten:

- Mit der Eingabe su - BENUTZER werden die Shell-Konfigurationsdateien ausgelesen, und man gelangt in das Heimatverzeichnis des angegebenen Benutzers.

- Mit der Eingabe von su BENUTZER werden die Shell-Konfigurationsdateien ignoriert und das aktuelle Verzeichnis nicht geändert.

- Mit der Eingabe su - oder su erhält man die Identität von root.

- Soll nur ein Kommando unter der anderen Benutzerkennung ausgeführt werden, genügt der Aufruf in der Form

```
su - BENUTZER -c "KOMMANDO"
```

Als Beispiel lässt `simon` das Heimatverzeichnis von `harald` auflisten und die Identität anzeigen:

```
$ whoami
simon
$ su - harald -c "ls; whoami"
Passwort: *********
acldatei.txt      berichte        intro.txt       rahmen          verzeichnis
harald
$ whoami
simon
```

4.5 System- und Benutzerinformationen abfragen

Für manche Anwendungen benötigt man Angaben über seine eigene Benutzeridentität auf einem System, über andere Benutzer und über das System selbst. Dazu gibt es eine Reihe unterschiedlicher Shell-Befehle.

4.5.1 Abfragen über die eigene Identität

Manchmal vergisst man, unter welcher Benutzerkennung man sich angemeldet hat. Aber auch für Shell-Skripte ist eine Abfragemöglichkeit der eigenen Identität in bestimmten Fällen notwendig. Für diesen Zweck können wir die Kommandos `logname`, `whoami` und `id` verwenden. Letzteres gibt uns auch die Information über die Gruppenzugehörigkeit aus.

```
$ logname
harald
$ whoami
harald
$ id
uid=100(harald) gid=10(staff)
```

Für Shell-Skripte können wir gleich direkt die entsprechenden Variablen abfragen. Dazu stehen bereit:

$LOGNAME Benutzerkennung
$UID   numerische Benutzeridentität, bei Z-Shell
$GID   numerische Gruppenidentität, bei Z-Shell

Im Beispiel finden Sie die Abfrage dieser Variablen:

```
harald@sparc$ echo "$LOGNAME, $UID, $GID"
harald, 100, 10
```

Um Informationen über die (eigene) Gruppenzugehörigkeit zu bekommen, benutzen wir den Befehl `groups`:

```
harald@sparc$ groups
staff
```

4.5.2 Abfragen über andere Benutzer

Die numerischen Werte eines anderen Benutzers ermitteln wir mit id:

```
harald@sparc$ id simon
uid=101(simon) gid=1(other)
```

Wir müssen andere Benutzer warnen, wenn das System angehalten oder neu geladen wird. Daher benötigen wir Werkzeuge, mit denen wir uns einen Überblick über angemeldete Benutzer schaffen können. Um diese aufzulisten, geben wir einfach w ein:

```
harald@sparc$ w
 12:16pm  in Betrieb 5 Minute(n),  4 Benutzer,  Durchschnittslast: 0,09, 0,21, )
 0,12
User     tty           login@ idle   JCPU   PCPU  what
harald   console       12:12pm                    w
simon    dtremote      12:14pm  2      2          zsh
harald   pts/2         12:15pm  1                 -zsh
simon    pts/3         12:15pm                    zsh
simon    pts/4         12:16pm                    zsh
```

Wir sehen neben dem Benutzernamen auch das Gerät, an dem der Anwender sitzt. Mit console wird sowohl die serielle Konsole als auch der direkt am Rechner angeschlossene Bildschirm mit Tastatur bezeichnet. Als dtremote werden Display-Umleitungen des grafischen Anmeldemanagers benannt. Die Geräte pts/... stellen Pseudoterminale dar. Das können Terminalprogramme in der grafischen Benutzeroberfläche, aber auch SSH-Sitzungen von anderen Maschinen aus sein. Wir sehen auch den Zeitpunkt des Logins und was gerade aktuell ausgeführt wird.

Die Ausgabe für einen lokal angemeldeten Benutzer, der über den grafischen Login erfolgte, sieht so aus:

```
harald   console  12:06pm  1  1  1  /usr/bin/gnome-session
```

Ein ähnlicher Befehl ist who. Dabei erhalten wir auch die Namen der entfernten Rechner und Terminale, von denen aus Verbindungen zu unserem Solaris-System erfolgen.

```
harald@sparc$ who
harald     console       Dez 24 12:12
harald     pts/2         Dez 24 12:15   (fbsd61.xxxxxxxx.de)
simon      pts/3         Dez 24 12:15   (fbsd65.xxxxxxxx.de)
```

Eine Kurzübersicht erhalten wir ganz schnell mit

```
harald@sparc$ who -q
harald   harald
# Benutzer=2
```

Um die Gruppenzugehörigkeiten eines Benutzers zu erfahren, verwenden wir groups und geben zusätzlich den Benutzernamen ein:

```
harald@sparc$ groups simon
staff
```

4.5.3 Abfragen über das System

Wir benötigen des öfteren Informationen über das laufende System. So sind Dinge wie Rechnername, Systemlaufzeit (*uptime*), letzter Bootzeitpunkt, der letzte Runlevel und das Betriebssystem von Interesse.

Den Rechnernamen erhalten wir durch hostname, die IP-Adresse durch nslookup:

```
$ hostname
sparc
$ /usr/sbin/nslookup sparc
Server:          192.168.0.204
Address:         192.168.0.204#53

Name:   sparc.xxxxxxxxx.de
Address: 192.168.0.3
```

Bei der nslookup-Abfrage erhalten wir auch Angaben zum befragten Nameserver.

Uns interessiert nun, wie lange der Rechner schon gebootet ist. Dazu dient das Kommando uptime:

```
$ uptime
  3:47pm  in Betrieb 3:36,  2 Benutzer,  Durchschnittslast: 0,00, 0,02, 0,07
```

Mit who -b erfahren wir dagegen, wann der letzte Bootvorgang stattgefunden hat:

```
harald@sparc$ who -b
  .           system boot  Dez 24 12:11
```

Den aktuellen Runlevel erfahren wir durch die Abfrage who -r (die Erklärungen zu den Runleveln finden Sie im Administrationskapitel).

```
$ who -r
  .          run-level 3  Dez 24 12:11     3      0  S
```

Eine ganze Menge Informationen erhalten wir mittels uname. Hier sind besonders die Optionen -a und -X von Interesse:

```
$ uname -a
SunOS sparc 5.10 Generic_118833-18 sun4u sparc SUNW,Sun-Blade-1000
$ uname -X
System = SunOS
Node = sparc
Release = 5.10
KernelID = Generic_118833-18
Machine = sun4u
BusType = <unknown>
Serial = <unknown>
Users = <unknown>
OEM# = 0
Origin# = 1
NumCPU = 1
```

Mit der Option -a erhalten Sie einen umfassenden „Einzeiler", der Ihnen Betriebssystem, Kernelversion, Maschinentyp und Gerätemodell auflistet. Lesbarer ist die Ausgabe von uname -X, was auch den Hostnamen (node) ausgibt.

4.6 Arbeiten mit Dateien und Verzeichnissen

4.6.1 Suchen und Auflisten von Dateien und Verzeichnissen

Mit den Shell-Kommandos ls und find können wir Dateien und Verzeichnisse auflisten und suchen.

Zunächst betrachten wir ls, es wird am häufigsten benutzt.

Geben wir das Kommando ohne weitere Optionen ein, erhalten wir gefundene Objekte zeilenweise aufgelistet:

```
harald@sparc$ ls
ablage          Desktop         intro.txt       sh.man          Text.txt
Bericht.txt     Documents       log.txt         sicherung.tar   text.txt
........
```

Die unter 4.3.1 auf Seite 97 behandelten Konfigurationsdateien werden aber nicht aufgelistet. Das hat seinen Grund darin, dass Dateien mit einem Punkt als erstes Zeichen normalerweise nicht angezeigt, kopiert oder gelöscht werden. Mit dem Punkt werden die Dateien verborgen und so ein wenig vor diesen Aktionen geschützt. Wenn wir sie auflisten wollen, benötigen wir die Option -a:

```
harald@sparc$ ls -a
.               .login          .Xauthority     log.txt
..              .mailcap        .zshenv         menu.sh
.cshrc          .metacity       ablage          motd
........
```

Der einzelne Punkt steht dabei für das aktuelle, die beiden Punkte für das darüberliegende Verzeichnis. Wollen wir diese beiden Objekte nicht aufgelistet bekommen, geben wir als Option -A an.

Für Shell-Skripte (wenn Dateien einzeln angesprochen werden müssen) ist die Option -1 (Ziffer 1) nützlich. Wir erhalten die Dateinamen als Liste:

```
harald@sparc$ ls -1
ablage
Bericht.txt
bericht.txt
berichte
datei.txt
........
```

Mehr Information über eine Datei bekommen wir mit der Option -l, deren Ausgabe schon ausführlich unter 1.4.3 auf Seite 24 behandelt wurde. Weitere wichtige Optionen des ls-Befehls unter Solaris finden Sie in Tabelle 4.4 auf der nächsten Seite:

Ein Beispiel für zeilenweise sortiertes Anzeigen von Dateien. Die Sortierreihenfolge: Zahlen, Großbuchstaben zuerst, dann Kleinbuchstaben.

```
harald@sparc$ ls -x *.txt
Bericht.txt  bericht.txt  datei.txt    erste.txt    inhalt.txt   intro.txt
LOG.txt      log.txt
```

Tab. 4.4: Wichtige Optionen des `ls`-Kommandos

Anzeige	Option
Langform mit Attributen, Eigentümer, Gruppe, Größe, Datum	-l
Alle Objekte mit Punkt als erstes Zeichen des Namens	-a
W. o., aber ohne das aktuelle Verzeichnis (.) und das darüberliegende (..)	-A
Zusätzliche Auflistung des Inhalts darunterliegender Verzeichnisse	-R
Zeilenweise Sortierung anstelle spaltenweiser	-x
Anfügen eines /-Zeichens vor Unterverzeichnissen und eines * bei ausführbaren Dateien und eines @ für Links	-F
Anfügen eines /-Zeichens vor Unterverzeichnissen	-p
Sortieren nach Zeitstempel, neueste Datei oben	-t
Ausgabe des letzten Zugriffsdatums, bei -l und -t	-u
Zahl der belegten Blöcke im Dateisystem	-s
Ausgabe der ACL (erweiterte Attribute)	-V
Liste von Dateinamen, durch Komma getrennt	-m
Numerische Angabe von Benutzer und Gruppe	-n
Sortierumkehrung	-r
Ohne Ausgabe Gruppe	-o
Ohne Ausgabe Eigentümer	-g
Zusätzliche Angabe der Zeit in Sekunden	-e
Zusätzliche Angabe der Zeit in Nanosekunden	-E
Leichtere Lesbarkeit der Dateigröße	-h
Angabe der I-Node-Nummer: Die I-Node-Nummer bezeichnet den Speicherblock im Dateisystem selbst. Manche Werkzeuge, z. B. zur Reparatur eines inkonsistenten Dateisystems, benötigen diese Angaben.	-i
Ausgabe des Zielobjektes eines Links	-L

Zur Erkennbarkeit von Links, Unterverzeichnissen und ausführbaren Dateien bei der Ausgabe ohne Langform verwenden wir die Option -F:

```
harald@sparc$ ls -F
ablage/        datei.txt      erste.txt      log.txt       sh.man
Bericht.txt    Desktop/       inhalt.txt     menu.sh*      sicherung.tar
bericht.txt    Documents/     intro.txt*     motd          sicherunt.tar
berichte/      erste          LOG.txt@       neuablage/    staroffice7/
```

Möchten wir über ein Verzeichnis, aber nicht dessen Inhalt Informationen erhalten, benötigen wir stets -d im Zusammenhang mit den weiteren Optionen. Das unten gezeigte Beispiel gibt auch die ACL-Attribute aus, wir haben für das Verzeichnis zusätzlich für den Benutzer simon aus der Gruppe staff Lese- und Ausführungsrechte gesetzt.

```
harald@sparc$ ls -dV neuablage
drwxr-x---+  2 harald    staff          512 Dez 12 23:32 neuablage
     0:user::rwx
     1:user:simon:r-x            #effective:r-x
     2:group::r-x                #effective:r-x
     3:group:staff:r-x           #effective:r-x
     4:mask:r-x
     5:other:---
```

Wir wollen die Dateien nach Alter sortiert ausgeben lassen, wobei bei Links das bezogene Objekt angezeigt wird und nicht der Link selbst (hervorgehobene Zeilen der Ausgabe, log.txt ist die Datei, LOG.txt der Link darauf):

```
harald@sparc$ ls -ltL
Gesamt 194
-rwxr-xr-x  1 harald   staff          216 Dez 20 20:50 menu.sh
-rw-r--r--  1 harald   staff        59439 Dez 20 20:25 sh.man
-rw-r--r--  1 harald   staff          120 Dez 19 21:53 erste.txt
-rw-r--r--  1 harald   staff          185 Dez 19 21:46 erste
-rw-r--r--  1 harald   staff           66 Dez 18 23:29 LOG.txt
-rw-r--r--  1 harald   staff           66 Dez 18 23:29 log.txt
-rw-r--r--  1 harald   staff           91 Dez 18 23:19 inhalt.txt
drwxr-xr-x  3 harald   staff          512 Dez 18 22:59 staroffice7
-rw-r--r--  1 harald   staff           67 Dez 17 22:34 datei.txt
.................
```

Im Unterschied zu ls bietet find einen anderen Suchkomfort. Hier kann man ohne weitere Zusätze direkt nach Eigentümer, Datum und Rechten den Datenbestand durchforsten lassen und sogleich noch eine Aktion für das „Fundstück" starten lassen. Die Suchfunktion erstreckt sich auch auf Ebenen unterhalb des aktuellen Arbeitsverzeichnisses.

Der bekannte Punkt als Symbol für das aktuelle Verzeichnis wird hier beim Kommandoaufbau teilweise benötigt.

Im ersten Beispiel suchen wir nach allen Dateien mit dem Namen Bericht.txt:

```
harald@sparc$ find . -name "Bericht.txt"
./Bericht.txt
./berichte/Bericht.txt
./ablage/Bericht.txt
./neuablage/Bericht.txt
```

Natürlich funktionieren die Jokerzeichen wie bei anderen Befehlen auch, im folgenden Beispiel lassen wir alles suchen, was Bericht oder bericht im Dateinamen hat:

```
harald@sparc$ find . -name "*ericht.*"
./Bericht.txt
./berichte/Bericht.txt
./berichte/bericht.txt
./ablage/Bericht.txt
./ablage/bericht.txt
./bericht.txt
./neuablage/Bericht.txt
./neuablage/bericht.txt
```

Wir suchen Dateien nach Attributen. Das erste Beispiel zeigt die Suche nach den Standard-Attributen, das zweite sucht nach Objekten mit zusätzlichen ACLs:

```
harald@sparc$ ls -l
Gesamt 38
-rw-r--r--   1 harald    staff        12 Dez 12 23:32 Bericht.txt
-rw-r--r--   1 simon     staff        12 Dez 12 23:32 bericht.txt
-rw-r-----+  1 harald    staff     15636 Dez 23 22:37 intro.txt
-rwxr-xr-x   1 harald    staff       216 Dez 23 22:37 menu.sh
drwxr-xr-x   2 harald    staff       512 Dez 23 22:54 verzeichnis

harald@sparc$ find . -perm 755
./menu.sh
harald@sparc$ find . -acl
.
./intro.txt
```

Wir möchten nun aber die Dateien finden, deren Eigentümer simon ist:

```
harald@sparc$ find . -user simon
./bericht.txt
```

Hinweis: Werte für Größe und Datum
Bei Dateigröße und Zeitangaben bedeuten ein vorangestelltes +-Zeichen „größer als", kein Vorzeichen „gleich" und ein Minuszeichen „weniger als"

Im Folgenden lassen wir uns alle Dateien auflisten, welche größer sind als 1500 Byte:

```
harald@sparc$ find . -size +1500c
./intro.txt
```

Hier sehen wir alle Dateien und Verzeichnisse, die neuer als 10 Tage sind:

```
harald@sparc$ find . -atime -10
.
./menu.sh
./intro.txt
./verzeichnis
```

Wir suchen alle Verzeichnisse (Suche nach Dateityp):

```
harald@sparc$ find . -type d
.
./verzeichnis
```

Mit find lassen sich auch beim Zeitstempel vergleichende Angaben vornehmen. Das kann ein kleiner Kniff für ein Shell-Skript sein, welches mit Datensicherung zu tun hat. Hier sollen alle Objekte ermittelt werden, die neuer als eine bestimmte Datei sind, und für jedes gefundene eine Anweisung (hier: echo) ausgeführt werden. Die beiden geschweiften Klammern stehen für die gefundene Datei, die Kommandoanweisung muss mit \ ; abgeschlossen werden:

```
harald@sparc$ find . -newer bericht.txt -exec echo "Gefunden" {} \;
Gefunden .
Gefunden ./intro.txt
Gefunden ./menu.sh
Gefunden ./verzeichnis
```

Die wichtigsten Optionen von `find` finden Sie in der Tabelle 4.5.

Tab. 4.5: Wichtige Optionen von `find`

Suchkriterium/Aktion	*Option*
Dateiname(nsbestandteile)	`-name`
Benutzername	`-user BENUTZERNAME`
Gruppenname	`-group GRUPPENNAME`
Größe, `c` nach Wertangabe für Byte	`-size WERT`
Attribute (Zahl oder Symbolschreibweise)	`-perm WERT`
Zusätzliche ACLs	`-acl`
Zugriffszeitpunkt	`-atime WERT`
Dateistatusänderung	`-ctime WERT`
Dateimodifikation	`-mtime WERT`
Folgeaktion ohne Rückfrage	`-exec ANWEISUNG {} \;`
Folgeaktion mit Rückfrage	`-ok ANWEISUNG {} \;`

4.6.2 Dateityp ermitteln

Um ggf. automatisiert einen Dateityp zu ermitteln, setzen wir `file` ein. Das Kommando greift dabei auf `/etc/magic` zu, in der die Muster abgelegt sind. In einem Shell-Skript eingesetzt, kann man damit Dateien nach Typ in verschiedene Verzeichnisse sortieren oder löschen lassen oder einer weiteren Verarbeitung zuführen:

```
harald@sparc$ file *
ablage:         Verzeichnis
Bericht.txt:    ASCII-Text
lok2.png:       PNG-Grafikdaten
menu.sh:        ausführbares Shell-Skript
sicherung.tar:  Prosatext
sicherunt.tar:  USTAR-tar-Archiv
test.ps:        PostScript-Dokument  conforming to level 3.0
```

4.6.3 Anlegen von Verzeichnissen

Mittels `mkdir` werden Verzeichnisse angelegt.

```
harald@sparc$ mkdir verzeichnis
harald@sparc$ ls -ld verzeichnis
drwxr-xr-x   2 harald    staff        512 Dez 25 22:09 verzeichnis
```

Verwendet man die Option -p, so kann man in einem Arbeitsgang einen kompletten Teilbaum erstellen.

```
harald@sparc$ mkdir -p v1/v2/v3
harald@sparc$ ls -Rl v1
v1:
Gesamt 2
drwxr-xr-x   3 harald    staff        512 Dez 25 22:11 v2

v1/v2:
Gesamt 2
drwxr-xr-x   2 harald    staff        512 Dez 25 22:11 v3

v1/v2/v3:
Gesamt 0
```

Auch von der umask-Einstellung abweichende Attribute können dabei gesetzt werden (Option -m).

Die Rechte werden der Einfachheit halber hier als Zahlen dargestellt, siehe dazu auch Kapitel 1.4.3 auf Seite 23 und Kapitel 4.6.11 auf Seite 119.

Zur Erinnerung die Zahlenwerte: 4 für Lese-, 2 für Schreib- und 1 für Ausführrecht.

Die Besonderheit von umask ist, dass der angegebene Wert von den maximalen Rechten, also 7, abgezogen wird. Von 777 werden 022 abgezogen, es bleiben also 755 übrig, was für den Benutzer alle Rechte, für die Gruppe und den weiteren Benutzern das Lese- und Ausführungsrecht bedeutet.

```
harald@sparc$ umask
022
harald@sparc$ mkdir -m 700 privat
harald@sparc$ ls -ld privat
drwx------   2 harald    staff        512 Dez 25 22:13 privat
```

4.6.4 Bewegen im Verzeichnisbaum

Mit dem cd-Kommando können wir uns im Verzeichnisbaum bewegen. Mit pwd oder echo $PWD können wir uns das aktuelle Verzeichnis anzeigen lassen.

```
harald@sparc$ cd verzeichnis
harald@sparc$ pwd
/home/harald/verzeichnis
harald@sparc$ echo $PWD
/home/harald/verzeichnis
```

Für das cd-Kommando können wir eine *relative* oder eine *absolute* Pfadangabe vornehmen. Erstere geht vom aktuellen Verzeichnis, die zweite stets vom Wurzelverzeichnis aus. In beiden Fällen wollen wir von /home/harald/v1/v2 nach /home/harald/verzeichnis wechseln:

Bei der relativen Pfadangabe wird das darüberliegende Verzeichnis mit ../ angegeben.

```
harald@sparc$ pwd
/home/harald/v1/v2
harald@sparc$ cd ../../verzeichnis
harald@sparc$ pwd
/home/harald/verzeichnis
```

Beispiel für eine absolute Pfadangabe beim `cd`-Kommando:

```
harald@sparc$ pwd
/home/harald/v1/v2
harald@sparc$ cd /home/harald/verzeichnis
harald@sparc$ pwd
/home/harald/verzeichnis
```

Ist die `CDPATH`-Variable in der Shell-Konfiguration nicht mit einem anderen Wert belegt, gelangt man von jedem Punkt des Verzeichnisbaumes mit dem Aufruf ohne weitere Parameter „nach Hause":

```
harald@sparc$ pwd
/usr/sfw/bin
harald@sparc$ cd
harald@sparc$ pwd
/home/harald
```

4.6.5 Kopieren von Dateien und Verzeichnissen

Mit dem `cp`-Kommando können wir Dateien und Verzeichnisse kopieren. Bedenken Sie, dass als Folge stets zusätzlicher Festplattenspeicher benötigt wird. Weiter gilt:

- Es gelten bezüglich der Objektnamen die gleichen Möglichkeiten der Jokerzeichen ((?*[])). Damit lassen sich Suchmuster einsetzen.
- Für die Quell- und Zielangaben gilt das in 4.6.4 auf der vorherigen Seite bereits Dargestellte bezüglich Pfadangaben.
- Sind symbolische Links vorhanden, werden diese nicht als Link kopiert, sondern die Originalverzeichnisse/Dateien.
- Eigentümer ist (oder bleibt) der Kopierende.
- Befinden wir uns im Zielverzeichnis, geben wir dies bei der Zielangabe als Punkt an.
- Der Kopierende muss über ausreichende Rechte verfügen (mindestens Leserecht für die Quelle, Schreib- und Leserecht für das Zielverzeichnis).
- Gegen böse Überraschungen hinsichtlich des versehentlichen Überschreibens hilft die Option -i.

Der Kopierbefehl besteht grundsätzlich aus `cp QUELLE ZIEL`, z. B.:

```
harald@sparc$ cp motd motd.orig
```

Die Tabelle 4.6 auf der nächsten Seite zeigt die wichtigsten Optionen dieses Befehls.

Problem: Symbolische Links werden aufgelöst, es werden die Originale kopiert:

Aktion	*Option*
Dateiattribute beibehalten	-p
ACLs beibehalten	-@
Vor Überschreiben nachfragen	-i
Verzeichnis kopieren	-r

Tab. 4.6: Optionen von cp

```
harald@sparc$ ls -l
Gesamt 6
drwxr-xr-x   2 harald   staff        512 Dez 25 23:55 alt
lrwxrwxrwx   1 harald   staff          3 Dez 25 23:55 altes -> alt
drwxr-xr-x   4 harald   staff        512 Dez 25 23:58 neues

harald@sparc$ cp -r a* neues
harald@sparc$ ls -lR neues
Gesamt 4
drwxr-xr-x   2 harald   staff        512 Dez 25 23:56 alt
drwxr-xr-x   2 harald   staff        512 Dez 25 23:56 altes
harald@sparc$ ls -R
.:
alt     altes   neues
./alt:
datei.txt
./neues:
alt     altes
./neues/alt:
datei.txt
./neues/altes:
datei.txt
```

Wenn Sie hier den Kopierbefehl ohne Suchmuster absetzen (cp * neues), würde nach einiger Zeit eine Fehlermeldung den „Matrjoschka"-Effekt (ineinander verschachtelbare, eiförmige russische Holzpuppen) beenden. Im Verzeichnis neues würden alt, altes und wiederum neues kopiert, in diesem wiederum ... usw.

Zum Kopieren von Verzeichnissen eignet sich eine andere Methode, die mit tar arbeitet. Wir befinden uns im selben Verzeichnis wie im vorherigen Beispiel. Wir lassen nun tar die Daten zusammensuchen. Normalerweise würde eine Archivdatei erstellt, was wir aber durch das Minuszeichen verhindern. Der Punkt gibt das aktuelle Verzeichnis an. Der Pipe überträgt von der Sub-Shell links die Daten zur rechten Sub-Shell. In dieser wird in das Zielverzeichnis gewechselt, und tar packt aus, als hätte er ein normales Archiv vorliegen. Damit werden auch die Softlinks gesichert.

```
harald@sparc$ pwd
/home/harald/verzeichnis
harald@sparc$ (tar cf - .) | (cd neues; tar xfv -)
tar: Blockgröße = 8
x ., 0 bytes, 0 Bandblöcke
x ./alt, 0 bytes, 0 Bandblöcke
x ./alt/datei.txt, 6 bytes, 1 Bandblöcke
x ./altes symbolischer Link auf alt
```

```
x ./neues, 0 bytes, 0 Bandblöcke
harald@sparc$ ls -Rl neues
neues:
Gesamt 6
drwxr-xr-x   2 harald    staff          512 Dez 25 23:55 alt
lrwxrwxrwx   1 harald    staff            3 Dez 26 00:27 altes -> alt
drwxr-xr-x   2 harald    staff          512 Dez 26 00:24 neues

neues/alt:
Gesamt 2
-rw-r--r--   1 harald    staff            6 Dez 25 23:55 datei.txt

neues/neues:
Gesamt 0
```

Für die folgenden Darstellungen wurde ein für mehrere Benutzer erreichbares Verzeichnis unter /export/home eingerichtet:

```
drwxrwx---   2 harald    staff          512 Dez 25 23:51 sammel
```

Der Benutzer Simon kopiert eine Datei in das Verzeichnis sammel, anschließend führt harald den gleichen Vorgang nochmals aus, allerdings muss er dem Ziel einen neuen Namen geben. Als Ergebnis sehen wir die Vererbung von Eigentümer und Gruppe:

```
sparc% whoami
simon
sparc% cp simon-bericht.txt /export/home/sammel
........
harald@sparc$ pwd
/export/home/sammel
harald@sparc$ cp ../simon/simon-bericht.txt ./simon-bericht-kopie.txt
harald@sparc$ ls -l
Gesamt 4
-rw-r-----   1 harald    staff           32 Dez 26 00:50 simon-bericht-kopie.txt
-rw-r-----   1 simon     staff           32 Dez 26 00:49 simon-bericht.txt
```

Wollen wir Attribute und ACSls beim Kopieren schützen, benötigen wir die Befehlsoptionen -p. Zur Demonstration kopieren wir die Datei acldatei.txt, welche über ACLs verfügt:

```
harald@sparc$ ls -l acldatei.txt
-rwxrwxrwx+  1 harald    staff        15636 Dez 13 08:39 acldatei.txt
harald@sparc$ cp acldatei.txt acldatei1.txt
harald@sparc$ cp -p@ acldatei.txt acldatei2.txt
harald@sparc$ ls -l acl*
-rwxrwxrwx+  1 harald    staff        15636 Dez 13 08:39 acldatei.txt
-rwxr-xr-x   1 harald    staff        15636 Dez 26 00:57 acldatei1.txt
-rwxrwxrwx+  1 harald    staff        15636 Dez 13 08:39 acldatei2.txt
```

Im Ergebnis sehen wir, dass beim Kopieren ohne weitere Optionen die ACLs verschwunden sind (erkennbar am +-Zeichen als letztes Dateiattribut) und die umask-Anweisung wirksam ist (022, ergibt für neue Objekte also maximal 755, gleichbedeutend mit -rwxr-xr-x). Zugleich wird der Zeitstempel geändert. Werden dagegen die „schützenden" Optionen benützt, bleiben alle Attribute für die Zieldatei erhalten.

Für das Kopieren mit `tar` existiert eine solche Option (ebenfalls `-p`), die auch für die Datensicherung einsetzbar ist:

```
(tar cfp - .) | (cd neues; tar xfvp -)
```

Das Archivprogramm `cpio` verfügt direkt über einen Kopiermodus. Das Zielverzeichnis muss zwingend vor dem Aufruf angelegt sein! Die Option `-P` kopiert die Dateiattribute und ACLs mit.

```
harald@sparc$ find *.txt | cpio -P -p altablage
288 Blöcke
```

4.6.6 Verschieben und Umbenennen von Dateien und Verzeichnissen

Möchte man eine Datei im Verzeichnisbaum verschieben, so könnte man sie stattdessen in das Zielverzeichnis kopieren und anschließend im Quellverzeichnis löschen, gleiches gilt für das Umbenennen. Der Shell-Befehl `mv` nimmt uns diese Mehrarbeit ab. Mit ihm lassen sich diese Arbeiten in einer Zeile erledigen, es gilt wieder die Quelle-Ziel-Anordnung.

Ein Mehrfachumbenennen à la `mv *.txt *.doc` funktioniert leider *nicht*, wohl aber eine Massenverschiebung wie `mv *.txt ablageverzeichnis`!

Damit aber das gewünschte Ergebnis auch herauskommt, sind einige Regeln zu beachten:

- `mv` verschiebt, wenn die Zielangabe ein tatsächlich existierendes Verzeichnis ist.
- `mv` führt eine Umbenennung durch, wenn die Zielangabe nicht existiert.
- Der Kopierende muss über ausreichende Rechte verfügen (sowohl Schreib- und Leserecht für die Quelle und das Zielverzeichnis).
- Gegen böse Überraschungen hinsichtlich des versehentlichen Überschreibens hilft die Option `-i`.
- `mv` überschreibt allerdings ohne weitere Nachfrage bei der Option `-f`!

In einem Verzeichnis liegen zwei Dateien und ein Unterverzeichnis:

```
harald@sparc$ ls -l
Gesamt 64
-rwxrwxrwx+  1 harald    staff     15636 Dez 13 08:39 acldatei.txt
-rwxr-xr-x   1 harald    staff     15636 Dez 26 01:05 acldatei1.txt
drwxr-xr-x   2 harald    staff       512 Dez 26 11:41 neu
```

Wir benennen die Datei `acldatei.txt` in `aclneue.txt` um. Wir sehen, dass Attribute und Zeitstempel erhalten bleiben!

```
harald@sparc$ mv acldatei.txt aclneue.txt
harald@sparc$ ls -l
Gesamt 66
-rwxr-xr-x   1 harald    staff     15636 Dez 26 01:05 acldatei1.txt
-rwxrwxrwx+  1 harald    staff     15636 Dez 13 08:39 aclneue.txt
drwxr-xr-x   2 harald    staff       512 Dez 26 11:41 neu
```

Jetzt werden die beiden Dateien in das Verzeichnis `neu` verschoben:

```
harald@sparc$ mv *.txt neu
harald@sparc$ ls -lR
.:
Gesamt 2
drwxr-xr-x   2 harald    staff        512 Dez 26 11:41 neu

./neu:
Gesamt 64
-rwxr-xr-x   1 harald    staff      15636 Dez 26 01:05 acldatei1.txt
-rwxrwxrwx+  1 harald    staff      15636 Dez 13 08:39 aclneue.txt
```

Auch der Dateieigentümer und die Gruppenzugehörigkeit bleiben erhalten. Ohne das Schreibrecht am Original würde das Verschieben nicht funktionieren.

4.6.7 Löschen von Dateien und Verzeichnissen

Das Löschen von Dateien und Verzeichnissen erledigen wir mit rm. Um ein Objekt im Verzeichnisbaum erfolgreich zu löschen, müssen wir auch das Schreibrecht (Löschen ist auch ein Schreibzugriff) daran besitzen. Wenn Sie Angst haben, etwas versehentlich löschen zu können, dann setzen Sie entweder einen Befehlsalias, wie in Kapitel 4.3.1 auf Seite 100 dargestellt (alias rm="rm -i"), oder Sie verwenden die Option -i manuell. Allerdings müssen Sie dann auch für jedes Objekt Ihr Einverständnis an der Tastatur kundtun! Für den Löschbefehl gelten die Jokerzeichen wie bei vielen anderen Shell-Befehlen auch.

Für das Löschen eines oder mehrerer Objekte übergibt man als einziges Argument deren Namen:

```
harald@sparc$ ls -l
Gesamt 4
drwxr-xr-x   2 harald    staff        512 Dez 26 11:41 neu
-rw-rw----   1 simon     staff         32 Dez 26 00:49 simon-bericht.txt
harald@sparc$ rm simon-bericht.txt
```

Verzeichnisse werden mit der Option -r gelöscht:

```
harald@sparc$ rm -r neu
harald@sparc$ ls
```

Wird die Option -i verwendet, müssen Sie der Löschung nochmals zustimmen:

```
harald@sparc$ rm -i acldatei1.txt
rm: entfernen acldatei1.txt (ja/nein)? j
```

4.6.8 Verknüpfungen (Links) anlegen

Ein Link ist im Grunde ein weiterer Eintrag für ein Objekt im Verzeichnisbaum. Ein Link kann sich auf Dateien und Verzeichnisse beziehen. Die Grundlagen hierzu können Sie im Kapitel 1.4.3 auf Seite 25 nachlesen.

Anwendungsfälle für Links gibt es viele. Ein langer Programmname kann damit als Zweibuchstabenbefehl leichter gehandhabt werden. Beachten Sie aber, dass nur der Name der ausführbaren Datei, aber keine Optionen im Linknamen untergebracht werden können (hierfür benutzen Sie die Shell-Aliase, Kapitel 4.3.1 auf Seite 100)!

Man kann damit auch ein Verzeichnis schneller und einfacher erreichbar machen. Mit `ln` legen wir Links an.

Für das Anlegen von Verknüpfungen beachten Sie bitte:

• Derjenige, der die Verknüpfung anlegt, muss über ausreichend Rechte an der Quelldatei (mindestens Leserecht) und im Verzeichnis, in dem der Link residieren soll (Lese- und Schreibrecht), verfügen.

• Die Option `-s` ermöglicht das Anlegen eines symbolischen Links (auch als Softlink bezeichnet). Dieser ist nicht an das aktuelle Dateisystem gebunden!

• Ein Hardlink kann sich nicht auf ein Objekt außerhalb des Dateisystems beziehen!

• Es sind immer die Attribute des Objekts maßgebend, auf die sich der Link bezieht!

• Viele Shell-Befehle kennen Optionen, Links anstelle der bezogenen Datei entsprechend zu bearbeiten (Löschen, Kopieren...)!

Wir legen einen Hardlink an. Hierbei wird das `ln`-Kommando ohne weitere Option benutzt:

```
harald@sparc$ ln datei.txt daten.txt
harald@sparc$ ls -l da*txt
-rw-r--r--    2 harald    staff        67 Dez 17 22:34 datei.txt

-rw-r--r--    2 harald    staff        67 Dez 17 22:34 daten.txt
```

Wir legen einen Softlink zu einer ausführbaren Datei außerhalb des Heimatverzeichnisses an. Wir geben einen eigenen Namen (`menu`) für den Link an. Anstelle dessen kann man auch nur den Punkt für das Arbeitsverzeichnis angeben. Der Link bekommt dann denselben Namen wie das Original.

```
harald@sparc$ ln -s /export/home/sammel/menu.sh menu
harald@sparc$ ls -l menu
lrwxrwxrwx    1 harald    staff   27 Dez 26 18:58 menu -> /export/home/sammel/menu.⟩
sh
```

4.6.9 Zeitstempel ändern, Verzeichniseintrag erzeugen

Der Shell-Befehl `touch` hat zweierlei Bedeutung. Zum einen können wir damit den Zeitstempel einer Datei oder eines Verzeichnisses ändern. Dies kann notwendig sein, wenn z. B. bei großen Stapelverarbeitungen die Sortierung nach Datum/Uhrzeit erfolgt und die Reihenfolge geändert werden muss. Auch Vorlagedateien, z. B. für die Datensicherung (`...newer than...`) müssen am Zeitstempel geändert werden.

Wird das Kommando nur zusammen mit einem bisher nicht vorhandenen Dateinamen abgesetzt, legen wir eine „leere" Datei an.

Die wichtigsten Optionen von `touch` sind in der Tabelle 4.7 auf der nächsten Seite aufgeführt.

Tab. 4.7: Optionen des `touch`-Kommandos

Aktion	Option
Zeitpunkt des letzten Zugriffs ändern	`-a`
Zeitpunkt der letzten Modifikation ändern	`-m`
Erzeugt keine Datei, wenn diese nicht existiert	`-c`
Benutzt Zeitstempel der Referenzdatei	`-r REFERENZDATEI`
Eigene Zeitangabe anstelle des aktuellen Systemdatums verwenden	`-t ZEITANGABE`

Zeitangaben erfolgen in der Form `JJJJMMTThhmm`, also z. B. 200612312359 (31.12.2006, 23:59 Uhr).

Das einfache Anlegen einer leeren Datei geschieht mittels `touch` so:

```
harald@sparc$ touch leerdatei
harald@sparc$ ls -l leerdatei
-rw-r--r--  1 harald    staff          0 Dez 26 19:38 leerdatei
```

Wir möchten nun den Zeitstempel ändern. Das Datum soll nunmehr 1.1.2006 lauten:

```
harald@sparc$ ls -l
Gesamt 32
-rwxr-xr-x  1 harald    staff      15636 Dez 26 00:57 acldatei1.txt
harald@sparc$ ls -lu acldatei1.txt
-rwxr-xr-x  1 harald    staff      15636 Dez 26 19:59 acldatei1.txt
harald@sparc$ touch -t 200601012359 acldatei1.txt
harald@sparc$ ls -l
Gesamt 32
-rwxr-xr-x  1 harald    staff      15636 Jan  1  2006 acldatei1.txt
```

4.6.10 Eigentum an Dateien und Verzeichnissen übertragen

Sieht man von den erweiterten Möglichkeiten mit den ACLs ab, kann eine Datei oder ein Verzeichnis jeweils nur einen einzigen Eigentümer haben, der einer Gruppe angehört. Nur `root` kann die Eigentümerschaft zwischen unterschiedlichen Benutzern übertragen (außer der Eintrag `set rstchown=0` wird in `/etc/system` gesetzt).

Mit dem Kommando `chown` ändern wir Eigentümer und Gruppeneintrag des Objektes in einem Arbeitsgang. Folgende Regeln gelten:

- Datei: Wird ein symbolischer Link angesprochen, werden die Einträge der bezogenen Datei geändert.

- Datei: Die Option `-h` ändert den Eintrag eines symbolischen Links und nicht den der bezogenen Datei.

- Verzeichnis: Mit der Option `-R` werden die darin liegenden Objekte bezüglich des Eigentümer- und Gruppeneintrages ebenfalls geändert. Ohne diese Angabe wird nur der Eintrag für das Verzeichnis selbst geändert.

Wir übergeben im Beispiel (angemeldet als `root`) dem Benutzer `simon` das Eigentum am Verzeichnis `archiv` samt Inhalt und dem Benutzer `harald` das an der Datei `simon-bericht.txt`:

```
sparc# ls -l
Gesamt 10
drwxr-xr-x   2 harald    staff         512 Dez 26 20:55 archiv
lrwxrwxrwx   1 harald    staff          14 Dez 26 20:55 menu -> archiv/menu.sh
lrwxrwxrwx   1 root      root            6 Dez 26 21:04 programme -> archiv
-rw-r-----   1 harald    staff          32 Dez 26 00:50 simon-bericht-kopie.txt
-rw-r-----   1 simon     staff          32 Dez 26 20:52 simon-bericht.txt
sparc# chown -R simon:staff archiv
sparc# chown harald:staff simon-bericht.txt
sparc# ls -l
Gesamt 10
drwxr-xr-x   2 simon     staff         512 Dez 26 20:55 archiv
lrwxrwxrwx   1 harald    staff          14 Dez 26 20:55 menu -> archiv/menu.sh
lrwxrwxrwx   1 root      root            6 Dez 26 21:04 programme -> archiv
-rw-r-----   1 harald    staff          32 Dez 26 00:50 simon-bericht-kopie.txt
-rw-r-----   1 harald    staff          32 Dez 26 20:52 simon-bericht.txt
```

4.6.11 Eigenschaften von Objekten bearbeiten

Aufgrund der `umask`-Einstellungen bekommt jedes von uns neu geschaffene Objekt im Verzeichnisbaum entsprechende Attribute gesetzt.

Die „Unix-üblichen" Dateiattribute werden mit `chmod` geändert. Dabei können wir zwischen einer Symbol- und einer Oktalschreibweise wählen. Die Übersicht der möglichen Werte und Kürzel finden Sie in der Tabelle 4.8 auf der nächsten Seite.

> **Hinweis:** Ausführbare Dateien
> benötigen auch stets das Leserecht!

Wir haben ein Shell-Skript `hallo.sh` erstellt und sollen es nun für uns und die Gruppe ausführbar sowie schreibbar machen. Die restlichen Benutzer des Systems sollen überhaupt nichts damit anfangen können. In der Symbolschreibweise geschieht dies so:

```
harald@sparc$ ls -l
Gesamt 2
-rw-r--r--   1 harald    staff          24 Dez 26 21:35 hallo.sh
harald@sparc$ chmod u=rwx,g=rwx,o= hallo.sh
harald@sparc$ ls -l
Gesamt 2
-rwxrwx---   1 harald    staff          24 Dez 26 21:35 hallo.sh
```

In der Symbolschreibweise können Rechte auch durch das +-Zeichen hinzugefügt oder mit dem --Zeichen entfernt werden.

Tab. 4.8: Kürzel und Werte für chmod

Stellung	Kürzel	Attribut	Kürzel	Oktalwert
Eigentümer	u			
		SET-UID	s	4000
		Leserecht	r	400
		Schreibrecht	w	200
		Ausführungsrecht	x	100
		Sticky-Bit für Verzeichnisse	T	1000
Gruppe	g			
		SET-GID bei Ausführung	s	2000
		Leserecht	r	40
		Schreibrecht	w	20
		Ausführungsrecht	x	10
Andere	o			
		Leserecht	r	4
		Schreibrecht	w	2
		Ausführungsrecht	x	1

Ferner können wir nur in dieser Schreibweise das Mandatory-Locking-Zugriffsrecht ändern.

```
-rwx------   1 simon    staff      216 Dez 20 20:50 menu.sh
# chmod +l menu.sh
# ls -l
Gesamt 2
-rwx--l---   1 simon    staff      216 Dez 20 20:50 menu.sh
```

Mandatory-Locking: Bei Verzeichnissen bekommen darin neu entstandene Objekte die Gruppenzugehörigkeit des Verzeichnisses. Die Benutzer müssen dabei dieser Gruppe gemeinsam angehören, es kann eine zusätzliche Gruppenmitgliedschaft vorliegen.

Handelt es sich um eine Datei, werden die Zugriffe auf diese zusätzlich vom System vor Lese- oder Schreibzugriffen überprüft. Hat ein Prozess eine solche Datei in Bearbeitung, bleibt sie für andere Benutzer gesperrt.

In der Oktalschreibweise lautet das chmod-Kommando kurz und einfach:

```
harald@sparc$ chmod 770 hallo.sh
```

Die Werte für die einzelne Attributsspalte werden falls notwendig addiert. Lesen (400,40,4) und Ausführen (100,10,1) werden zu 500,50,5, je nach Stellung des Benutzers, wenn wir ein Objekt wenigstens ausführbar machen.

4.6.12 Erweiterte Zugriffsrechte, Access-Control-Lists (ACLs)

Mit der klassischen Rechte-Struktur (Lesen-Schreiben-Ausführen für Benutzer-Gruppe-Rest-der-Welt) kommt man bei einer größeren Belegschaft nicht mehr weiter. Hier hat Solaris (und einige andere Unix-Derivate/-ähnliche Systeme auch) eine Erweiterung geschaffen, die ACLs.

Diese sind ein Werkzeug, um an Objekten des Dateibaums wahlfrei Berechtigungen für verschiedene Benutzer und Gruppen zuzuteilen.

Zur Erinnerung: Mit `ls -lV` können wir diese erweiterten Berechtigungen abfragen. Im Beispiel wurden dem Benutzer `simon`, der sich in derselben Gruppe wie der Eigentümer befindet, das Ausführungs- und Leserecht zusätzlich eingeräumt. Und: Gesetzte ACLs erkennt man am +-Zeichen bei den Attributen!

```
harald@sparc$ ls -ldV archiv
drwxr-x---+  3 harald    staff         512 Dec 25 23:46 archiv
       0:user::rwx
       1:user:simon:r-x          #effective:r-x
       2:group::r-x              #effective:r-x
       3:group:staff:r-x         #effective:r-x
       4:mask:r-x
       5:other:---
```

Leider sind in diversen Werkzeugen für die grafischen Benutzeroberflächen die Möglichkeiten nicht immer integriert worden, so dass man um den Shell-Einsatz nicht herumkommt. Nur der Dateimanager des CDE, der noch Solaris beiliegt, kann damit umgehen (Abbildung 4.1 auf der nächsten Seite). Doch jeder gute Systemverwalter wird hier eine Arbeitserleichterung für seine ihm anvertrauten Benutzer in Form eines Shell-Skriptes zur Hand haben ....

Neben der bekannten Option `-v` für `ls` gibt es zum Auslesen der ACLs den Befehl `getfacl`. Das Setzen dieser ACLs geschieht mittels `setfacl`. Die Optionen dieses Befehls finden Sie in der Tabelle 4.9 zusammengefasst dargestellt.

Tab. 4.9: Optionen von `setfacl`

Aktion	Option
Eintrag neu erstellen oder ändern	`-m EINTRAG`
Bestehende Einträge löschen und vollständig neu setzen	`-s EINTRAG`
Bestehende Einträge entfernen	`-d EINTRAG`
Von bestehender Datei Einträge übernehmen	`-f DATEINAME`
ACLs neu berechnen (in Kombination mit den vorhergehenden Optionen)	`-r`

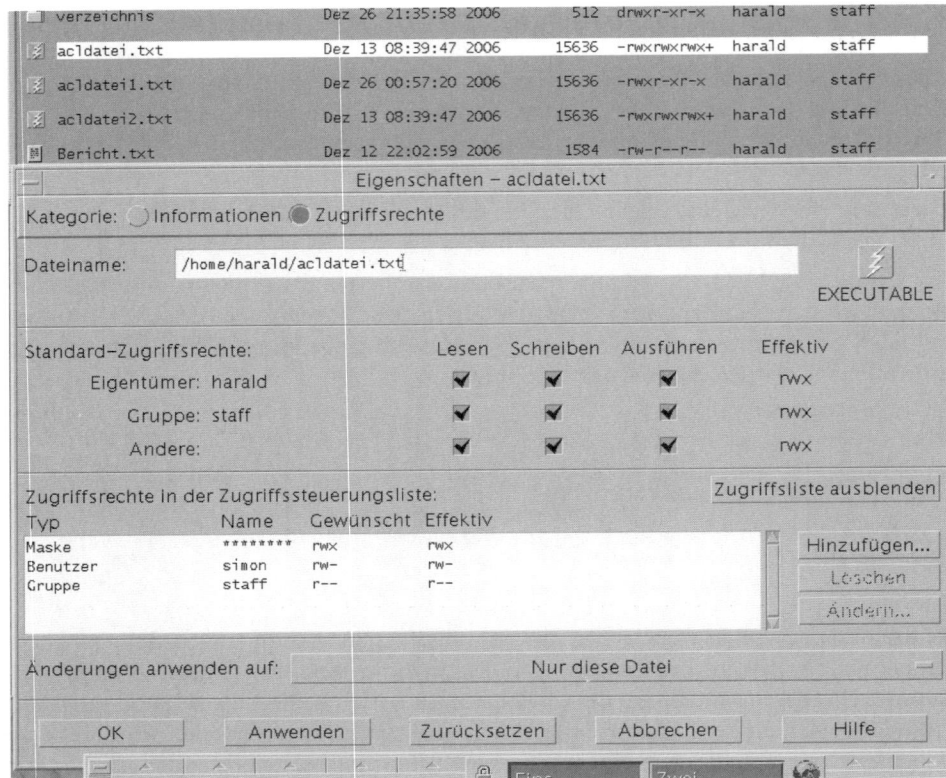

Abb. 4.1: Dateimanager mit ACL-Bearbeitungsmöglichkeit

Den Aufbau der Einträge finden Sie in der Tabelle 4.10 erklärt. Die Rechte selbst können in der Oktalschreibweise vorgenommen werden. Die Einträge müssen bündig, ohne Leer-Taste zusammengeschrieben werden. Benutzer, Gruppe und Rest werden durch Komma getrennt.

Tab. 4.10: Aufbau der ACL-Einträge

ACL-Einträge
Eigentümer
Für den Eintrag für die ACL des Besitzers samt Standard-Gruppe und den Rechten für alle restlichen Benutzer müssen weder Name, UID, Gruppenname noch GID mit eingetragen werden!   **Aufbau:** u::RECHTE,g::RECHTE,o:RECHTE
Benutzer mit zusätzlichem Zugriff

Tab. 4.10: (Fortsetzung): Aufbau der ACL-Einträge

Hier müssen zusätzlich entweder der Name oder die UID, für den Gruppeneintrag der Gruppenname oder die GID angegeben werden. Natürlich müssen diese Angaben mit denen von `/etc/passwd` bzw. `/etc/group` übereinstimmen.

Aufbau: `u:UID/Name:RECHTE,g:GID/Name:RECHTE`

ACL-Maske

Setzen der ACL-Maske für die zusätzlichen Berechtigten (Angabe der maximal zugestandenen Rechte für Benutzer und Gruppe, ohne den Eigentümer)

Aufbau: `m:RECHTE`

Default-Vorgabe für Verzeichnisse

Hier müssen zusätzlich entweder der Name oder die UID, für den Gruppeneintrag der Gruppenname oder die GID angegeben werden. Natürlich müssen diese Angaben mit denen von `/etc/passwd` bzw. `/etc/group` übereinstimmen. Dabei müssen auch Angaben für den Besitzer gesetzt und die ACL-Maske angegeben werden.

Aufbau: `d:u:UID/Name:RECHTE,d:g:GID/Name:RECHTE,m:RECHTE`

An der Datei `intro.txt` soll auch der Benutzer `johann` aus der Gruppe `Schulung` Veränderungen einbringen können:

```
harald@sparc$ setfacl -m u:johann:6,g:schulung:6 intro.txt
harald@sparc$ getfacl intro.txt

# file: intro.txt
# owner: harald
# group: staff
user::rwx
user:simon:rw-          #effective:r--
user:johann:rw-         #effective:r--
group::r--              #effective:r--
group:staff:r--         #effective:r--
group:schulung:rw-          #effective:r--
mask:r--
other:---
```

Dem Benutzer `simon` dagegen sollen an dieser Datei die Rechte entzogen werden:

```
harald@sparc$ setfacl -d u:simon intro.txt
harald@sparc$ getfacl intro.txt

# file: intro.txt
# owner: harald
# group: staff
user::rwx
user:johann:rw-         #effective:r--
group::r--              #effective:r--
group:staff:r--         #effective:r--
group:schulung:rw-          #effective:r--
mask:r--
other:---
```

Man sieht, dass der Gruppeneintrag von simon nicht entfernt wurde, dies holen wir nach:

```
harald@sparc$ setfacl -d g:staff intro.txt
harald@sparc$ getfacl intro.txt

# file: intro.txt
# owner: harald
# group: staff
user::rwx
user:johann:rw-          #effective:r--
group::r--               #effective:r--
group:schulung:rw-            #effective:r--
mask:r--
other:---
```

Das vorhin beklagte, weitgehende Fehlen von GUI-Werkzeugen wird durch die Praxis wieder wettgemacht. Gemeinsam zu nutzende Dateien gehören in ein Verzeichnis, auf das alle Berechtigten Zugriff erhalten. Der Systemverwalter root legt also ein für alle erreichbares Verzeichnis an, welches mit entsprechenden ACLs versehen wird. Dieses vererbt dann, da die ACLs als default gesetzt sind, die Rechte weiter. Für größere Projekte bietet sich auch die Verwendung eines versionsorientierten Managements wie *subversion* an.

Für das folgende Beispiel hat root ein Verzeichnis angelegt und es harald aus der Gruppe staff vermacht (chown...). Anschließend werden die Default-ACLs für ihn und zusätzlich johann aus der Gruppe schulung samt ACL-Maske vergeben.

```
harald@sparc$ ls -ld projekt
drwxrwxr-x+ 2 harald    staff         512 Dec 27 22:38 projekt
harald@sparc$ setfacl -m d:u::7,d:g::0,d:o:0,d:m:7 projekt
harald@sparc$ setfacl -m d:u:johann:7,d:g:schulung:0,d:m:7 projekt
harald@sparc$ getfacl projekt

# file: projekt
# owner: harald
# group: staff
user::rwx
group::rwx               #effective:rwx
mask:rwx
other:r-x
default:user::rwx
default:user:johann:rwx
default:group::---
default:group:schulung:---
default:mask:rwx
default:other:---
```

Wir überprüfen dies durch Neuanlegen von Dateien in diesem Verzeichnis. Wir leiten zur besseren Darstellung der Bearbeitbarkeit der Datei die Ausgabe eines echo-Kommandos hierzu in eine Datei um.

```
harald@sparc$ echo "Testdatei" > test.txt
harald@sparc$ ls -l
Gesamt 2
-rw-------+ 1 harald    staff          10 Dec 27 23:04 test.txt
```

```
$ whoami;pwd
johann
/export/home/projekt
$ echo "Zweite Zeile" >> test.txt
$ ls -lv test.txt
-rw-------+  1 harald    staff         23 Dec 27 23:10 test.txt
        0:user::rw-
        1:user:johann:rwx            #effective:rw-
        2:group::---                 #effective:---
        3:group:schulung:---              #effective:---
        4:mask:rw-
        5:other:---
$ cat test.txt
Testdatei
Zweite Zeile
```

Das neue Dateisystem ZFS verwendet zusätzliche Zugriffsrechte, wie man Sie vom NTFS her kennt. Nachdem das neue ZFS-Dateisystem mehr und mehr das herkömmliche (UFS) ablösen wird, folgt hier als Ausblick das Setzen und Auslesen einer Zugriffsberechtigung im Beispiel. Die gewohnten Befehle getfacl und setfacl gibt es hier nicht mehr, vielmehr wird dies über die sowieso vorhandenen Kommandos chmod und ls -lv bewerkstelligt.

Wir befinden uns in einem Verzeichnis, welches zu einem ZFS-Dateisystem gehört. Wir listen einmal im Klartext (ls -v DATEINAME) die Berechtigungen auf:

```
$ ls -v test.txt
-rw-r--r--  1 harald    staff          6 Jan  5 18:50 test.txt
        0:owner@:execute:deny
        1:owner@:read_data/write_data/append_data/write_xattr/write_attributes
            /write_acl/write_owner:allow
        2:group@:write_data/append_data/execute:deny
        3:group@:read_data:allow
        4:everyone@:write_data/append_data/write_xattr/execute/write_attributes
            /write_acl/write_owner:deny
        5:everyone@:read_data/read_xattr/read_attributes/read_acl/synchronize
            :allow


$ ls -V test.txt
Gesamt 2
-rw-r--r--  1 harald    staff          6 Jan  5 18:50 test.txt
        owner@:--x------------:------:deny
        owner@:rw-p---A-W-Co-:------:allow
        group@:-wxp---------:------:deny
        group@:r------------:------:allow
        everyone@:-wxp---A-W-Co-:------:deny
        everyone@:r-----a-R-c--s:------:allow
```

Der Benutzer simon soll die Erlaubnis erhalten, diese Datei zu lesen, zu ändern und Daten anzufügen. Wird keine Zahl nach A angegeben, wird der Eintrag einfach als Erstes an den Rechteblock angefügt:

```
$ chmod A+user:simon:read_data/write_data/append_data:allow test.txt
$ ls -V test.txt
```

```
-rw-r--r--+  1 harald    staff              6 Jan  5 18:50 test.txt
            user:simon:rw-p------------:------:allow
                 owner@:--x------------:------:deny
                 owner@:rw-p---A-W-Co-:------:allow
                 group@:-wxp------------:------:deny
                 group@:r----------------:------:allow
              everyone@:-wxp---A-W-Co-:------:deny
              everyone@:r-----a-R-c--s:------:allow
```

Mit Angabe der Zeilennummer im Rechteblock kann das Ergebnis übersichtlicher gestaltet werden:

```
chmod A3+user:simon:read_data/write_data/append_data:allow test.txt
```

Die Änderung eines bestehenden Eintrags leitet man durch

```
AZEILENUMMER=.........
```

ein. Dabei muss der komplette Zugriffseintrag gesetzt werden, die vorhandenen Einträge werden überschrieben.

Mit dem einfachen Aufruf `chmod A- DATEINAME` werden sämtliche ACLs, die zusätzlich eingetragen waren, gelöscht:

```
$ chmod A- test.txt
$ ls -V
Gesamt 7
-rw-r--r--  1 harald    staff             35 Jan  5 18:57 test.txt
                 owner@:--x------------:------:deny
                 owner@:rw-p---A-W-Co-:------:allow
                 group@:-wxp------------:------:deny
                 group@:r----------------:------:allow
              everyone@:-wxp---A-W-Co-:------:deny
              everyone@:r-----a-R-c--s:------:allow
```

Die Bedeutung der einzelnen Zugriffsrechte finden Sie in der Abhandlung über das ZFS-Dateisystem in diesem Buch an anderer Stelle.

4.6.13 Plattenspeicherplatz(-verbrauch) ermitteln

Es ist ratsam, sich regelmäßig um den Plattenspeicherplatz zu kümmern. Nichts ist schlimmer als die Fehlermeldung `file system full`, und keine Abhilfe außer Löschen von Daten steht bereit.

Mit `df` (disk free) können wir uns den freien Plattenplatz anzeigen lassen:

```
harald@sparc$ df
/                 (/dev/dsk/c1t2d0s0 ): 3896296 Blöcke    556322 Dateien
/devices          (/devices         ):       0 Blöcke         0 Dateien
.........
/export/home      (/dev/dsk/c1t2d0s7 ):19308920 Blöcke   1187711 Dateien
/home/harald      (/export/home/harald):19308920 Blöcke   1187711 Dateien
```

Nun, das ist erst einmal reichlich unübersichtlich. Suchen wir zunächst zusammen, was uns an dieser Stelle jetzt interessiert. Die erste Zeile der Ausgabe zeigt das Wurzelverzeichnis, welches auf das Plattengerät `/dev/dsk/c1t2d0s0` gemountet ist (`mount` siehe Administrationskapitel). Wir sehen die Zahl freier Blöcke und die Zahl maximal möglicher Dateien. Im Extremfall kann die Zahl der möglichen Dateien früher als die des eigentlichen Speicherplatzes erreicht werden.

Erst der Schluss der Ausgabe ist wieder interessant für uns, das Verzeichnis `/export/home`.

Wir können aber mit Blöcken und maximaler Dateizahl jetzt nichts anfangen. Erneut setzen wir das Kommando `df`, diesmal mit der Option `-h`, ab. Die für uns interessanten Ausgabezeilen wurden zusätzlich neben der Kommandoeingabe hervorgehoben.

```
harald@sparc$ df -h
Dateisystem          Größe belegt verfügbar Kapazität Eingehängt auf
/dev/dsk/c1t2d0s0     6,7G   4,9G   1,8G      74%      /
/devices              0K     0K     0K        0%       /devices
......................
/dev/dsk/c1t2d0s7     9,4G   179M   9,1G      2%       /export/home
/export/home/harald   9,4G   179M   9,1G      2%       /home/harald
/export/home/johann   9,4G   179M   9,1G      2%       /home/johann
```

Hier sehen wir nun im Klartext, wie die momentan für uns wichtigen Plattenbereiche belegt sind. Die anderen aufgeführten Dateisysteme sind oftmals virtueller Natur, die vom System aber benötigt werden, um bestimmte Vorgänge abbilden zu können. Das Gerät `/dev/fd` ist das Diskettenlaufwerk, hier aber ohne eingelegten Datenträger.

Im Gegensatz dazu zeigen wir mit dem Befehl `du` (disk used) den belegten Platz innerhalb des aktuellen Verzeichnisses an. Geben wir keine weiteren Optionen an, erhalten wir eine (unendliche) Liste mit den Belegungsangaben.

Einige bewährte Optionen aus der Praxis:

- Meist interessiert uns nur, wie viel man ab dem aktuellen Verzeichnis abwärts belegt hat. Hierzu dient die Kombination der Optionen `-s` und `-h`. Erstere steht für die Summenbildung, zweitere gibt das Ergebnis als besser lesbare Zahl aus. Ohne die letztgenannte Option erhalten wir die Angabe für 512 Byte große Blöcke.

```
harald@sparc$ pwd; du -sh
/home/harald
 6,4M
```

- Durch Angabe eines Verzeichnisses wird die Ermittlung des belegten Speicherplatzes auf dieses beschränkt. Lassen wir die Summenoption weg, werden alle Elemente aufgelistet. Dies kann dann nützlich sein, wenn man nach Platzverschwendern sucht.

```
harald@sparc$ du -h archiv
   1K    archiv/verzeichnis
  38K    archiv
```

Im Zusammenhang mit Quotas (Einräumung einer vorgegebenen Speicherplatzmenge für Benutzer) stehen eigene Kommandos zur Verfügung. Sie werden im Administrationskapitel behandelt.

4.6.14 Dateien archivieren und komprimieren

Dateien zu einem Archiv zusammenzufassen und Dateien zu komprimieren sind im Grunde zweierlei Vorgänge. Ein Archiv belegt zunächst denselben Platz wie die „freien" Originale im Dateisystem auch. Beim Kompressionsvorgang wird eine Datei „formelmäßig" beschrieben und belegt so weniger Plattenspeicher. In der Praxis legt man aber oft beide Vorgänge zu einem zusammen.

Zum Archivieren werden unter Solaris hauptsächlich `tar` und `cpio` benutzt. Für die grafischen Benutzeroberflächen sind sogenannte Archivmanager im Gebrauch.

Das Programm `tar` wurde ursprünglich als Programm zur Bandsicherung vorgesehen, kann jedoch von seiner Vielseitigkeit her mit einigen Kniffen sogar als Kopierprogramm (siehe unter Kapitel 4.6.5 auf Seite 114) eingesetzt werden.

> **Hinweis:** tar und gnu-tar
> unterscheiden sich hinsichtlich der Optionen! Auch die Archive können inkompatibel sein!

Für das Alltagsgeschäft sind vor allem die in der Tabelle 4.11 gelisteten Aktionen und Optionen von Interesse. Die sonst üblichen führenden `--`Zeichen können bei `tar` weggelassen werden.

Aktion/Option	Syntax
Erzeugen eines Archives	c
Auflisten des Archiv-Inhaltes	t
Entpacken des Archives	x
Update eines Archives, Anhängen von Daten	u
Ersetzen einer Datei im Archiv	r
Archiv als Datei	f
Attribute und ggf. vorhandene ACLs speichern	p
Ausführliche Ablaufanzeige	v
Symbolischen Links folgen	h

Tab. 4.11: Aktionen und Optionen von `tar`

Einige Hinweise für die Arbeit mit `tar`:

- Bei `tar` können für die Angaben der zu archivierenden Daten auch die üblichen Jokerzeichen (`*`, `?`, `[...]`) oder auch Verzeichnisse angegeben werden.
- Wird kein Ziel (Datei, Gerät) angegeben, versucht `tar` stets auf das Magnetbandgerät `/dev/rmt/0` zuzugreifen.
- Die zu archivierenden Daten werden `tar` entweder direkt in der Befehlszeile, aus einer Textdatei (`-I`) oder einer Sub-Shell benannt.

Tar-Archive haben Endungen, die über die Eigenschaften Auskunft geben:

.tar   Gewöhnliches `tar`-Archiv
.tar.gz   Gewöhnliches `tar`-Archiv, nachträglich mit `gzip` komprimiert
.tar.bz2 Gewöhnliches `tar`-Archiv, nachträglich mit `bzip2` komprimiert
.tgz   Archiv wurde bei Erstellung mit `gzip` komprimiert
.tbz   Archiv wurde bei Erstellung mit `bzip2` komprimiert

Wir sichern mit `tar` ein Verzeichnis. Dazu benötigen wir die Optionen `c` für „create", `f` für „file" und `v` für „verbose":

```
harald@sparc$ tar cfv a1.tar archiv
a archiv/ 0K
a archiv/Bericht.txt 2K
..........
```

Es sollen die Zeitstempel, ACLs usw. erhalten bleiben:

```
harald@sparc$ tar cfp a2.tar archiv
```

Wir erstellen ein Archiv, wobei `tar` aus einer Textdatei heraus erfährt, welche Dateien zu sichern sind:

```
harald@sparc$ tar cfv a3.tar -I anw.txt
a test.ps 2K
a lok2.png 73K
a dateimgr.tiff 3841K
```

Es sollen Objekte gesichert werden, die eine Sub-Shell benennt:

```
harald@sparc$ tar cf a4.tar $(find verzeichnis)
```

Ein Archiv in einem Arbeitsgang zu erstellen und zu komprimieren funktioniert mittels Pipe:

```
harald@sparc$ tar cfp - $(find archiv/*) | gzip > archiv.tgz
```

Ebenso würde bei der Verwendung von `bzip2` als Kompressionsprogramm verfahren.

Soll eine Datei an ein bestehendes Archiv angehängt werden, benötigen wir die Option `u`:

```
harald@sparc$ tar fuv a5.tar lok2.png
a lok2.png 73K
```

Das Ersetzen einer Datei im bestehenden Archiv benötigt als Option `r`:

```
harald@sparc$ tar frv a5.tar neuablage/intro.txt
a neuablage/intro.txt 16K
```

Den Archivinhalt können wir mit den Optionen `tf` auflisten.

```
harald@sparc$ tar tf a1.tar
archiv/
archiv/Bericht.txt
archiv/bericht.txt
.......
```

Bei komprimierten `tgz`- oder `tbz`-Archiven muss das entsprechende Kompressionsprogramm „Vorspann" leisten und mittels Pipe die Daten direkt an `tar` übergeben:

```
harald@sparc$ gzip -cd archiv.tgz | tar tf -
archiv/Bericht.txt
archiv/bericht.txt
archiv/intro-normal.txt
.........
```

Beim Entpacken wird dieses, falls es sich um ein Verzeichnis handelt, welches gesichert wurde, im Arbeitsverzeichnis wieder angelegt.

Hinweis: Übersicht beim Entpacken behalten
Legen Sie zum Entpacken ein eigenes Unterverzeichnis an. Sie vermeiden, dass evtl. vorhandene Dateien oder Verzeichnisse überschrieben werden.

Entpacken bei gleichzeitigem Entkomprimieren einer Archivdatei funktioniert ähnlich wie gerade beim Auflisten beschrieben. Dies gilt für alle Formen komprimierter Archive (`.tgz`,`.tar.gz` usw.).

```
harald@sparc$ gzip -cd archiv.tgz | tar xfv -
x archiv/Bericht.txt, 1584 bytes, 4 Bandblöcke
x archiv/bericht.txt, 12 bytes, 1 Bandblöcke
x archiv/intro-normal.txt, 15636 bytes, 31 Bandblöcke
.............
```

Wurde das Archiv mit der Option `-p` erstellt (Erhalten von Attributen und ACLs), muss diese beim Entpacken ebenfalls benutzt werden:

```
harald@sparc$ tar -xfp a2.tar
harald@sparc$ ls -l
Gesamt 84
-rw-r--r--   1 harald    staff       41472 Dez 28 21:02 a2.tar
drwxr-x---+  3 harald    staff         512 Dez 25 23:46 archiv
```

Ein weiteres Programm ähnlich wie `tar` ist `pax`, welches Solaris beiliegt. Da sich die Programme im Funktionsumfang ähneln, wird es hier nicht weiter behandelt. Das Programm kann auch mit den Dateienformaten cpio, ustar (Objektgröße bis 8 GB) und xustar (Objektgröße über 8 GB) umgehen und kennt die üblichen Modi (Archiverstellen, Entpacken, Kopieren von Verzeichnissen).

Gegenüber der Funktionsvielfalt nimmt sich `cpio` schon fast bescheiden aus. Dieses Programm benötigt stets ein weiteres Programm als Datenquelle, wenn ein Archiv erstellt werden muss. Es gibt keine Namenskonventionen für `cpio`-Archive.

Die Kopierfunktion finden Sie unter 4.6.5 auf Seite 115 beschrieben.

Die wichtigsten Optionen von `cpio` finden Sie in der Tabelle 4.12 auf der nächsten Seite.

Wir legen ein Archiv mit `cpio` an:

```
harald@sparc$ find *.txt | cpio -o > cpio1
224 Blöcke
```

Tab. 4.12: Die wichtigsten Optionen von `cpio`

Aktion/Option	*Syntax*
Archiv erstellen	`QUELLBEFEHL	cpio -o > ZIELDATEI`
Archivinhalt auflisten	`cpio -it < ARCHIVDATEI`
Archiv entpacken	`cpio -i < Archivdatei`
midrule ACLs beibehalten	`-P`
Überschreiben bei Kopieren erzwingen	`-u`
Legt wenn notwendig Verzeichnisse beim Entpacken an	`-d`
Zeigt beim Auflisten ausführliches Inhaltsverzeichnis (wie `ls -l`)	`-v`

Die Kombination der Optionen `i` und `t` ermöglicht das Auflisten des Archivinhalts:

```
harald@sparc$ cpio -it < cpio1
acldatei.txt
acldatei1.txt
......
224 Blöcke
```

Ein Archiv wird entpackt:

```
harald@sparc$ cpio -i < cpio1
224 Blöcke
```

Solaris liegen die Kompressionsprogramme `compress`, `gzip`, `zip` und `bzip2` bei.

Zum Entkomprimieren sind entsprechend `uncompress` und `unzip` verfügbar.

Beachten Sie folgende Unterschiede und Eigenheiten der einzelnen Programme (Tabelle 4.13 auf der nächsten Seite):

Die Standard-Anwendungen (Komprimieren/Entkomprimieren bzw. Archiv erstellen/auflösen) und ergänzende Hinweise für die einzelnen Programme:

compress Kompromieren: `compress DATEI`
Entkomprimieren: `uncompress DATEI.Z`

gzip Komprimieren: `gzip DATEI`
Entkomprimieren: `gzip -d DATEI.gz`

zip Archivieren: `zip DATEINAME.zip DATEIEN/VERZEICHNISSE`
Entpacken: `unzip DATEINAME.zip`
Da es sich hierbei eigentlich auch um ein Archivierungsprogramm handelt, besitzt es viele Optionen, die in der Manual-Seite nachzulesen sind.

bzip2 Komprimieren: `bzip2 DATEI`
Entkomprimieren: `bzip2 -d DATEI.bz2`

Tab. 4.13: Eigenschaften verschiedener Kompressionsprogramme

Programm	Bemerkungen	Dateiname
compress	Nur im Unix-Bereich verbreitet, wird aber durch gzip in der Praxis verdrängt	.Z
uncompress	Entkomprimierungsprogramm zu compress	
gzip	Kompressionsprogramm, welches besonders im Unix- und Linux-Bereich verbreitet ist. Es kennt verschiedene Kompressionsgrade. gzip -d DATEI.gz entkomprimiert. Mit gzip komprimierte Dateien sind nicht kompatibel zu mit zip erstellten.	.gz
zip	Archivierungs- und Kompressionsprogramm, das Format wird von verschiedenen populären Programmen (WinZip, usw.) aus dem PC-Bereich verwendet, ist aber zu den .gz Dateien inkompatibel, da hier unter anderem Archive (wie bei tar oder cpio) gebildet werden.	.zip
unzip	Entkomprimierungsprogramm zu zip	
bzip2	Kompressionsprogramm, welches besonders im Unix- und Linux-Bereich verbreitet ist und sehr gründlich seine Aufgabe erfüllt, daher das System bei seiner Ausführung mehr belastet. Das Entkomprimieren geschieht in der Form bzip2 -d DATEI.bz2.	.bz2

Einige der genannten Programme können auch im Datenstrom (Pipes) ihre Funktion ausüben. Sehen Sie sich hierzu die Manual-Seiten an. Oft wird auch in den Beschreibungen der betreffenden Programme auf den Einsatz der Kompressionsprogramme hingewiesen!

Das Erstellen eines Zip-Archives von einem Verzeichnis läuft so ab:

```
harald@sparc$ zip archiv.zip archiv/*
  adding: archiv/Bericht.txt (deflated 87%)
  adding: archiv/bericht.txt (stored 0%)
  ..........
```

Das Ergebnis der einzelnen Kompressionsversuche finden Sie hier aufgelistet. Es war die Datei print.ps zu bearbeiten:

```
harald@sparc$ ls -lh
Gesamt 13616
-rw-------   1 harald   staff     2,9M Dez 30 19:31 print.ps
-rw-------   1 harald   staff     742K Dez 30 19:30 print.ps.bz2
-rw-------   1 harald   staff     928K Dez 30 19:30 print.ps.gz
-rw-------   1 harald   staff     1,2M Dez 30 19:27 print.ps.Z
-rw-r--r--   1 harald   staff     928K Dez 30 19:31 print.zip
```

Am erfolgreichsten komprimiert bzip2 die Dateien.

4.6.15 Dateien zerlegen und zusammensetzen

Es gibt einige Gründe, Dateien in kleinere Blöcke zu zerlegen:

* Große Dateien müssen auf Wechseldatenträgern transportiert werden, deren Fassungsvermögen unter der Dateigröße liegt. Bei Systemen mit wenig Datenaufkommen kann damit die Datensicherung auch auf wenigen DVD-RWs erfolgen.

* Sicherheitsgründe: Mit einem Teilblock kann ein potentieller Angreifer/Späher wenig anfangen. Liegen verschiedene Übermittlungs-/Transportwege und -medien vor, und sind die Teilblöcke verschieden verschlüsselt, sinkt die Gefahr der Verwertungsfähigkeit stetig.

* Mehrschlüsselprinzip für Anweisungen, die das Reagieren auf Notfälle usw. festhalten: Jede Person besitzt einen Teilblock des Dokuments, es kann nur gemeinsam zusammengesetzt und die Maßnahmen dann durchgeführt werden. Ein vorheriges Studium der Strategie ist damit unmöglich.

Mit `split` können wir die Zerlegung vornehmen. Die Mindestangaben bestehen in der Blockgröße (`-b ZAHL` in Byte, `-b ZAHLk` in kB, `-b ZAHLm` in MB), dem Namen der zu zerteilenden Datei und dem Dateinamen (ohne Endung) für die Teildateien. Es wird empfohlen, diesen stets mit einem Punkt abzuschließen. Optional kann noch mit der Angabe `-a ZAHL` die Länge der Endungen der Teildateien bestimmt werden:

```
split -b ZAHL( ,k,m) ORIGINALDATEI TEILDATEI.
```

```
split -b ZAHL( ,k,m) -a ZAHL ORIGINALDATEI TEILDATEI.
```

Wir zerlegen eine große Grafikdatei in 500k-Blöcke:

```
harald@sparc$ ls -l
Gesamt 7712
-rw-r--r--   1 harald    staff     3932340 Dez 30 18:07 dateimgr.tiff
harald@sparc$ split -b 500k dateimgr.tiff teildatei.
harald@sparc$ ls -l
Gesamt 15584
-rw-r--r--   1 harald    staff     3932340 Dez 30 18:07 dateimgr.tiff
-rw-r--r--   1 harald    staff      512000 Dez 30 18:09 teildatei.aa
-rw-r--r--   1 harald    staff      512000 Dez 30 18:09 teildatei.ab
.........
-rw-r--r--   1 harald    staff      348340 Dez 30 18:09 teildatei.ah
```

Einen richtigen *unsplit*-Befehl gibt es nicht. Zum Zusammenfügen verwenden wir den `cat`-Befehl, den wir an späterer Stelle noch bei den Textdateien kennenlernen. Grundsätzlich setzt man Teildateien nach dem gezeigten Schema wieder zusammen:

```
cat TEILDATEI.* > GESAMTDATEI
```

Hier sehen Sie auch den Grund der Empfehlung, den Namen der Teildatei mit einem Punkt abzuschließen.

Setzen wir also unsere Teildateien wieder zusammen:

```
harald@sparc$ ls
teildatei.aa  teildatei.ac  teildatei.ae  teildatei.ag
teildatei.ab  teildatei.ad  teildatei.af  teildatei.ah
harald@sparc$ cat teildatei.* > dateimanager.tiff
harald@sparc$ ls
dateimanager.tiff    teildatei.ac    teildatei.af
teildatei.aa         teildatei.ad    teildatei.ag
teildatei.ab         teildatei.ae    teildatei.ah
```

4.6.16 Dateien und Verzeichnisse vergleichen

Nicht immer erkennt man an der Dateigröße, dass Unterschiede zwischen Dateien vorliegen. Buchstaben- und Zahlendreher ändern nicht die Anzahl der Zeichen, so dass man ein Vergleichswerkzeug benötigt.

Ein Werkzeug für den Vergleich von Dateien und Verzeichnissen und zur Ausgabe der Unterschiede ist `diff`. Die Optionen von `diff` sind in der Tabelle 4.14 aufgeführt.

Tab. 4.14: Wichtige Optionen von `diff`

Aktion	Option
Groß-/Kleinschreibung ignorieren	`-i`
Leer-Tasten/Tabulatoren ignorieren	`-w`
Unterschiedsliste erstellen, Hervorhebung der Abweichungen, Auflistung aus beiden Dateien	`-c`
W. o., aber stets mit drei Zeilen Vor- und Nachspann aus dem zusammengefassten, übereinstimmenden Text	`-u`
Beim Verzeichnisvergleich Namen übereinstimmender Dateien auflisten	`-s`
Zusammenfassung übereinstimmender Dateien bei `-s` nach Auflistung Abweichungen	`-l`

Bei Übereinstimmung ist der Wert des Exitcodes 0, bei Differenzen 1. Es können Änderungsanweisungen für den Editor `ed` erstellt werden.

Für die Erstellung der Beispiele haben wir vier kleine, kurze Textdateien mit folgenden Inhalten erstellt:

`a.txt`, `b.txt`:

```
Testdatei
Sie besteht aus drei Zeilen
Das ist die letzte
```

`c.txt` hat folgenden Inhalt:

```
Testdatei
Sie     besteht   aus drei Zeilen
Das ist die LETZTE
```

(In der zweiten Zeile befindet sich jeweils ein Tabulatorzeichen vor und nach dem Wort „besteht".)

`d.txt` hat einen Buchstabendreher:

```
Testdatei
Sie besteht aus drie Zeilen
Das ist die letzte
```

Wir führen folgende Vergleiche durch:

- Vergleich zweier gleicher Dateien:

```
harald@sparc$ diff a.txt b.txt
harald@sparc$
```

- Vergleich zweier ungleicher Dateien:

```
harald@sparc$ diff a.txt d.txt
2c2
< Sie besteht aus drei Zeilen
---
> Sie besteht aus drie Zeilen
```

Es werden die jeweils abweichenden Zeilen aufgelistet.

- Eine Ausgabe in einer gemeinsamen Liste erhalten wir durch die Option -u:

```
harald@sparc$ diff -u a.txt d.txt
--- a.txt        Sa Dez 30 21:03:27 2006
+++ d.txt        Sa Dez 30 21:15:12 2006
@@ -1,3 +1,3 @@
 Testdatei
-Sie besteht aus drei Zeilen
+Sie besteht aus drie Zeilen
 Das ist die letzte
```

Die Abweichung wird durch das Pluszeichen gekennzeichnet.

- Ausführlich mit Auflistung von maximal drei Zeilen vor und nach dem Unterschied bekommen wir durch die Option -c dieses Ergebnis:

```
harald@sparc$ diff -c a.txt d.txt
*** a.txt        Sa Dez 30 21:03:27 2006
--- d.txt        Sa Dez 30 21:15:12 2006
***************
*** 1,3 ****
  Testdatei
! Sie besteht aus drei Zeilen
  Das ist die letzte
--- 1,3 ----
  Testdatei
! Sie besteht aus drie Zeilen
  Das ist die letzte
```

Die Änderungen sind hier mit dem Ausrufezeichen gekennzeichnet.

- Es gibt textlich identische Dateien, die sich aber durch Leerzeichen, Tabulatoren, Groß- und Kleinschreibung unterscheiden. Zunächst der Vergleich ohne Einschränkungen:

```
harald@sparc$ diff -c a.txt c.txt
*** a.txt        Sa Dez 30 21:03:27 2006
--- c.txt        Sa Dez 30 21:14:06 2006
***************
*** 1,3 ****
! Testdatei
! Sie besteht aus drei Zeilen
! Das ist die letzte
--- 1,3 ----
!  Testdatei
! Sie    besteht   aus drei Zeilen
! Das ist die LETZTE
```

Anschließend führen wir denselben Vergleich noch einmal durch, aber wir ignorieren die Groß-/Kleinschreibung (-i), die Tabulatoren und Leerzeichen (-w) und wollen eine ausführliche Erläuterung der Unterschiede (-c):

```
harald@sparc$ diff -iwc a.txt c.txt
Keine Unterschiede festgestellt
```

- Wir vergleichen zwei Verzeichnisse. Im zweiten angegebenen ist eine Datei zusätzlich vorhanden:

```
harald@sparc$ diff -ls vergl verlg
Nur in verlg:
        e.txt

Gemeinsame identische Dateien in vergl und verlg:
        a.txt
        b.txt
        c.txt
        d.txt
```

Für Dateien, welche zu groß für diff sind, gibt es den „Big diff" bdiff.

Eher für Shell-Skripte ist cmp geeignet, da dieses Programm eine Option (-s besitzt, welche keine Bildschirmausgabe erzeugt:

```
harald@sparc$ cmp -s a.txt b.txt; echo $?
0
harald@sparc$ cmp -s a.txt c.txt; echo $?
1
```

4.7 Arbeit mit Zeichenketten und Textdateien

Keine Angst, Sie müssen jetzt nicht mit vi Ihre Briefe schreiben. Hier geht es darum, aus Programmausgaben, Log-, Status- und Befehlsdateien das Wichtige und Richtige herauszuholen, aber auch Daten für andere Zeichensatzfamilien zu konvertieren.

4.7.1 Strukturierte und unstrukturierte Textdateien

Sicher haben Sie schon einmal eine Datenübernahme oder -ausgabe in der Tabellenkalkulation vorgenommen, welche mit einem Text- oder CSV-Format zu tun hatte. Es werden hier nach festen Regeln Feld- und Zeilentrenner (Delimiter) eingesetzt. Damit liegt eine strukturierte Textdatei vor, aus welcher sich ganz gezielt Daten entnehmen lassen. In der Praxis haben wir diese meist für Datenübernahmen in Datenbanken vorliegen, aber auch unter /etc die Dateien passwd und group.

Alle anderen Textdateien sind unstrukturiert.

Der Standard-Feldtrenner (*Delimiter*) ist in der Variablen $IFS hinterlegt und kann natürlich geändert werden.

Für unsere Beispiele verwenden wir als strukturierte Textdatei eine kleine Telefonliste:

```
Hans:Meier:Büro:17
Georg:Müller:Lager:21
Janin:Meier:Sekretariat:10
Gabi:Bauer:Verkauf:15
::Vermittlung:9
```

Als Beispiel für einen unstrukturierten Text verwenden wir einen etwas wilden Dienstplan:

```
Dienstplan
Hans Meier: Abendsprechstunde
Janin: Für Chef einkaufen: Kaffee, Tee, Telefonkarte
Bauer: Messertermine: München 1.10, 08:20: Besprechung
GEORG! Diesel für Transporter kaufen
```

4.7.2 Anzeigen von Textdateien

Mit cat können wir Texte in „einem Rutsch" anzeigen lassen. Wir benutzen dieses Kommando deshalb auch in Shell-Skripten, wenn wir eine Datei auslesen wollen. Komfort bewirken more und less, die zeilen- oder seitenweises Anzeigen ermöglichen. Der Abbruch dieser beiden Kommandos erfolgt stets durch die Eingabe von q.

Die Syntax ist bei allen drei Befehlen gleich, wenn wir direkt eine Datei ansprechen:

```
cat DATEI
more DATEI
less DATEI
```

Mit less und more können wir am Terminal auch umfangreiche Ausgaben von anderen Befehlen „blätterbar" machen. Dazu pipen wir die Ausgabe einfach auf eines dieser Helfer:

```
harald@sparc$ ls -l | less
```

Anschließend ist es uns möglich, in der umfangreichen Anzeige zu blättern. Tabelle 4.15 auf der nächsten Seite zeigt Ihnen einige wichtige Blätterbefehle.

Im Falle des less-Kommandos F wird die Anzeige dadurch abgebrochen, dass zunächst STRG-c und dann erst q gedrückt wird.

Richtung/Aktion	Taste(n)
Zeilenweise vorwärts	↓ , e
Zeilenweise zurück	↑ , y
Halbseitenweise vorwärts	d
Halbseitenweise zurück	u
Seitenweise vorwärts	f
Seitenweise rückwärts	b
Nach rechts	→
Nach links	←
Dateischluss dauerhaft anzeigen	F
Suchmuster vorwärts	/SUCHMUSTER
Suchmuster rückwärts	?SUCHMUSTER
Anzeige speichern	s
Anzeige beenden	q

Tab. 4.15: Blättern mit `less`

Sie können sogar Suchmuster eingeben, die Ihnen in der Anzeige dann gefundene Textstellen hervorheben (Abbildung 4.2 auf der nächsten Seite).

Nur den Anfang einer Datei können wir uns mit `head`, das Ende mit `tail` anzeigen lassen. Beide Programme haben als Option die Zahl der anzuzeigenden Zeilen:

```
harald@sparc$ head -2 telelist.txt
Hans:Meier:Büro:17
Georg:Müller:Lager:21
harald@sparc$ tail -2 telelist.txt
Gabi:Bauer:Verkauf:15
::Vermittlung:9
```

Für `tail` gibt es unter anderem die Option `-f`, mit der Sie sich laufend das Ende einer Datei (z. B. Logdatei) ansehen. Jede Ergänzung der Datei wird sofort fortlaufend angezeigt. Mit STRG - c brechen Sie das Programm wieder ab.

4.7.3 Durchsuchen von Textdateien

Mit `grep` können wir folgende Aktionen vornehmen:

- eine oder mehrere Textdateien durchsuchen,
- einen Datenstrom filtern.

Die wichtigsten Möglichkeiten zeigt die Tabelle 4.16 auf der nächsten Seite

Wir können alle Dateien (Jokerzeichen `*?[]` gelten hier auch) nach einem bestimmten Suchmuster durchforsten lassen. Wir bekommen als Ergebnis den Dateinamen und die darin befindliche Fundstelle:

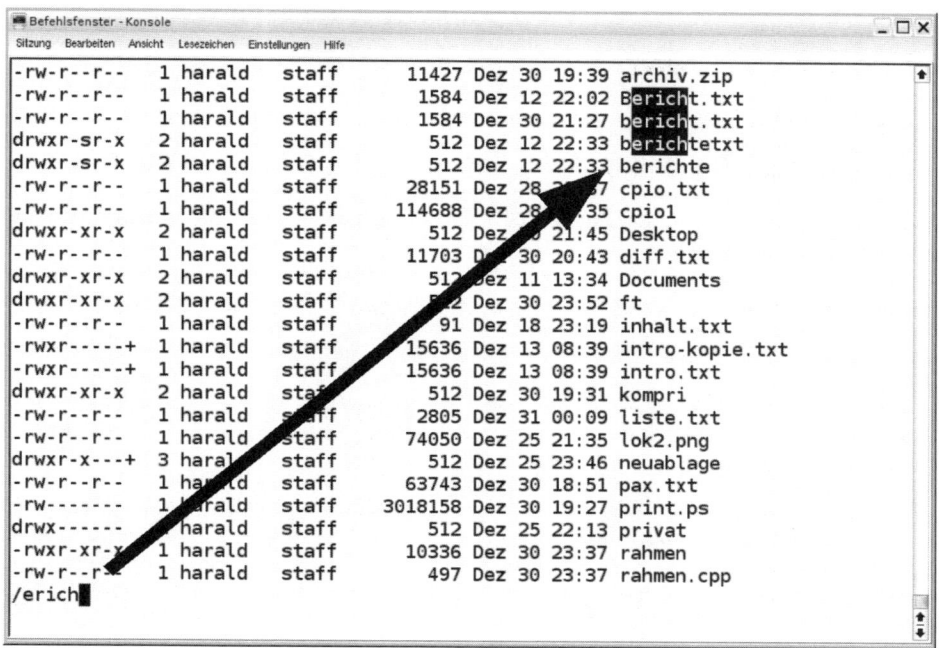

```
Befehlsfenster - Konsole                                                  _ □ x
Sitzung  Bearbeiten  Ansicht  Lesezeichen  Einstellungen  Hilfe
-rw-r--r--   1 harald    staff       11427 Dez 30 19:39 archiv.zip
-rw-r--r--   1 harald    staff        1584 Dez 12 22:02 Bericht.txt
-rw-r--r--   1 harald    staff        1584 Dez 30 21:27 bericht.txt
drwxr-sr-x   2 harald    staff         512 Dez 12 22:33 berichtetxt
drwxr-sr-x   2 harald    staff         512 Dez 12 22:33 berichte
-rw-r--r--   1 harald    staff       28151 Dez 28     7 cpio.txt
-rw-r--r--   1 harald    staff      114688 Dez 28    35 cpio1
drwxr-xr-x   2 harald    staff         512 Dez  9 21:45 Desktop
-rw-r--r--   1 harald    staff       11703 D   30 20:43 diff.txt
drwxr-xr-x   2 harald    staff         51  ez 11 13:34 Documents
drwxr-xr-x   2 harald    staff          2 Dez 30 23:52 ft
-rw-r--r--   1 harald    staff          91 Dez 18 23:19 inhalt.txt
-rwxr-----+  1 harald    staff       15636 Dez 13 08:39 intro-kopie.txt
-rwxr-----+  1 harald    staff       15636 Dez 13 08:39 intro.txt
drwxr-xr-x   2 harald    sta f        512 Dez 30 19:31 kompri
-rw-r--r--   1 harald    s aff        2805 Dez 31 00:09 liste.txt
-rw-r--r--   1 harald    staff       74050 Dez 25 21:35 lok2.png
drwxr-x---+  3 hara d     staff         512 Dez 25 23:46 neuablage
-rw-r--r--   1 ha  ld     staff       63743 Dez 30 18:51 pax.txt
-rw-------   1  rald     staff     3018158 Dez 30 19:27 print.ps
drwx------    harald     staff         512 Dez 25 22:13 privat
-rwxr-xr-x   1 harald    staff       10336 Dez 30 23:37 rahmen
-rw-r--r--   1 harald    staff         497 Dez 30 23:37 rahmen.cpp
/erich
```

Abb. 4.2: Such- und Markierfunktion von `less`

Aktion	Option
Ausgabe Anzahl der Übereinstimmungen	-c
Nur ganze Wörter berücksichtigen	-w
Groß-/Kleinschreibung ignorieren	-i
Nur Dateiname mit Übereinstimmung ausgeben	-l
Alle Nichtübereinstimmungen ausgeben	-v

Tab. 4.16: Wichtige Optionen von `grep`

```
harald@sparc$ grep Hans *
dienstplan.txt:Hans Meier: Abendsprechstunde
telelist.txt:Hans:Meier:Büro:17
```

Aus dem Datenstrom filtern wir mit `grep` wie folgt:

```
harald@sparc$ cat telelist.txt| grep Meier
Hans:Meier:Büro:17
Janin:Meier:Sekretariat:10
```

Auch die Umkehrung der Suchfunktion ist möglich. Die Option `-v` gibt alles aus, was *nicht* dem Suchbegriff entspricht:

```
harald@sparc$ cat telelist.txt| grep -v Meier
```

```
Georg:Müller:Lager:21
Gabi:Bauer:Verkauf:15
::Vermittlung:9
```

4.7.4 Auslesen einzelner Felder von strukturierten Textdateien

Mittels cut (Optionen siehe Tabelle 4.17) lesen wir gezielt einzelne Spalten aus einer strukturierten Textdatei aus.

Tab. 4.17: Optionen von cut

Option	Syntax
Angabe der anzuzeigenden Bytes	-b BYTES
Angabe der anzuzeigenden Zeichen	-c ZEICHEN
Feldtrenner, meistens sind diese Sonderzeichen, die entwertet werden müssen (\)	-d
Angabe der anzuzeigenden Felder	-f FELDE(R)
Multibytezeichen werden nicht gesplittet	-n
Unstrukturierte Zeilen werden nicht ausgegeben (bei -f)	-s

Wir möchten die Spalten 2 und 4 ausgeben lassen:
```
harald@sparc$ cut -d\: -f2,4 telelist.txt
Meier:17
Müller:21
Meier:10
Bauer:15
:9
```

Jemand hat die Telefonliste ergänzt:
```
Telefonliste
------------
Hans:Meier:Büro:17
Georg:Müller:Lager:21
Janin:Meier:Sekretariat:10
Gabi:Bauer:Verkauf:15
::Vermittlung:9
```

Die nicht zur Struktur passende „Überschrift" wird, wenn dies nicht mit der Option -s unterdrückt wird, stets mit ausgegeben:
```
harald@sparc$ cut -d\: -f2,3 neuetele.txt
Telefonliste
------------
Meier:Büro
.........
harald@sparc$ cut -s -d\: -f2,3 neuetele.txt
Meier:Büro
Müller:Lager
.........
```

4.7.5 Suchen und Ersetzen einzelner Zeichen

Speziell für das Suchen und Ersetzen einzelner Zeichen im Datenstrom wird tr eingesetzt. Zusammen mit cut wird man tr oft auch in Shell-Skripten dazu benutzen, aus strukturierten Textdateien ausgelesene Felder ohne den angezeigten Feldtrenner (*Delimiter*) in die Variable zu überführen.

Mit tr lassen sich noch andere Dinge erledigen, die Optionen finden Sie in der Tabelle 4.18.

Tab. 4.18: Wichtige Optionen von tr

Aktion	Option
Angegebenes Zeichen löschen	-d SZEICHEN"
Angegebenes Zeichen ersetzen	-s SZEICHEN-ALTZEICHEN-NEU"
Mehrfach aneinanderliegende gleiche Zeichen zu einem zusammenfassen (mit s)	-sc SZEICHEN"
Besondere Zeichenklassen:	
Kleinbuchstaben	"[:lower:]"
Großbuchstaben	"[:upper:]"

Hinweise und Beispiele zu tr:

• Wir wollen aus der Ausgabe der Nachnamen in der Telefonliste den Feldtrenner (:) löschen:

```
harald@sparc$ cat telelist.txt | cut -d: -f2 | tr -d ":"
Meier
Müller
Meier
Bauer
```

• Wir ersetzen das Feldtrennerzeichen (:) durch das Pipe-Zeichen (|):

```
harald@sparc$ cat telelist.txt | tr -s ":" "|"
Hans|Meier|Büro|17
Georg|Müller|Lager|21
Janin|Meier|Sekretariat|10
Gabi|Bauer|Verkauf|15
|Vermittlung|9
```

• Doppelt folgende Zeichen werden zu einem zusammengefasst!

4.7.6 Umfangreiche Textbearbeitung mit dem Stream-Editor (Auszug)

Mit dem Stream-Editor sed wird Text in der Pipe editiert. Der Editor verfügt über keinerlei Möglichkeiten zur Benutzerkommunikation. Er kann ganze Wörter und Muster bearbeiten. Im Rahmen des Buches kann jedoch auf sed nur auszugsweise eingegangen werden.

Die Tabellen 4.19 und 4.20 listen die wichtigsten Informationen für den Gebrauch auf.

Aktion	Option
Befehle	
Bearbeiten	-e
Ausgabe der restlichen Daten bei Verarbeitung unterdrücken	-n
Angabe einer Skriptdatei	-f

Tab. 4.19: Optionen von sed

Tab. 4.20: Einige Funktionen und Zusatzanweisungen von sed

Anweisung	Angabe
Löschen	'ZEILENUMMERNd'
Suchen und Ersetzen	s'/SUCHBEGRIFF/ERSATZBEGRIFF/ANWEISUNG'
Anweisung zu s	
Ersetzen aller passenden Textstücke	g
Ausgabe geänderter Textpuffer	p
Schreibe in angegebene Datei	w DATEI

Für die Beispiele verwenden wir die Textdatei fuersed.txt mit folgendem Inhalt:

```
Meier Hans, Meier Gerald, Mayer Markus
Müller Dieter, Müller Klaus
Baumgärtner Siegfried, Baumgartl Otto
```

Die Beispiele zeigen einige Praxisbeispiele und manche Tücken von sed auf:

- Beim Suchen und Ersetzen wird ohne weitere Angaben nur bei der ersten übereinstimmenden Textstelle die Änderung vorgenommen (hier: Meier durch Mayer ersetzen, Anzeige nur geänderter Zeilen):

```
harald@sparc$ cat fuersed.txt| sed -ne s'/Meier/Mayer/p'
Mayer Hans, Meier Gerald, Mayer Markus
```

Es muss deshalb in diesem Fall unbedingt die Zusatzanweisung g gesetzt werden:

```
harald@sparc$ cat fuersed.txt| sed -ne s'/Meier/Mayer/gp'
Mayer Hans, Mayer Gerald, Mayer Markus
```

- Zum Erstellen einer neuen, gegenüber dem Original geänderten Textdatei müssen die Option n und die Anweisung p weggelassen werden und die Zieldatei angegeben werden:

```
harald@sparc$ cat fuersed.txt| sed -e s'/Meier/Mayer/gw neue.txt'
Mayer Hans, Mayer Gerald, Mayer Markus
Müller Dieter, Müller Klaus
Baumgärtner Siegfried, Baumgartl Otto
```

- Soll eine Textstelle gelöscht werden, wird *Suchen und Ersetzen* angewandt, nur ohne Ersatzbegriff:

```
harald@sparc$ cat fuersed.txt| sed -ne 's/Meier//'gp
 Hans,  Gerald, Mayer Markus
```

- Als ideale Ergänzung zu `head` oder `tail` ist die Funktion von `sed` zu sehen, mit der man bestimmte Zeilennummern ausgeben kann (hier: Bereich Zeilen 2 bis 4):

```
harald@sparc$ cat telelist.txt| sed -n '2,4p'
Georg:Müller:Lager:21
Janin:Meier:Sekretariat:10
Gabi:Bauer:Verkauf:15
```

- Das Löschen von Zeilen durch Angabe von Zeilennummern ist ebenfalls praktisch für Shell-Skripte:

```
harald@sparc$ cat telelist.txt| sed -e '2,3d'
Hans:Meier:Büro:17
Gabi:Bauer:Verkauf:15
::Vermittlung:9
```

4.7.7 Textspalten zu Gesamtdatei vereinigen

Das automatische Zusammenfügen von Dateien, die jede für sich im Gesamtdokument eine Spalte darstellen, ist öfter notwendig als man denkt. Besonders beim Import/Export von Datenbanken ist manchmal die externe „Montage" für die Importskripte notwendig. Sie müssen nur beachten, dass alle „Teildateien" die gleiche Zeilenanzahl aufweisen.

Das Programm für diese Aufgabe heißt `paste`. Es verfügt nur über zwei Optionen:

`-s`	Fügt die Dateien hintereinander an
`-d FELDTRENNER`	Fügt den angegebenen Feldtrenner anstelle des Tabulatorzeichens ein.

Die Teildateien haben folgenden Inhalt:

```
1.txt   2.txt    3.txt
Mayer   Hans     09999/1111 4.txt
Müller  Günther  08888/2222 5.txt
Schmidt Willi    07777/3333 6.txt
```

> **Hinweis:** Namen für Teildateien (paste)
> Der Dateiname kann als Sortierkriterium der Spaltenanordnung dienen. Sie ersparen sich damit eine einzelne Nennung der Teildateien!

Wir setzen die Dateien ohne weitere Optionen zusammen. Die Spalten werden durch das Tabulatorzeichen getrennt:

```
harald@sparc$ ls ?.txt
1.txt  2.txt  3.txt
harald@sparc$ paste ?.txt
Mayer   Hans     09999/1111
Müller  Günther  08888/2222
Schmidt Willi    07777/3333
```

Wir möchten einen anderen Feldtrenner anstelle des Tabulatorzeichens, hier das Komma:

```
harald@sparc$ paste -d, ?.txt
Mayer,Hans,09999/1111
Müller,Günther,08888/2222
Schmidt,Willi,07777/3333
```

Nunmehr kommen die Teildateien 4.txt ff. zum Einsatz. In diesen liegt je der komplette Datensatz jeder Person. Daraus soll eine Liste entstehen, wie man sie eben für einen Datenbankimport o. ä. benötigt.

Die Möglichkeit, aus Spalten Zeilen zu machen, erhalten wir durch die Option -s.

```
harald@sparc$ paste -d, -s ?.txt
Mayer,Hans,09999/1111
Müller,Günther,08888/2222
Schmidt,Willi,07777/3333
```

4.7.8 Sortierung von Textdateien

Ein- und Ausgabedateien müssen oft sortiert vorliegen. Das Programm sort hilft uns bei dieser Aufgabe. Es kann sowohl Ein- und Ausgabedateien als auch Pipes verarbeiten. Die für den Alltag wichtigen Optionen finden Sie in Tabelle 4.21.

Anweisung	Option	
Umgekehrt sortieren	-r	**Tab. 4.21:**
Zusammensortieren mehrerer Dateien	-m DATEI1 DATEI2 ..	Wichtige Optionen von sort

Für die Beispiele steht folgende Datei staedte.txt bereit:

```
München
Augsburg
Limburg
Regensburg
Essen
Freiburg
```

Rufen wir sort ohne weitere Angabe auf, bekommen wir die Datei normal sortiert:

```
harald@sparc$ sort staedte.txt
Augsburg
Essen
Freiburg
Limburg
München
Regensburg
```

Mit der Option -r ist die Ausgabe umgekehrt sortiert:

```
harald@sparc$ sort -r staedte.txt
Regensburg
München
Limburg
Freiburg
Essen
Augsburg
```

Wir sortieren nunmehr unsere Städtedatei mit einer weiteren (stadt.txt) zusammen.

```
Würzburg
Bremen
München
```

Dabei müssen die Quelldateien vorher selbst in sortierter Form vorliegen. Die Option -m sortiert die Zeilen der einzelnen Dateien zusammen und lässt auch Duplikate zu:

```
harald@sparc$ cat stadt.txt | sort > stadt.txt
harald@sparc$ cat staedte.txt| sort > staedte.txt
harald@sparc$ sort -m staedte.txt stadt.txt
Augsburg
Bremen
Essen
Freiburg
Limburg
München
München
Regensburg
Würzburg
```

Die doppelten Zeilen würden durch die Eingabe von

```
sort -m staedte.txt stadt.txt | uniq
```

unterdrückt, siehe anschließende Ausführungen!

4.7.9 Unterdrückung mehrfach vorhandener Zeilen

Mit uniq werden mehrfach aufeinander folgende gleiche Zeilen gemäß der Optionsangabe (Tabelle 4.22) behandelt. Die Verwendung einer Eingabe- und Ausgabedatei ist möglich.

Aktion	*Option*
Zählen mehrfach wiederholter Zeilen	-c
Unterdrückt die Ausgabe aller mehrfach vorhandenen Zeilen	-u
Gibt nur die mehrfach vorhandenen Zeilen aus	-d

Tab. 4.22: Wichtige Optionen von uniq

Für die Beispiele liegt folgende Datei (un.txt) zugrunde:

```
Hans
Willi
Willi
Hans
```

Nur sofort aufeinander folgende gleichartige Zeilen werden ausgefiltert:

```
harald@sparc$ cat un.txt| uniq
Hans
Willi
Hans
```

4.7.10 Nummerierung von Textdateien

Zur Ausgabe von Quelltexten, Logdateien usw. ist eine Zeilennummerierung gerade für die Kommentierung vorteilhaft. Natürlich kann man die Nummerierung auch zu Zugriffszwecken anbringen. Das Shell-Kommando hierfür lautet nl.

Für die Beispiele wurde in die Datei staedte.txt nachträglich eine Leerzeile eingefügt.

Die wichtigsten Optionen dieses Befehls sind in der Tabelle 4.23 aufgelistet.

Aktion	Stil	Option
Umfang der Nummerierung festlegen		-b
Alle Zeilen nummerieren	a	
Nur Zeilen mit Inhalt nummerieren	t	
Zeilennummerninkrement je Zeile		-iZAHL
Startwert der Nummerierung		-vZAHL
Ausrichtung der Nummerierung		-n
Links	ln	
Rechts	rn	
Rechts, mit führenden 0ern	rz	

Tab. 4.23: Nummerieren mit nl, Optionen

Im Beispiel lassen wir unsere modifizierte Datei staedte.txt nummerieren. Wir wollen alle Zeilen (-ba) in Zehnerschritten (-i10) ab der 10 beginnend (-v10) linksbündig (-nln) mit Nummern versehen:

```
harald@sparc$ nl -ba -i10 -v10 -nln staedte.txt
10      Augsburg
20      Essen
30      Freiburg
40
50      Limburg
60      München
70      Regensburg
```

4.7.11 Ermitteln der Anzahl von Zeichen, Zeilen und Wörtern

Oft benötigen wir die Anzahl der Zeichen, Zeilen oder Wörter zu Kontrollzwecken oder in Shell-Skripten. Mit `wc` führen wir diese Auswertung durch (Tabelle 4.24).

Auswertung	Option
Zeilenzahl	-l
Wortzahl	-w
Zeichenzahl	-c

Tab. 4.24: Optionen von `wc`

Ohne Eingabe einer Option werden alle Werte in der Reihenfolge Zeilen, Wörter, Zeichen ausgegeben. In einer Pipe werden nur die numerischen Werte ohne Dateinamen ausgegeben

```
harald@sparc$ wc -l staedte.txt
      7 staedte.txt
harald@sparc$ cat staedte.txt| wc -l
      7
```

4.7.12 Formatierung überlanger Zeilen bei der Ausgabe

Überlange Zeilen von Textdateien können mit `fold` auf die gewünschte Länge umbrochen werden. Die Option `-b` schneidet nach der angegebenen Länge (ähnlich `cut`) strikt ab, mit den Optionen `-bsw` wird sauber umbrochen, ohne dass Wörter zerstückelt werden.

Den Text der vorherigen Zeilen wollen wir auf 50 Zeichen je Zeile umbrochen haben:

```
harald@sparc$ fold -sbw50 fold.txt
Überlange Zeilen von Textdateien können mit fold
auf die gewünschte Länge umbrochen werden. Die
Option -b  schneidet nach der angegebenen
Längenangabe (ähnlich cut) strikt ab, mit den
Optionen -bsw wird sauber umbrochen, ohne dass
Wörter zerstückelt werden.
```

4.8 Vergleichen von Ausdrücken

Ein sehr komplexes Werkzeug zum Vergleichen von Ausdrücken ist `test`. Dieses Programm wird in zweierlei Schreibweisen angesprochen:

```
test $a
[ $a ]
```

Damit können Sie nicht nur die Inhalte von Variablen prüfen, sondern auch die Eigenschaften von Objekten. Hauptsächlich setzt man `test` in Shell-Skripten bei Verzweigungen ein. Der Exitcode (0 für wahr, 1 für nicht wahr) wird anschließend ausgewertet.

Hier im Buch zeigen wir die Schreibweise mit den eckigen Klammern. Nicht jede gezeigte Möglichkeit ist in jeder Shell vorhanden.

Beim Vergleichen von Zeichenketten empfiehlt es sich, diese stets in " " einzuschließen (direkt oder in Variablen). In der Tabelle 4.25 werden beide zu vergleichenden Zeichenketten als Variable dargestellt.

Tab. 4.25: `test`: Vergleichen von Zeichenketten

Exitcode = 0 wenn...	*Ausdruck*
die Variable $a nicht leer ist	`[ "$a" ]`
die Variable $a leer ist	`[ -z "$a" ]`
die Länge der Zeichenkette in $a nicht 0 beträgt	`[ -n "$a" ]`
der Inhalt der beiden Zeichenketten gleich ist	`[ "$a" = "$b" ]`
der Inhalt der beiden Zeichenketten ungleich ist	`[ "$a" != "$b" ]`

Mit `test` lassen sich ganze Zahlen vergleichen (Tabelle 4.26). Für Komma-Zahlen besteht diese Möglichkeit leider nicht, im Shell-Skript wird man daher solche Zahlen in das Ganze und den Rest aufteilen und ggf. getrennt vergleichen.

> **Hinweis:** Zahlenvergleiche
> Unbelegte Variablen führen zu Fehlermeldungen, ggf. vorher im Skript abfangen!

Exitcode = 0 wenn...	*Ausdruck*
die Werte beider Variablen ...	
gleich sind	`[ $a -eq $b ]`
ungleich sind	`[ $a -ne $b ]`
der Wert von $a ...	
größer ist als der von $b	`[ $a -gt $b ]`
größer oder gleich dem von $b ist	`[ $a -ge $b ]`
kleiner als der von $b ist	`[ $a -lt $b ]`
kleiner oder gleich dem von $b ist	`[ $a -le $b ]`

Tab. 4.26: `test`: Vergleichen ganzer Zahlen

Mit dem `test`-Werkzeug können wir das Vorhandensein, die Eigenschaften und Zeitstempel von Dateien, Links und Verzeichnissen prüfen und vergleichen (Tabelle 4.27 auf der nächsten Seite). Die Optionen `-a`, `-e`, `S`, `-O` und `-G` in den Ausdrücken werden bei `sh` nicht erkannt.

Tab. 4.27: `test`: Vergleich der Eigenschaften von Dateien, Links und Verzeichnissen

Exitcode = 0, wenn...	*Ausdruck*
das Objekt existiert	`[ -a OBJEKT ]`
	`[ -e OBJEKT ]`
Exitcode = 0, wenn das Objekt existiert und ...	
eine Blockgerätedatei ist	`[ -b OBJEKT ]`
eine Zeichengerätedatei ist	`[ -c OBJEKT ]`
ein Verzeichnis ist	`[ -d OBJEKT ]`
eine gewöhnliche Datei ist	`[ -f OBJEKT ]`
das Gruppen-ID-Bit gesetzt ist	`[ -g OBJEKT ]`
das Sticky-Bit gesetzt ist	`[ -k OBJEKT ]`
das UID-Bit gesetzt ist	`[ -u OBJEKT ]`
dessen Größe nicht 0 ist	`[ -s OBJEKT ]`
ein FIFO ist	`[ -p OBJEKT ]`
ein Socket ist	`[ -S OBJEKT ]`
ein symbolischer Link ist	`[ -L OBJEKT ]`
	`[ -h OBJEKT ]`
lesbar ist	`[ -r OBJEKT ]`
schreibbar ist	`[ -w OBJEKT ]`
ausführbar ist	`[ -x OBJEKT ]`
der Abfrage-Prozess denselben Eigentümer aufweisen	`[ -O OBJEKT ]`
der Gruppeneintrag von Datei und Prozess übereinstimmen	`[ -G OBJEKT ]`
Exitcode = 0, wenn das `OBJEKT1` existiert und ...	
neuer als `OBJEKT2` ist	`[ OBJEKT1 -nt OBJEKT2 ]`
älter als `OBJEKT2` ist	`[ OBJEKT1 -ot OBJEKT2 ]`
`OBJEKT2` sich auf dasselbe Objekt bezieht	`[ OBJEKT1 -ef OBJEKT2 ]`

Auch Ausdrücke können miteinander verglichen werden (Tabelle 4.28).

Tab. 4.28: `test`: Vergleichen von Ausdrücken

Exitcode = 0 wenn...	*Ausdruck*
`AUSDRUCK1` und `AUSDRUCK2` wahr sind	`[ AUSDRUCK1 -a AUSDRUCK2 ]`
`AUSDRUCK1` oder `AUSDRUCK2` wahr ist	`[ AUSDRUCK1 -o AUSDRUCK2 ]`

Bei den Beispielen lassen wir uns den Exitcode ausgeben. In der Shell-Skriptpraxis benötigt man dies nicht, hier wird `test` mit den `if`-Anweisungen zusammen verwendet, welche ihn selbst auslesen.

Wir prüfen, ob die Datei `diff.txt` im aktuellen Verzeichnis existiert:

```
harald@sparc$ [ -e diff.txt ]; echo $?
0
```

Sie existiert.

Jetzt prüfen wir, ob die Datei `diff.txt` *und* `diff-a.txt` im aktuellen Verzeichnis existieren:

```
harald@sparc$ [ -e diff.txt  -a -e diff-a.txt ]; echo $?
1
```

Eine der beiden Dateien existiert nicht.

Wir sehen nach, ob der Wert der Variablen $a 3, der der Variablen $b Hans lautet:

```
harald@sparc$ a=3; b="Hans"
harald@sparc$ echo $a $b
3 Hans
harald@sparc$ [ $a -eq 3 ]; echo $?
0
harald@sparc$ [ "$b" = "Hans" ]; echo $?
0
```

4.9 Benutzerkommandos für das Drucken

4.9.1 Druckkommandos absetzen

Die hier gezeigten Druckkommandos müssen Sie manchmal auch in der Konfiguration von Anwendungen für die grafische Benutzeroberfläche angeben.

Mit dem `lpr`-Befehl können wir eine Datei im Text-, PDF- oder Postskriptformat direkt ausdrucken. Einige für unsere tägliche Arbeit wichtige Optionen sind in der Tabelle 4.29 aufgelistet.

Aktion	Option
Ausgabedrucker bestimmen	`-P DRUCKER`
Anzahl der Kopien angeben	`-# ZAHL`
Mail senden nach erfolgtem Ausdruck	`-m`

Tab. 4.29: Wichtige Optionen von `lpr`

Wir drucken eine Datei mit Angabe des Zieldruckers aus:

```
harald@sparc$ lpr -P fs1900 rahmen.cpp
```

Sie können auch mehrere Dateien (maximal 52) mit einem Befehl für den Ausdruck aufrufen.

Mehrfachausdrucke und eine Benachrichtigung bei Fertigstellung der Ausdrucke erhalten wir durch die Eingabe von:

```
harald@sparc$ lpr -m -#2 -P fs1900 rahmen.cpp
```

Die Möglichkeit, sich per E-Mail vom erfolgreichen Ausdruck benachrichtigen zu lassen, ist besonders bei langwierigen Druckarbeiten sinnvoll. Wenn der Drucker nicht im selben Raum steht, ist es ebenfalls eine komfortable Arbeitshilfe und verschont den Anwender vor unnötigen Wegen. So eine Benachrichtigung hat folgenden Text:

```
Subject: Status of lp request fs1900-23
Content-Length: 185

Your request fs1900-23 destined for fs1900

The job title was:      23-1
    submitted from:     sparc
                at:     Thu Feb  1 19:07:44 2007

has completed successfully on printer fs1900.
```

4.9.2 Druckjobs abfragen

Die Druckwarteschlange fragen wir mit lpq ab. Die Option -P DRUCKER wählt das Zielgerät aus.

```
harald@sparc$ lpq -Pfs1900
fs1900 is ready and printing
Rank    Owner   Job     File(s)                         Total Size
active  harald  7       7-1                             94275 bytes
```

Mit einer weiteren Option (+ SEKUNDEN) kann man die Anzeige solange wiederholen lassen, bis die Warteschlange aufgelöst ist.

```
harald@sparc$ lpq -Pfs1900 +2
fs1900 is ready and printing
Rank    Owner   Job     File(s)                         Total Size
active  harald  22      22-1                            497 bytes
```

Bei mehreren Aufträgen sieht man die Reihenfolge der Abarbeitung. Wichtig für das Abbrechen oder die Prioritätenänderung ist die Jobnummer, die wir mit lpq ebenfalls ausgegeben bekommen.

4.9.3 Duckaufträge abbrechen

Jeder Benutzer kann nur seine eigenen Druckaufträge abbrechen. Dies geschieht mittels lprm. Sie geben den Drucker (-P DRUCKER) und die Jobnummer ein.

```
harald@sparc$ lpr -P fs1900 a4.pdf
harald@sparc$ lpq -P fs1900
fs1900 is ready and printing
Rank    Owner   Job    File(s)                          Total Size
active  harald  24     24-1                             94275 bytes
harald@sparc$ lprm -Pfs1900 24
fs1900-24: cancelled
```

4.9.4 Abfrage des Drucker-Warteschlangenzustands

Mit `lpc status` bzw. `lpc status` DRUCKERNAME können Sie ermitteln, ob der Druck-Daemon arbeitet und die Warteschlange nicht gestoppt wurde. Weitere `lpc`-Kommandos kann nur `root` oder ein entsprechend privilegierter Benutzer ausführen.

Zuerst sehen wir ein Beispiel, bei dem die Warteschlange und der Drucker aktiv sind und keine Einträge vorhanden sind.

```
harald@sparc$ lpc status fs1900
fs1900:
        Warteschlangenfunktion ist aktiviert
        Drucken ist aktiviert
        Keine Einträge
```

Hier liegt nun eine deaktivierte Warteschlange samt Drucker vor. Nur `root` oder ein anderer, privilegierter Benutzer kann die Aktivierung vornehmen.

```
harald@sparc$ lpc status fs1900
fs1900:
        Warteschlangenfunktion ist deaktiviert
        Drucken ist deaktiviert
        Keine Einträge
```

4.10 Netzwerk-Kommandos für Benutzer

Einige Netzwerk-Kommandos sind auch für den gewöhnlichen Solaris-Anwender nützlich.

4.10.1 Rechner-Erreichbarkeit prüfen

Mit dem `ping`-Kommando können Sie prüfen, ob ein anderer Rechner im Netzwerk erreichbar ist, vorausgesetzt er ignoriert die Anfrage (aus Sicherheitsgründen) nicht.

Das Kommando müssen wir als gewöhnlicher Benutzer mit der gezeigten Pfadangabe aufrufen, da die Anwendungen in `/usr/sbin` eigentlich nicht für alle Anwender vorgesehen sind.

Sie können den gewünschten Rechner mit der IP-Adresse oder seinem Namen ansprechen.

Zunächst „pingen" wir einen Rechner mit seiner IP-Adresse an:

```
harald@sparc$ /usr/sbin/ping 192.168.0.4
no answer from 192.168.0.4
```

Dieser Rechner war nicht erreichbar.

Wir versuchen es bei einem anderen:

```
harald@sparc$ /usr/sbin/ping 192.168.0.204
192.168.0.204 is alive
```

Wir sprechen einen Rechner mit seinem Namen an:

```
harald@sparc$ /usr/sbin/ping fbsd61
fbsd61 is alive
```

Wir sehen hier zweierlei. Der Rechner ist erreichbar, und gleichzeitig funktioniert die Auflösung des Namens zur IP-Adresse richtig.

Die Fehlermeldung des letzten Beispiels sagt daher nur aus, dass diese Namensauflösung nicht funktioniert. Hier kann ein Eintrag in der lokalen Datei /etc/hosts oder beim Nameserver fehlerhaft oder nicht vorhanden, genauso kann der Nameserver selbst ausgefallen sein. Ob der angepingte Rechner erreichbar ist, wissen wir nicht. In diesem Falle müssten wir es noch einmal mit der IP-Adresse direkt versuchen.

```
harald@sparc$ /usr/sbin/ping fbsd62
/usr/sbin/ping: unknown host fbsd62
```

4.10.2 Secure-Shell-Fernsitzung

Mittels ssh können wir uns an einem entfernten Rechner anmelden. Das Kommando kann auch zur Anmeldung am eigenen Rechner benutzt werden, um die Benutzeridentität zu wechseln (anstelle von su). Wir benötigen für eine erfolgreiche Anmeldung zusätzlich den Namen des Benutzers am anderen System sowie entweder die IP-Adresse oder den Namen des entfernten Rechners.

Beim erstmaligen Aufbau erscheinen recht kryptisch anmutende Meldungen wegen der Schlüssel. Im Normalfall können Sie mit „yes" oder „ja" (je nach Anzeigesprache des Programms) bestätigen. Es wird auch dargestellt, wie ein vom Standard abweichender Port anzugeben ist (Option -p PORTNUMMER):

```
harald@sparc$ ssh -p 7155 harald@tm240
Die Authentizität von Host 'tm240 (192.168.0.240)' kann nicht festgestellt ⤸
werden.
DSA Schlüssel-Fingerabdruck lautet 55:a4:6f:5b:8b:4e:4b:27:24:1d:6e:33:7c ⤸
:89:11:8a.
Soll die Verbindung wirklich fortgesetzt werden (ja/nein)? ja
Warnung: 'tm240,192.168.0.240' (DSA) wurde der Liste der bekannten Hosts ⤸
dauerhaft hinzugefügt
Password: *******
harald@tm240
```

Wenn allerdings eine andere, ähnliche Fehlermeldung erscheint und auf vorhandene Schlüssel hinweist, muss der alte Schlüssel unter `.ssh/known_hosts` entfernt werden. Dies ist der Fall, wenn ein Rechner neu installiert und deshalb andere Schlüssel erzeugt wurden. In anderen Fällen befragen Sie unbedingt Ihren Systembetreuer oder Sicherheitsspezialisten.

Sind die Schlüssel bereits hinterlegt, so fällt die Anmeldung am Bildschirm kürzer aus:

```
$ ssh harald@sparc
Passwort: ******
Last login: Mon Jan  1 20:25:37 2007 from fbsd61.xxxxxxxx.de
harald@sparc$
```

Im geschützten lokalen Netz können Sie auch Anwendungen der grafischen Benutzeroberflächen des entfernten Rechners ausführen, wenn Ihr Arbeitsplatz über ein laufendes X11 verfügt (also kein reines Textterminal). Für diese Display-Umleitung lautet die Option `-X`:

```
harald@sparc$ ssh -X harald@fbsd61
Passwort: ******
```

Sie können dann eine grafische Anwendung am entfernten Rechner starten (Abbildung 4.3).

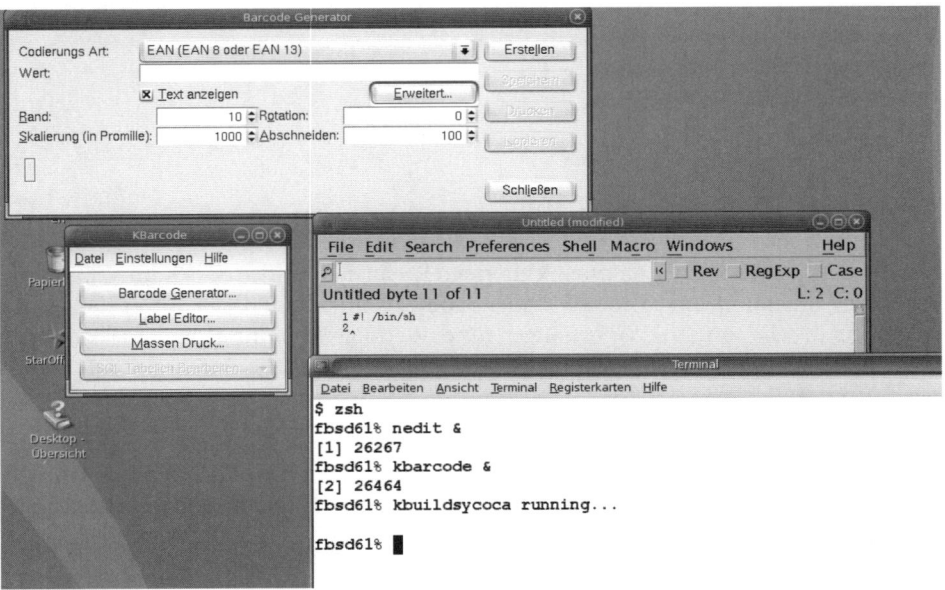

Abb. 4.3: `ssh`: Fernsitzung mit Display-Umleitung

Hinweis: telnet
Von der Benutzung von `telnet` wird abgeraten. Der gesamte Datenverkehr wird offen abgewickelt, es ist ein Leichtes, dort mitzulesen und Daten auszuspähen!

4.10.3 Daten verschlüsselt im Netzwerk transportieren

Mit scp können wir eine oder mehrere Dateien bzw. ein ganzes Verzeichnis von einem Rechner zum anderen verschlüsselt kopieren.

Die für uns wichtigen beiden Optionen sind

-r   Wird zur Übertragung eines Verzeichnisses benötigt
-P PORT Angabe bei vom Standard (Port 22) abweichendem Port

Im Beispiel finden Sie beide Optionen „verbaut". Wir senden ein ganzes Verzeichnis (archiv) an den entfernten Rechner, dessen ssh-Daemon auf dem Port 7155 lauscht:

```
harald@sparc$ scp -P 7155 -r archiv harald@tm240:/usr/home/harald
Password: *******
Bericht.txt          100% |******************| 1584          00:00
bericht.txt          100% |******************|   12          00:00
intro.txt            100% |******************| 15636         00:00
........................
```

Vom selben Rechner holen wir uns eine Datei auf die sparc:

```
harald@sparc$ scp -P 7155 harald@tm240:/usr/home/harald/info.txt .
Password: *******
info.txt             100% |*****************************| 170          00:00
```

Während scp nur für die Dauer der Übertragung eine Sitzung begründet, halten wir mit sftp eine dauerhafte Verbindung.

Eine abweichende Portnummer muss hier über die Option -oPort=7155 mitgeteilt werden. Wir bauen also unsere Verbindung zum Rechner tm240, der über einen abweichenden Port verfügt, auf:

```
harald@sparc$ sftp -oPort=7155 harald@tm240
Verbindung zu tm240...
Password: ********
sftp>
```

Wir haben den sftp-Prompt erhalten und können nun unsere Kommandos absetzen. Die wichtigsten finden Sie in der Tabelle 4.30 auf der nächsten Seite aufgeführt.

Wir senden und holen je eine Datei und beenden die Sitzung:

```
sftp> put acldatei1.txt
Heraufladen von acldatei1.txt auf /usr/home/harald/acldatei1.txt
sftp> get liste.txt
Abrufen von /usr/home/harald/liste.txt nach liste.txt
sftp> quit
harald@sparc$
```

Bei sftp ist es auch möglich, die Kommandos in einer Stapelverarbeitungsdatei (stapel) zu hinterlegen. Hierzu erstellen wir die Datei mit den Anweisungen:

```
mput acl*txt
get liste.txt
```

Tab. 4.30: `sftp`-Kommandos

Aktion	Befehl
Verzeichnisse	
Inhalt auflisten (ausf.: -1)	`ls SUCHMUSTER`
W. o., lokal	`lls SUCHMUSTER`
Arbeitsverzeichnis ändern	`cd VERZEICHNIS`
W. o., lokal	`lcd VERZEICHNIS`
Name des aktuellen Verzeichnisses anzeigen	`pwd`
W. o., lokal	`lpwd`
Verzeichnis anlegen	`mkdir VERZEICHNIS`
W. o., lokal	`lmkdir VERZEICHNIS`
Verzeichnis löschen	`rmdir VERZEICHNIS`
Verzeichnis umbenennen	`rename ALT NEU`
Dateien	
Einzelne Datei herunterladen	`get DATEI`
Mehrere Dateien herunterladen	`mget SUCHMUSTER`
Einzelne Datei hochladen	`put DATEI`
Mehrere Dateien hochladen	`mput SUCHMUSTER`
Umbenennen	`rename ALT NEU`
Löschen	`rm DATEINAME`
Rechte ändern	`chmod NNN DATEINAME`
Link	
Setzen	`symlink QUELLE ZIEL`
Löschen	`rm LINKNAME`
Rechte	
Setzen lokal	`lumask NNN`
Shell	
Kommando lokal ausführen	`!SHELLBEFEHL`
Auf lokale Shell wechseln, mit `exit` gelangt man wieder in den `sftp`-Client zurück	`!`
Client	
Kommandos auflisten, Hilfe	`help`
Beenden	`exit` oder `quit`

Wir starten den Client mit der Option -b DATEINAME:

```
harald@sparc$ sftp -oPort=7155 -b stapel harald@tm240
Verbindung zu tm240...
Password: ******
sftp> mput acl*txt
Heraufladen von acldatei.txt auf /usr/home/harald/acldatei.txt
Heraufladen von acldatei1.txt auf /usr/home/harald/acldatei1.txt
Heraufladen von acldatei2.txt auf /usr/home/harald/acldatei2.txt
sftp> get liste.txt
Abrufen von /usr/home/harald/liste.txt nach liste.txt
sftp>
harald@sparc$
```

4.10.4 Weitere Möglichkeiten der SSH-Nutzung

Mittels ssh können wir auch Ein- und Ausgaben von Programmen innerhalb einer Pipe von einem Rechner zum anderen leiten:

Im Beispiel fügen wir eine Datei an eine bestehende am Zielrechner an:

```
harald@sparc$ cat log.txt | ssh -p7155 harald@tm240 "cat >> sammellog.txt"
Password: ******
```

4.10.5 Zusätzlicher Schlüssel für erhöhte Sicherheit

Mit der Hinterlegung eines privaten Schlüssels am Zielrechner unterbleibt die Übertragung des Kennwortes über die Tastatur. Vielmehr geben wir nun lokal ein zusätzliches Kennwort ein, welches dann erst den Verbindungsaufbau ermöglicht.

Um diese Funktionalität zu erhalten, sind folgende Schritte notwendig:

• Erzeugen eines Schlüssels mit ssh-keygen:
  Wir müssen den Schlüsseltyp, hier im Beispiel dsa angeben. Wir werden aufgefordert, die Passphrase, also das „lokale" Kennwort, einzugeben. Die erzeugten Schlüssel werden im Verzeichnis .ssh des Benutzers abgelegt. Wir haben jetzt einen öffentlichen (id_xxx.pub) und einen privaten Schlüssel (id_xxx).

```
harald@sparc$ ssh-keygen -t dsa
public/private dsa-Schlüsselpaar wird generiert.
Geben Sie die Datei an, in welcher der Schlüssel gespeichert werden soll (/⟩
home/harald/.ssh/id_dsa):
Geben Sie den Kennsatz ein (leer lassen, falls kein Kennsatz verwendet wird):
Geben Sie denselben Kennsatz erneut ein:
Ihre Identifikationsangaben wurden in /home/harald/.ssh/id_dsa gespeichert.
Ihr öffentlicher Schlüssel wurde in /home/harald/.ssh/id_dsa.pub gespeichert.
Der Fingerabdruck des Schlüssels lautet:
cd:19:01:a7:c9:78:8b:86:01:04:a1:c9:e4:61:d1:e1 harald@sparc
```

• Öffentlichen Schlüssel in der Datei authorized_keys im entfernten .ssh-Verzeichnis anfügen:

```
harald@sparc$ cat id_dsa.pub| ssh harald@fbsd61 "cat >> .ssh/authorized_keys"
Password:*******
```

- Bauen Sie jetzt die Verbindung zum entfernten Rechner auf. Die Kennwortanforderung sieht nun anders aus:

```
harald@sparc$ ssh harald@fbsd61
Geben Sie den Kennsatz für den Schlüssel '/home/harald/.ssh/id_dsa' ein: ⟩
********
$
```

4.10.6 Schlüsselbasierte, kennwortfreie Anmeldung benutzen

Zur automatischen, bedienerlosen Abwicklung von Aufgaben ist es möglich, die Identifikation nur mittels Schlüssel vorzunehmen. Dies sollte allerdings nicht in einem öffentlich zugänglichen Netzwerk eingesetzt werden. Ein Beispiel ist die Übermittlung von Daten, wenn z. B. kein NFS zur Verfügung steht.

Grundsätzlich gehen Sie genauso vor wie unter Kapitel 4.10.5 auf der vorherigen Seite beschrieben. Die einzige Abweichung hiervon ist, dass Sie kein Kennwort vergeben.

Überprüfen können Sie dies einfach. Versuchen Sie eine ssh-Anmeldung. Sie werden ohne Kennwortaufforderung am Zielsystem angemeldet. Hier in unserem Beispiel haben wir auf dem Rechner solx86 die Schlüssel erzeugt und auf sparc den öffentlichen an die Datei .ssh/authorized_keys angefügt. Zum Schluss findet der besagte Funktionstest statt:

```
solx86% ssh harald@sparc
Last login: Tue Jan  2 10:06:02 2007 from solx86.zislers.
harald@sparc$
```

Kennwortfrei funktionieren jetzt auch scp und sftp. Der Schlüssel muss allerdings mit aller Macht vor unbefugtem Zugriff geschützt werden!

Noch weiter vereinfacht wird die entfernte Anmeldung, indem in einer weiteren Konfigurationsdatei notwendige Angaben hinterlegt werden. Die Datei .ssh/config im Benutzerverzeichnis hat folgenden Aufbau:

```
HOST KÜRZEL
        Hostname RECHNERNAME
        User  BENUTZER
```

Soll ein SSH-Tunnel aufgebaut werden, kommen noch folgende Einträge hinzu:

```
        LocalForward  PORT localhost:PORT
        LocalForward  PORT localhost:PORT
```

Für jeden entfernten Rechner sind diese Einträge vorzunehmen. Wir überprüfen nun den Verbindungsaufbau manuell. Unsere Datei .ssh/config hat nur folgenden Inhalt:

```
Host sparc
        Hostname sparc
        User harald
```

Die Anmeldung läuft nunmehr ohne die Angaben von Benutzer und Host ab:

```
solx86% ssh sparc
Last login: Tue Jan  2 10:27:59 2007 from solx86.zislers.
harald@sparc$
```

4.11 Prozessverwaltung

Wir unterscheiden zwei Prozessverwaltungen: jene der Shell selbst und die des Betriebssystems.

4.11.1 Jobverwaltung der Shell

Mit der „kleinen" Jobsteuerung (Tabelle 4.31) der Shell können wir Programme im Hintergrund starten oder dorthin treten lassen und nach „vorne" holen.

Dies benötigen wir vor allen dann, wenn uns für die Arbeit am Rechner ein einziges Terminal zur Verfügung steht und mehrere Anwendungen möglichst gleichzeitig arbeiten sollen. Jede Anwendung belegt aber normalerweise das Terminal für sich.

Aktion	*Steuerungsanweisung*	
Anwendung suspendieren	`STRG-z`	
Jobs auflisten	`jobs`	
Job in den Hintergrund setzen	`bg %JOBNUMMER`	
Job im Vordergrund weiter ausführen	`fg %JOBNUMMER`	
Job im Vordergrund abbrechen/beenden	`STRG-c`	**Tab. 4.31:** Jobverwaltung
Job im Hintergrund starten	`AUFRUF &`	der Shell

Zur Demonstration stehen uns zwei kleine Shell-Skripte zur Verfügung. Eines davon (`skript.sh`) läuft „endlos", aber nach einigen Sekunden wartet es auf eine Eingabe von uns. Das andere (`anwendung2.sh`) läuft ohne Benutzerabfrage.

Wenn wir die Skripte starten, erhalten wir folgende Ausgabe:

```
harald@sparc$ sh skript.sh
Job läuft: -> Tue Jan  2 13:56:24 CET 2007
Weiter [ENTER] -> (ENTER)
Job läuft: -> Tue Jan  2 13:56:30 CET 2007
Weiter [ENTER] -> (ENTER)
```

```
harald@sparc$ sh anwendung2.sh
Anwendung 2 läuft: -> Tue Jan  2 17:35:08 CET 2007
Anwendung 2 läuft: -> Tue Jan  2 17:35:13 CET 2007
```

So steuern Sie Ihre Shell-Jobs:

- Anwendungen werden mit `STRG-z` von der Ausführung abgesetzt:

```
harald@sparc$ ./skript.sh
Job läuft: -> Tue Jan  2 17:41:15 CET 2007
Weiter [ENTER] ->
Job läuft: -> Tue Jan  2 17:41:22 CET 2007
^Z
zsh: suspended  ./skript.sh
```

- Anwendungen werden mit jobs aufgelistet. Die Jobnummer finden Sie in der eckigen Klammerung:

```
harald@sparc$ jobs
[1]  + suspended   ./skript.sh
```

- Ein Job wird durch die Anweisung fg %JOBNUMMER wieder in den Vordergrund geholt:

```
harald@sparc$ fg %1
[1]  + continued   ./skript.sh
Weiter [ENTER] ->
```

- Anwendungen werden mit STRG-c beendet:

```
Weiter [ENTER] -> ^C
harald@sparc$
```

- Interaktive Anwendungen können nur suspendiert werden, aber nicht im Hintergrund laufen:

```
harald@sparc$ ./skript.sh &
[1] 870
harald@sparc$ Job läuft: -> Tue Jan  2 20:05:14 CET 2007
Weiter [ENTER] ->
[1]  + suspended (tty input)  ./skript.sh
```

- Nicht interaktive Anwendungen können im Hintergrund weiterlaufen – hierzu dient der Aufruf bg:

```
harald@sparc$ ./anwendung2.sh
Anwendung 2 läuft: -> Tue Jan  2 20:07:01 CET 2007
Anwendung 2 läuft: -> Tue Jan  2 20:07:06 CET 2007
^Z
zsh: suspended  ./anwendung2.sh
harald@sparc$ bg %1
[1]  + continued   ./anwendung2.sh
harald@sparc$ Anwendung 2 läuft: -> Tue Jan  2 20:07:12 CET 2007

harald@sparc$
```

Man sieht hier in den letzten Zeilen des Beispiels, dass das Terminal bei laufender Anwendung benutzbar ist.

In der Jobverwaltung werden diese Jobs als „running" angezeigt:

```
harald@sparc$ jobs
[1]  + running    ./anwendung2.sh
```

- Nicht interaktive Anwendungen kann man zusammen mit dem Zeichen & im Hintergrund starten:

```
harald@sparc$ ./anwendung2.sh &
[1] 1054
harald@sparc$ Anwendung 2 läuft: -> Tue Jan  2 20:12:00 CET 2007
jobs
[1]  + running    ./anwendung2.sh
```

4.11.2 Prozesse abfragen

Die Grundlagen der Prozesse finden Sie im Kapitel 5 genauer erklärt. Der Benutzer kann manchmal in die Lage kommen, sich um die Verwaltung seiner eigenen Prozesse außerhalb der Jobsteuerung der Shell zu kümmern.

Für die Prozessverwaltung stehen auch dem nichtpriviligierten Benutzer die in Tabelle 4.32 genannten Aufrufe zur Verfügung.

Tab. 4.32: Befehle der Prozessverwaltung

Aufgabe	Kommando
Auflisten von aktiven Prozessen	ps
Auflisten von aktiven Prozessen nach Suchmuster	pgrep
Auflisten eines Prozessteilbaumes	ptree
Anzeigen der Hauptspeicherbelegung durch einen Prozess	pmap
Anzeigen der Signalbehandlung eines Prozesses	psig
Laufende Prozessanzeige	prstat
Prozess Signal senden	kill
Prozesse nach Suchmuster beenden	pkill
Unterbrechungssignale in Shell-Skripten abfangen	trap
Beim Start Priorität zuweisen	nice
Priorität ändern	renice
Ausführungsdauer protokollieren	time

Mit ps listet man teilweise oder ganz die aktuelle Prozesstabelle auf. Die wichtigsten Optionen finden Sie in Tabelle 4.34 auf Seite 163 beschrieben, die Bedeutung der einzelnen Spalten in Tabelle 4.33 auf der nächsten Seite.

Tab. 4.33: Bedeutung der Spaltenkürzel in der Ausgabe von `ps`

Spalte	Inhalt
ADDR	Speicheradresse des Prozesses
C	CPU-Belastung durch den Scheduler, in Solaris 10 ohne Bedeutung
CLS	Angabe der Prozessklasse (SY, TS, IA, RT)
CMD	Vollständige Angabe des Befehls
F	Prozesskennzeichen/Flags, die heute bedeutungslos sind
LWP	PID eines Light-Weight-Prozesses
NI	Nice-Wert, Angabe für die Prioritätsberechnung von Timesharing-Prozessen
NLWP	Zahl der Light-Weight-Prozesse innerhalb eines Prozesses
PGID	Angabe der PID des Erzeugers einer Prozessgruppe
PID	Prozessidentifikationsnummer, zum Ansprechen des Prozesses
PPID	ID des Elternprozesses
PRI	Priorität des Prozesses
PSR	Prozessor, auf welchem (angegebener) Prozess läuft
S	Prozessstatus, Prozess …
	0 - wird derzeit in der CPU ausgeführt
	R - ist laufbereit (`runable`) und wartet auf die Zuteilung der CPU
	S - schläft, wartet auf Ereignis
	T - ist angehalten, z. B. durch die Jobsteuerung der Shell
	Z - Prozess selbst ist beendet, Elternprozess wartet nicht, Zombie
SID	PID des Startprozesses einer Prozessgruppe
STIME	Startzeitpunkt des Prozesses in Stunden, Minuten, Sekunden
SZ	Angabe der Gesamtspeicherbelegung des Prozesses im Speicher, mit allen Dateien und Geräten, in Speicherseiten
TIME	CPU-Zeit-Verbrauch des Prozesses
TTY	Kontrollierendes Terminal eines Prozesses. Ein Daemon ist mit einem ? gekennzeichnet.
UID	Ausgabe der UID, welche den Prozess gestartet hat
WCHAN	ID eines Prozesses, der auf den aktuellen wartet, nicht bei laufenden Prozessen
ZONE	Angabe der Zone, zu der der Prozess gehört

Tab. 4.34: Optionen von ps

Ausgabe von ...	Option
Auflistung aller aktiven, also nicht wartenden Prozesse	-A
Auflistung aller Prozesse, deren Eigentümer der angegebenen Gruppe angehören	-G GID
Auflistung von weiteren Informationen von Light-Weight-Prozessen, welche von einem Prozess verwendet werden	-L
Ausgabe des Prozessors, auf dem Prozess läuft	-P
Auflistung aller Prozesse, die der angegebenen realen UID gehören	-U UID
Ausgabe der Zone, zu der der Prozessor gehört	-Z
Alle über ein Terminal kontrollierte Prozesse	-a
Formatierte Auflistung mit Scheduler-Angaben	-c
Auflistung aller Prozesse, ohne kontrollierende	-d
wie -A	-e
Ausführliche Prozessauflistung	-f
Auflistung aller Prozesse einer Prozessgruppe, die zur angegebenen PID gehören	-g PID
Ausgabe der Sitzungs- und Prozessgruppennummer	-j
Sehr ausführliche Prozessauflistung	-l
Vom Benutzer bestimmtes Ausgabeformat, siehe Tabelle 4.35	-o FORMAT
Informationen über eine oder mehrere angegebene PIDs	-p PID
Auflistung aller Prozesse, die zur SID gehören	-s SID
Auflistung aller Prozesse, die dem angegebenen Terminal zugeordnet sind	-t TERMINAL
Auflistung aller Prozesse, die der angegebenen effektiven UID gehören	-u UID
Lässt bei Option -l die Spalten F und ADDR entfallen, dafür Anzeige von RSS in kB	-y

Die Option -o verwendet kleingeschriebene, teilweise abweichende Anweisungen gegenüber den Spaltennamen der Ausgabe von ps (Tabelle 4.35).

Tab. 4.35: Spaltenangaben für ps -o SPALTE

Schlüsselwort	Feldname (ps)	Schlüsselwort	Feldname (ps)
addr	ADDR	pri	PRI
args	COMMAND	project	PROJECT
c	C	projid	PROJID
class	CLS	psr	PSR

Tab. 4.35: (Fortsetzung): Spaltenangaben für ps -o SPALTE

comm	COMMAND	rgid	RGID
ctid	CTID	rgroup	RGROUP
etime	ELAPSED	rss	RSS
f	F	ruid	RUID
fname	COMMAND	ruser	RUSER
gid	GID	s	S
group	GROUP	sid	SID
lwp	LWP	stime	STIME
nice	NI	taskid	TASKID
nlwp	NLWP	time	TIME
opri	PRI	tty	TT
osz	SZ	uid	UID
pcpu	%CPU	user	USER
pgid	PGID	vsz	VSZ
pid	PID	wchan	WCHAN
pmem	%MEM	zone	ZONE
ppid	PPID	zoneid	ZONEID

Die einfache Abfrage ohne weitere Optionen listet alle Prozesse auf, die wir selbst nach unserer Anmeldung gestartet haben. Wichtig, falls einmal ein Prozess „mit sanfter Gewalt" beendet werden muss, ist die PID:

```
harald@sparc$ ps
    839 pts/1      0:00 anwendun
    638 pts/1      0:00 zsh
    842 pts/1      0:00 sleep
    843 pts/1      0:00 ps
```

Wir möchten alle Prozesse aufgelistet haben, die uns gehören. Ihre numerische Benutzer-ID erhalten Sie mit id.

```
harald@sparc$ ps -u 100
    PID TTY        TIME CMD
    839 pts/1      0:00 anwendun
    638 pts/1      0:00 zsh
    862 pts/1      0:00 sleep
    636 ?          0:00 sshd
    864 pts/1      0:00 ps
```

Hier sehen wir auch, dass wir einen SSH-Daemon-Prozess besitzen.

Eine sehr auführliche Übersicht erhalten wir mit ps -ly:

```
harald@sparc$ ps -ly
S    UID   PID  PPID  C PRI NI    RSS     SZ  WCHAN TTY    TIME CMD
S    100   839   638  0  55 25   1048   1336     ? pts/1  0:00 anwendun
S    100   638   636  0  50 20   2456   3960     ? pts/1  0:00 zsh
S    100  1312   839  0  55 25    888   1240     ? pts/1  0:00 sleep
O    100  1313   638  0  50 20   1048   1376       pts/1  0:00 ps
```

Diese umfangreiche Ausgabe enthält folgende Informationen:

• Die ersten 3 Prozesse warten auf ein Ereignis, der 4. belegt gerade die CPU.

• Alle Prozesse gehören dem Benutzer mit der UID 100.

• In der nächsten Spalte sind die Prozess-IDs aufgelistet, in der folgenden die dazugehörenden Elternprozesse.

• Die Angaben in Spalte C sind ohne Belang (historisches Überbleibsel).

• Die Prioritäten der einzelnen Prozesse, je höher der Wert ist, desto geringer ist die Dringlichkeit.

• Daneben finden Sie den nice-Wert. Er legt beim Programmstart die künftige Priorität fest. Je höher dieser Wert ist, desto niedriger wird die Priorität festgelegt.

• Für die Prozesse wird die RSS (Resident Set Size) in kB angegeben. Das ist der Teil des Prozesses, der im Hauptspeicher angesiedelt ist.

• Die SZ-Spalte zeigt die Gesamtspeicherbelegung des Prozesses an.

• In unserem Falle wartet kein Prozess auf einen anderen, so dass bei WCHAN keine Einträge vorliegen.

• Alle angezeigten Prozesse sind dem Terminal pts/1, welches in diesem Falle ein „Pseudoterminal" ist, zugeordnet.

• Die kleinen Shell-Jobs haben nur so wenig CPU-Zeit in Anspruch genommen, dass ps sie nicht nachweist.

• Schließlich finden wir die Anwendungen und davon gestartete weitere Prozesse.

Eine eigene Übersicht können Sie sich mit der Option -o SPALTEN zusammenstellen:

```
harald@sparc$ ps -o uid,gid,tty,pid,comm
 UID   GID TT      PID COMMAND
 100    10 pts/1  1879 -zsh
 100    10 pts/1  2630 ps
```

Mit pgrep verfügen wir über ein Werkzeug, mit dem wir gezielt nach Prozessen suchen können. Die Optionen finden Sie in der Tabelle 4.36 auf der nächsten Seite. Bei der Eingabe des Suchbegriffes bei Programmnamen dürfen auch die üblichen Jokerzeichen angewendet werden.

Tab. 4.36: Prozesse abfragen mit `pgrep`

Abfrage	Option
Suche nach Prozessname	
Ohne Option	`PROGRAMM`
Suchbegriff schließt Argumente des ausgeführten Programms ein	`-f PROGRAMM`
Genaue Übereinstimmung von Suchbegriff und ausgeführtem Programm	`-x PROGRAMM`
Suche nach Benutzer und Gruppe	
Effektive Benutzer-ID	`-u BENUTZER-ID`
Reale Benutzer-ID	`-U BENUTZER-ID`
Effektive Gruppen-ID	`-g GRUPPEN-ID`
Reale Gruppen-ID	`-G GRUPPEN-ID`
Suche nach Prozessmerkmalen	
Elternprozess-ID	`-P ELTERNPROZESS`
Sitzungs-ID (i. d. R. die 1. Shell)	`-s SITZUNGS-ID`
Zugeordnetes Terminal	`-t TERMINAL`
Zonen-ID	`-z ZONENID`
Ausgabeoptionen	
Nur ältesten, passenden Prozess anzeigen	`-o`
Nur jüngsten, passenden Prozess anzeigen	`-n`
Langform (PID + Programmname)	`-l`
Anderen Feldtrenner festlegen	`-d TRENNZEICHEN`
Nicht dem Suchbegriff entsprechende Prozesse auflisten	`-v`

Wir suchen Prozesse mit dem Namen `anwendung2.sh`:

```
$ pgrep -l anwendung*
3191 anwendung2.sh
2655 anwendung2.sh
```

Die erste Shell des Benutzers hat die PID 1879, welche wir durch die `ps`-Abfrage ermittelten. Wir listen Prozesse auf, die durch die Sitzung gestartet wurden:

```
$ pgrep -ls 1879
3191 anwendung2.sh
3508 sleep
1879 zsh
3505 sleep
2655 anwendung2.sh
```

Die Kindprozesse eines Prozesses erhalten wir durch die Option `-P`:

```
$ pgrep -1P 1879
 3191 anwendung2.sh
 2655 anwendung2.sh
```

Eine knappe, übersichtliche Darstellung der Prozessliste in Baumform bringt `ptree`.
Nach folgenden Kriterien können wir suchen lassen:

Benutzer   `ptree BENUTZERNAME`

```
$ ptree harald
319   /usr/lib/ssh/sshd
 1874  /usr/lib/ssh/sshd
  1877  /usr/lib/ssh/sshd
   1879  -zsh
    2655  /bin/sh ./anwendung2.sh
     4314  sleep 5
```

Prozess-ID `ptree PROZESS-ID`

```
$ ptree 1879
319   /usr/lib/ssh/sshd
 1874  /usr/lib/ssh/sshd
  1877  /usr/lib/ssh/sshd
   1879  -zsh
      ..........
```

Zonen   `ptree ZONE`

```
$ ptree -z global
7      /lib/svc/bin/svc.startd
 214    /usr/lib/saf/sac -t 300
  222    /usr/lib/saf/ttymon
   .............
```

Der Aufruf `pmap` liefert uns Informationen über die Belegung der Adressräume und des
Hauptspeichers. Wir benutzen die Option `-x` zur ausführlichen Darstellung. Das Beispiel
bezieht sich auf den Prozess 1879, der gestarteten Login-Shell:

```
harald@sparc$ pmap -x 1879
1879:   -zsh
Address   Kbytes     RSS     Anon  Locked Mode   Mapped File
00010000     472     432       -       - r-x--  zsh
00094000      32      32       8       - rwx--  zsh
0009C000     144     144      40       - rwx--   [ heap ]
FEF20000      64      56       -       - r-x--  compctl.so
FEF3E000       8       8       -       - rwx--  compctl.so
FEF50000     128     128       -       - r-x--  complete.so
FEF7E000       8       8       -       - rwx--  complete.so
FEF90000     184     176       -       - r-x--  zle.so
FEFCC000      32      32       -       - rwx--  zle.so
FEFD4000       8       8       -       - rwx--  zle.so
FEFF0000      16       8       -       - rw---   [ anon ]
FF000000     864     832       -       - r-x--  libc.so.1
..................................
FFBFC000      16      16       8       - rw---   [ stack ]
------- ------ ------ ------- ------
total Kb    3968    3088     128       -
```

Neben der letzten Zeile, welche uns den Gesamtbetrag der Speicherbelegung ausweist, sehen wir die Speicheradressen und -belegung (gesamt und RSS (Hauptspeicher)) der einzelnen, zusammenarbeitenden Software-Komponenten, die dazugehörenden anonymen und gesperrten Speicherseiten. Ferner sind die Rechte-Attribute der einzelnen Mappings und deren Namen aufgeführt.

Die Abfrage ist vor allem dann interessant, wenn wir Abhängigkeiten installierter Software ermitteln müssen, da hier das komplette Zusammenspiel zwischen ausführbaren und dazugehörigen Lib-Dateien sichtbar wird.

Mit dem `psig`-Befehl können wir die Signalbehandlungseinstellungen eines Prozesses auflisten. Die Signale finden Sie hier im Kapitel 4.11.3 auf der nächsten Seite erläutert.

```
harald@sparc$ psig 1879
1879:   -zsh
HUP     blocked,caught   zhandler       0
INT     blocked,caught   zhandler       0
QUIT    blocked,ignored
ILL     blocked,default
TRAP    blocked,default
ABRT    blocked,default
EMT     blocked,default
FPE     blocked,default
KILL    default
BUS     blocked,default
SEGV    blocked,default
SYS     blocked,default
PIPE    blocked,default
ALRM    blocked,caught   zhandler       0
TERM    blocked,ignored
.....................
```

Wir sehen in dem Auszug, dass hier fast alle Signale geblockt werden, außer SIGKILL (9). Nur durch die Eingabe von `exit` oder den entsprechenden `kill`-Befehl kann die Shell beendet werden.

Eine laufende Prozessbeobachtung ist mit `prstat` möglich. Es ähnelt etwas `top`, welches bei anderen Unix-ähnlichen Systemen verbreitet ist. Einige wichtige Optionen finden Sie in der Tabelle 4.37.

Tab. 4.37: Optionen von `prstat`

Anforderung	*Option*
Zusätzliche Summenanzeige der Benutzer	`-a`
Nur Benutzersummen der Systembeanspruchung anzeigen	`-t`
Anzeige auf einen oder mehrere Benutzer beschränken	`-U BENUTZERNAME1, ...`
Beschränkung auf angegebene Prozesse	`-p PID1,PID2..`
Programm als Echtzeitprozess ausführen (nur `root`)	`-R`

Der ganz normale Aufruf von prstat bringt die in Abbildung 4.4 gezeigte Übersicht auf den Bildschirm.

```
Befehlsfenster - Konsole                                                    _ □ ×
Sitzung  Bearbeiten  Ansicht  Lesezeichen  Einstellungen  Hilfe
  PID USERNAME   SIZE   RSS STATE  PRI NICE      TIME  CPU PROCESS/NLWP
 1048 simon     108M   42M sleep    59    0   0:00:22 0,3% mozilla-bin/3
 1559 root     6576K 4784K cpu0    100    -   0:00:01 0,1% prstat/1
  963 simon    9296K 3040K sleep    59    0   0:00:04 0,1% sshd/1
  105 root     4856K 3360K sleep    59    0   0:00:01 0,0% nscd/47
  847 harald     74M   18M sleep    44    5   0:00:01 0,0% gedit/1
  542 harald   9016K 2608K sleep    59    0   0:00:00 0,0% sshd/1
  366 root     2944K 1688K sleep    59    0   0:00:00 0,0% httpd/1
   90 root     3416K 2168K sleep    59    0   0:00:00 0,0% picld/6
  228 root     1280K  904K sleep    59    0   0:00:00 0,0% utmpd/1
  301 root     5400K 2448K sleep    59    0   0:00:00 0,0% automountd/3
  221 root     5248K 3296K sleep    59    0   0:00:00 0,0% inetd/4
  220 daemon   2384K 1152K sleep    60  -20   0:00:00 0,0% lockd/2
  218 root     2232K 1256K sleep    59    0   0:00:00 0,0% ttymon/1
  358 root     7760K 2360K sleep    59    0   0:00:00 0,0% sendmail/1
  121 daemon   5216K 3136K sleep    59    0   0:00:00 0,0% kcfd/4
  380 root     9320K 4984K sleep    59    0   0:00:00 0,0% sshd/1
  211 daemon   2784K 1424K sleep    59    0   0:00:00 0,0% statd/1
  120 root     2456K 1448K sleep    59    0   0:00:00 0,0% powerd/3
  224 root     2304K  928K sleep    59    0   0:00:00 0,0% ttymon/1
  300 root     4992K 1272K sleep    59    0   0:00:00 0,0% automountd/2
   97 root     2872K 1592K sleep    59    0   0:00:00 0,0% syseventd/14
  212 root     2000K 1032K sleep    59    0   0:00:00 0,0% sac/1
  208 daemon   2640K  944K sleep    59    0   0:00:00 0,0% rpcbind/1
Total: 58 processes, 200 lwps, load averages: 0,03, 0,06, 0,06
```

Abb. 4.4: Prozessübersicht (prstat)

Wollen wir die Systembeanspruchung durch ausgewählte Benutzer anzeigen lassen, können wir dies u. a. durch die Optionen -U BENUTZER und -a (zusammenfassende Anzeige) bewirken. Für die in Abbildung 4.5 auf der nächsten Seite gezeigte Darstellung lautete die Eingabe:

```
prstat -a -U simon,harald
```

Nur root kann prstat als Echtzeitanwendung mit der Klasse RT starten:

```
harald@sparc$ ps -p 1559 -o user,pid,class,comm
   USER   PID  CLS COMMAND
   root  1559   RT prstat
```

4.11.3 Prozesse steuern und beenden

Man kann an Prozesse Signale senden, dazu dient der Aufruf kill. Mit den Signalen (Tabelle 4.38 auf der nächsten Seite) kann man einen Prozess unter- und abbrechen, anhalten, fortsetzen oder beenden sowie Anweisungen zur Fehlerbehandlung übergeben. Mit trap lassen sich alle Signale, außer KILL, abfangen und abweichend von der vorgegebenen Standardreaktion behandeln.

```
■ Befehlsfenster - Konsole                                          _ □ ×
Sitzung  Bearbeiten  Ansicht  Lesezeichen  Einstellungen  Hilfe
   PID USERNAME  SIZE    RSS STATE  PRI NICE    TIME  CPU PROCESS/NLWP       ↑
  1566 harald   6544K  4736K cpu0    59    0 0:00:00 0,1% prstat/1
   963 simon    9296K  3040K sleep   59    0 0:00:04 0,0% sshd/1
  1048 simon     108M    42M sleep   59    0 0:00:22 0,0% mozilla-bin/3
   542 harald   9016K  2608K sleep   59    0 0:00:00 0,0% sshd/1
   847 harald     74M    18M sleep   44    5 0:00:01 0,0% gedit/1
  1030 simon    1384K  1160K sleep   59    0 0:00:00 0,0% run-mozilla.sh/1
   965 simon    3080K  1600K sleep   59    0 0:00:00 0,0% sh/1
   978 simon    1488K  1328K sleep   59    0 0:00:00 0,0% mozilla/1
   854 harald   7232K  5136K sleep   44    5 0:00:00 0,0% bonobo-activati/1
   852 harald   8136K  5736K sleep   44    5 0:00:00 0,0% gconfd-2/1
   838 harald   3976K  2520K sleep   59    0 0:00:00 0,0% zsh/1
   836 harald   9304K  2976K sleep   59    0 0:00:00 0,0% sshd/1
   544 harald   3960K  2376K sleep   59    0 0:00:00 0,0% zsh/1
   645 harald   9016K  2672K sleep   59    0 0:00:00 0,0% sshd/1
   647 harald   3960K  2496K sleep   59    0 0:00:00 0,0% zsh/1
 NPROC USERNAME  SIZE    RSS MEMORY      TIME  CPU
    10 harald    133M    49M  5,0%   0:00:01 0,2%
     6 simon     131M    55M  5,6%   0:00:26 0,0%




Total: 16 processes, 18 lwps, load averages: 0,00, 0,04, 0,05
█                                                                   ↕
```

Abb. 4.5: Gezielte Ausgabe der Systembeanspruchung durch einzelne Benutzer (`prstat`)

Tab. 4.38: Signale unter Solaris

Signal-Name	Signal-Wert	Standard-Reaktion	Bedeutung
SIGHUP	1	exit	HANGUP, nach Terminalverbindungstrennung oder Benutzerabmeldung während Ausführung
SIGINT	2	exit	Interrupt, Unterbrechung, z. B. durch `STRG-c`
SIGQUIT	3	core	Programm unterbrechen
SIGILL	4	core	Abbruch wegen unzulässiger Anweisung
SIGTRAP	5	core	Abbruch durch Debugger oder Tracer
SIGABRT	6	core	Programmabbruch (`abort`)
SIGEMT	7	core	Emulator-Trap
SIGFPE	8	core	Rechenfehler
SIGKILL	9	exit	Zwingender Programmabbruch
SIGBUS	10	core	Adressfehler
SIGSEGV	11	core	Zugriff auf ungültigen Speicherbereich
SIGSYS	12	core	Systemaufruf fehlerhaft oder unzulässig

Tab. 4.38: (Fortsetzung): Signale unter Solaris

SIGPIPE	13	exit	Unterbrochene Pipe
SIGALRM	14	exit	Ablauf Signaltimer
SIGTERM	15	exit	Aufforderung zum geregelten Beenden. Prozess kann noch Dateien schließen, usw.
SIGUSR1	16	exit	Benutzersignal 1
SIGUSR2	17	exit	Benutzersignal 2
SIGCHLD	18	ignore	Kindprozess angehalten oder beendet
SIGPWR	19	ignore	Stromausfall oder Neustart
SIGWINCH	20	ignore	Änderung Fenstergröße
SIGURG	21	ignore	Zustandsänderung Socket
SIGPOLL	22	exit	Asynchrone Ein-/Ausgabe
SIGSTOP	23	stop	Signal hält Prozess an
SIGTSTP	24	stop	Benutzer hält Prozess an, STRG-z
SIGCONT	25	ignore	Prozess fortsetzen
SIGTTIN	26	stop	Anhalten für Terminaleingabe
SIGTTOU	27	stop	Anhalten für Terminalausgabe
SIGVTALRM	28	exit	Virtueller Timer abgelaufen
SIGPROF	29	exit	Ablauf Prozessüberwachungs-Timer
SIGXCPU	30	core	Überschreitung CPU-Zeit-Limit
SIGFSZ	31	core	Überschreitung maximal zulässiger Dateigröße
SIGWAITING	32	ignore	Reserviert, Steuerung für Threads
SIGLWP	33	ignore	Reserviert, Steuerung für Leight-Weight-Prozesse
SIGFREEZE	34	ignore	Check point freeze
SIGTHAW	35	ignore	Check point thaw
SIGCANCEL	36	ignore	Reserviert für Thread-Behandlung, Stornosignal für Threads
SIGLOST	37	exit	Verlust einer Ressource
SIGXRES	38	ignore	Ressourcenzugriff überzogen
SIGJVM1	39	ignore	Reserviert für Java-Virtual-Maschine 1

Das nicht in der Tabelle aufgeführte Signal 0 ist das normale Ende eines Skript- oder Programmablaufs. Die Bedeutung der Reaktionskürzel ist in der Tabelle 4.39 auf der nächsten Seite erläutert.

Wenn Sie einem Prozess ein Signal mit kill übermitteln wollen, können Sie entweder den Signalnamen oder die Signalnummer (Tabelle 4.38 auf der vorherigen Seite) verwenden. Den Signalnamen geben Sie hierbei ohne führendes „SIG" ein.

Tab. 4.39: Bedeutung von `exit`, `core`, `stop` und `ignore`

Kürzel	Bedeutung
`exit`	Der empfangende Prozess wird mit allen Konsequenzen beendet (siehe `man exit(2)`).
`core`	Wie `exit`, zusätzlich wird ein Kernspeicher-Auszug des Prozesses im aktuellen Arbeitsverzeichnis abgelegt. Dieses Speicher-Abbild kann zur Fehlerklärung beitragen.
`stop`	Der empfangende Prozess wird angehalten, samt seinen Threads.
`ignore`	Der empfangende Prozess ignoriert das empfangene Signal.

In der Praxis verwenden wir meist KILL (9) zum „harten" Abbruch, wenn der Prozess nicht mehr zugänglich ist. Ein normales Beenden erreichen Sie mit TERM (5). Hier hat der Prozess die Möglichkeit, Daten noch auf Platte zurückzuschreiben, Dateien zu schließen, Unterprozesse zu beenden. Jeder Benutzer kann nur seine eigenen Prozesse beeinflussen, `root` dagegen alle.

Wir starten wieder unser Shellskript:

```
harald@sparc$ ./anwendung2.sh&
[1] 716
harald@sparc$ Anwendung 2 läuft: -> Sat Jan  6 00:00:06 CET 2007
```

Wir stoppen den Prozess (anhalten, nicht beenden!):

```
harald@sparc$ kill -23 716
[1]  + suspended (signal)  ./anwendung2.sh
```

Wir setzen den Prozess fort. Sie können anstelle der Signalnummern auch die Wörter benutzen:

```
harald@sparc$ kill -CONT 716
harald@sparc$ Anwendung 2 läuft: -> Sat Jan  6 00:01:31 CET 2007
Anwendung 2 läuft: -> Sat Jan  6 00:01:36 CET 2007
```

Der Prozess soll normal beendet werden:

```
harald@sparc$ kill -15 716
[1]  + exit 208    ./anwendung2.sh
```

Wir starten das Shell-Skript noch einmal und killen den Prozess mit unbedingter, sofortiger Wirkung:

```
harald@sparc$ kill -9 869
[1]  + killed     ./anwendung2.sh
```

Die Signale lassen sich mit dem `trap`-Kommando innerhalb eines Shell-Skripts auffangen und unterdrücken:

```
trap "" 2
```

In diesem Fall zeigt die `psig`-Abfrage für das Signal folgenden Eintrag:

```
harald@sparc$ psig 1437
1437:    /bin/sh ./anwendung2.sh
HUP     caught  done            0
INT     ignored
. . . . . . . . . . . .
```

Damit wird verhindert, dass der Benutzer eingreifen kann (STRG-c, STRC-z) Man kann auch statt der leeren Anführungszeichen Anweisungen hinterlegen:

```
trap "echo 'Es geht weiter!'" 2
```

Wir starten den Versuch und wollen das Skript abbrechen:

```
harald@sparc$ ./anwendung2.sh
Anwendung 2 läuft: -> Sat Jan  6 00:53:50 CET 2007
^CEs geht weiter!
Anwendung 2 läuft: -> Sat Jan  6 00:53:51 CET 2007
```

Am Ende muss das abgefangene Signal wieder freigegeben werden:

```
trap  2
```

Die Optionen von `pkill` sind dieselben wie die von `pgrep` (siehe Kapitel 4.11.2 auf Seite 165). Die einzige zusätzliche Option von `pkill` ist die Angabe des Signals, wenn von TERM abweichend.

Wir starten mehrmals unser Shell-Skript und beenden die Prozesse:

```
harald@sparc$ pgrep anwendung
1759
1755
harald@sparc$ pkill -9 anwendung
```

Auf dem ausführenden Terminal erscheinen folgende Meldungen:

```
. . . . . . . . . . . . . . . . . . .
Anwendung 2 läuft: -> Sat Jan  6 01:11:03 CET 2007
zsh: killed      ./anwendung2.sh
harald@sparc$
[1]  + killed       ./anwendung2.sh
```

4.11.4 Prozesse mit geänderter Priorität starten

Mit `nice` kann man von vornherein ein Programm mit abweichender Priorität starten. Normale Benutzer können diese dabei nur vermindern, es bleibt `root` vorbehalten, Anwendungen mit erhöhter Priorität zu starten. Es stehen 40 Stufen zur Verfügung, von 20 bis -20, wobei gilt, je niedriger der Wert, desto höher die Priorität!

Wir starten das Shell-Skript mit verminderter Priorität:

```
harald@sparc$ nice -n 15 anwendung2.sh&
```

Und erhalten von `prstat` folgende Ausgabezeile:

```
   PID USERNAME   SIZE    RSS STATE  PRI NICE      TIME  CPU PROCESS/NLWP
  2005 harald    1336K 1064K sleep    2   19   0:00:00 0,0% anwendung2.sh/1
```

4.11.5 Priorität von Prozessen ändern

Der Systemverwalter `root` kann mit `renice` die Priorität eines laufenden Prozesses ändern. Das im Kapitel 4.11.4 gestartete Shell-Skript bekommt eine höhere Priorität zugewiesen:

```
# renice -n -15 2005
```

Wir lesen die neue Priorität ab:

```
   PID USERNAME   SIZE    RSS STATE  PRI NICE      TIME  CPU PROCESS/NLWP
  2005 harald    1336K 1064K sleep   40    4   0:00:00 0,1% anwendung2.sh/1
```

4.11.6 Protokollierung des Ressourcenverbrauchs von Programmen

Mit den beiden Befehlen `time` und `timex` können Sie die Systembeanspruchung für die Abarbeitung eines Programmes gezielt protokollieren.

Mit `time` erhalten Sie kurz und knapp Auskunft. Sie erhalten folgende Auskünfte:

- Ausführungszeit (die Zeit vom Aufruf bis zum Beenden),
- die angefallene, dem Benutzer zuzuordnende CPU-Zeit,
- die mit der Ausführung angefallene, anteilige CPU-Zeit des Systems selbst.

Wir führen einen Programmaufruf mit vorangestelltem `time`-Kommando aus:

```
harald@sparc$ time gedit
gedit  1,40s user 0,27s system 20% cpu 8,314 total
```

Das `timex`-Kommando verfügt über Optionen, die das Benutzer-Accounting betreffen. Diese werden an anderer Stelle behandelt. Ohne diese Optionen erhalten Sie Angaben über die Zeit vom Aufruf bis zum Beenden, die angefallene und dem Benutzer zuzurechnende CPU-Zeit und die anteilige Systemzeit:

```
harald@sparc$ timex gedit

real       29.12
user        2.00
sys         0.25
```

4.12 Starten von Programmen, zeit- oder systemlastabhängig

Nicht immer kann man persönlich zum Starten von Programmen am System anwesend sein. Datensicherungen, umfangreiche Kompilationsläufe oder verarbeitende Stapeljobs werden gerne zu Zeiten gestartet, in denen kein Mensch mehr am Arbeitsplatz ist.

4.12.1 Einmaliger Programmstart zur vorgegebenen Zeit

Mit `at` werden Aufgaben für die *einmalige* Ausführung vorgemerkt. Für die zeitgerechte Ausführung ist der `crond`, der Daemon der Zeitsteuerung, verantwortlich, der sie als Sub-Shell ausführt.

Damit diese Funktion für gewöhnliche Benutzer zugänglich ist, müssen einige Voraussetzungen vorliegen:

- Im Verzeichnis `/etc/cron.d` muss mindestens die Datei `at.deny` existieren. Diese enthält alle Benutzer, die das `at`-Kommando *nicht* ausführen dürfen. Der betreffende Benutzer darf darin nicht aufgelistet sein.

- Im selben Verzeichnis existiert zusätzlich die Datei `at.allow` und der Benutzer ist darin eingetragen. `at.allow` wird vor `at.deny` eingelesen – ein Benutzer, der in beiden Dateien gleichzeitig geführt wird, kann deshalb `at` nicht anwenden!

- Ist nur eine leere Datei `at.deny` vorhanden, steht die Anwendung von `at` allen Benutzern offen.

- Ist keine der beiden Dateien im genannten Verzeichnis vorhanden, darf `at` nur von `root` genutzt werden.

Wenn Sie über die Abarbeitung eine E-Mail erhalten wollen, geben Sie zusätzlich die Option `-m` ein.

Für die Angabe von Datum und Zeit unterstützen Sie einige hilfreiche Kurzformen (Tabelle 4.40).

Tab. 4.40: Kurzformen in Zeitangaben für `at`

Angabe	Kurzform
Jetzt. Alleinstehend macht diese Angabe keinen Sinn, aber mit der Angabe von Zeiträumen wie „in einer Stunde" oder „morgen".	now
Mitternacht, 00:00 Uhr	midnight
Mittag, 12:00 Uhr	noon
Heute	today
Morgen	tomorrow
Zusätze für Zeitangaben, auch Mehrzahl zulässig	
Minuten	minute
Stunden	hour
Tage	day
Wochen	week
Monate	month
Jahre	year

Geben wir nicht ausdrücklich mit der Option -q eine abweichende Auftragswarteschlange ein, so wird stets die erste, a verwendet. In welcher Auftragswarteschlange sich der auszuführende Job befindet, sieht man am Buchstaben am Schluss des Job-Eintrages. Für at sind die Warteschlangen a und von d bis z möglich. Unter Solaris werden batch-Jobs in die Warteschlange b (siehe weiter im fortgesetzten Kapitel), cron-Jobs in c eingereiht.

Wir wollen die Plattenbelegung in „lesbarerer Form" vom heutigen Tag von 13:11 bekommen. Dazu geben wir zunächst die erste Zeile des Befehls ein und drücken die [ENTER]-Taste, woraufhin der at-Prompt erscheint. Wir geben den oder auch die Befehle ein und schließen die Eingabe durch Drücken der Tastenkombination STRG-d ab.

```
harald@sparc$ at -m 13:11 today
at> df -h
at> <EOT>
Befehle werden mit /usr/bin/zsh ausgeführt
Job 1168085460.a um Sat Jan  6 13:11:00 2007
```

Für jede Aufgabe, die wir mit at starten wollen, wird der Job unter /var/spool/-cron/atjobs abgelegt:

```
harald@sparc$ pwd
/var/spool/cron/atjobs
harald@sparc$ ls -l
Gesamt 4
-r-Sr--r--  1 harald    staff         1037 Jan  6 13:10 1168085460.a
```

So eine Job-Datei hat folgenden Inhalt:

```
harald@sparc$ cat 1168087800.a
: at job
: jobname: stdin
: notify by mail: yes
: project: 10
export _; _='/usr/bin/at'
export OLDPWD; OLDPWD='/etc/cron.d'
export PWD; PWD='/home/harald'
export SHLVL; SHLVL='1'
export USER; USER='harald'
export LOGNAME; LOGNAME='harald'
export HOME; HOME='/home/harald'
export PATH; PATH='/usr/bin:/usr/ucb:/etc:/usr/sfw/bin:.'
.................
export DISPLAY; DISPLAY='localhost:10.0'
$SHELL << '...the rest of this file is shell input'
#ident  "@(#).proto     1.6     00/05/01 SMI"  /* SVr4.0 1.2   */
cd /home/harald
umask 22
ls -l
```

In diesem Falle sollte ein ls-Befehl ausgeführt werden. Sie finden ihn nach den umfangreichen Variablenbelegungen und anderen Dingen, die at zur Ausführung benötigt. Im Ernstfall kann man die eine oder andere Einstellung manuell mit einem Texteditor ändern.

Nach Ausführung erhalten wir eine E-Mail:

```
.....................
Subject: Output from "at" job
Content-Length: 1178

Your "at" job on sparc
"/var/spool/cron/atjobs/1168085460.a"

produced the following output:

Dateisystem           Größe belegt verfügbar Kapazität Eingehängt auf
/dev/dsk/c1t2d0s0      6,7G   4,9G   1,8G     74%      /
/devices
.....................
```

Die Auftragswarteschlange wird mit `atq` aufgelistet:

```
harald@sparc$ atq
 Rank     Execution Date   Owner      Job              Queue   Job Name
 1st    Jan  6, 2007 13:15  harald    1168085700.a       a     stdin
```

Jobs können mit `atrm` aus der Warteschlange entfernt werden:

```
harald@sparc$ atrm 1168085700.a
1168085700.a: removed
```

Soll der vollständige Inhalt der Auftragswarteschlange gelöscht werden, genügt die Eingabe von `atrm -a`. Die Verwendung von `a` abweichenden Warteschlangen sehen wir im letzten Beispiel zu diesem Thema:

```
harald@sparc$ at -m 15:50 today
at> date
at> <EOT>
Befehle werden mit /usr/bin/zsh ausgeführt
Job 1168095000.a um Sat Jan  6 15:50:00 2007
harald@sparc$ at -m -qd 15:50 today
at> df
at> <EOT>
Befehle werden mit /usr/bin/zsh ausgeführt
Job 1168095000.d um Sat Jan  6 15:50:00 2007
harald@sparc$ atq
 Rank     Execution Date   Owner      Job              Queue   Job Name
 1st    Jan  6, 2007 15:50  harald    1168095000.a       a     stdin
 1st    Jan  6, 2007 15:50  harald    1168095000.d       d     stdin
```

4.12.2 Lastabhängiger Start von Programmen

Ähnlich wie `at` funktioniert `batch`. Sie können hier weder Startzeit angeben noch Optionen verwenden. Die `batch`-Anweisung wird nach dem Absetzen wie ein `at`-Job behandelt, er wird beim Vorliegen der niedrigsten Systembelastung selbsttätig ausgeführt. Hiermit lassen sich Rechnersysteme in Schwachlastzeiten optimal ausnutzen.

4.12.3 Regelmäßig wiederkehrende Ausführung von Programmen

Viele Aufgaben sind regelmäßig wiederkehrend und sollten daher automatisch, oft zugleich aber außerhalb der normalen Arbeitszeit erledigt werden. Das sind Datensicherungen und -transfers, Stapelbuchungsjobs, Renderaufgaben usw.

Der `cron`-Daemon liest diverse Tabellen aus, in denen die wiederkehrenden Ausführungen der Befehle hinterlegt sind.

Mit `crontab` nimmt man die Eintragungen in die eigene `crontab`-Tabelle vor. Damit außer `root` auch andere Benutzer dieses Komfortmerkmal nutzen können, sind folgende Voraussetzungen notwendig:

- Im Verzeichnis `/etc/cron.d` muss mindestens die Datei `cron.deny` existieren. Diese enthält alle Benutzer, die das `crontab`-Kommando *nicht* ausführen dürfen. Der betreffende Benutzer darf darin nicht aufgelistet sein.

- Im selben Verzeichnis existiert zusätzlich die Datei `cron.allow` und der Benutzer ist darin eingetragen. `cron.allow` wird vor `cron.deny` eingelesen, ein Benutzer, der in beiden Dateien gleichzeitig geführt wird, kann deshalb `crontab` nicht anwenden!

- Ist nur eine leere Datei `cron.deny` vorhanden, steht die Anwendung von `crontab` allen Benutzern offen.

- Ist keine der beiden Dateien im genannten Verzeichnis vorhanden, darf `cron` nur von `root` genutzt werden.

Der Aufbau der `crontab`-Tabelle des normalen Benutzers ist in der Tabelle 4.41 erläutert.

Tab. 4.41: Aufbau der `crontab`-Tabelle

Eintrag	Minute NN	Stunde NN	Tag NN	Monat 1-12/Text	Wochentag 0-6/Text	Befehl Text
Minute	0 - 59 bzw. ⋆ für jede Minute					
Stunde	0 - 23 bzw. ⋆ für jede Stunde					
Tag	0 - 31 bzw. ⋆ für jeden Tag					
Monat	0 - 12 oder Jan, Feb, Mar…bzw. ⋆ für jeden Monat					
Wochentag	0 - 6 oder Mon, Tue…bzw. ⋆ für jeden Wochentag					
Befehl	Wird mit dem vollen Pfadnamen angegeben					

Wir haben ein Shell-Skript (`dasich.sh`), welches ein Sicherungsarchiv eines Verzeichnisses erstellt. Jeden Tag um dieselbe Uhrzeit soll es ablaufen. Wir tragen es erstmalig ein, indem wir einfach `crontab` eingeben:

```
harald@sparc$ crontab
00 17 ⋆ ⋆ ⋆ /export/home/harald/dasich.sh
```

Die Eingabe wird durch Drücken von STRG-d abgeschlossen. Die Eingabe wird auf syntaktische Fehler hin untersucht, wenn also Leerzeichen usw. vergessen wurden, meldet das Programm dies von selbst.

Den Inhalt seiner crontab-Tabelle listet man durch crontab -l auf:

```
harald@sparc$ crontab -l
00 17 * * * /export/home/harald/dasich.sh
```

Der Standard-Editor für die Tabelle ist ed. Seine Bedienung ist gewöhnungsbedürftig, sie ähnelt mehr der des Streameditors sed, da man hier nur zeilenweise arbeiten kann. Wenn Sie die Shell-Variable $EDITOR nicht ändern wollen oder können, so gibt es eine einfache Methode, trotzdem bequem mit dem Editor Ihrer Wahl Ihre eigene crontab-Tabelle zu bearbeiten:

- Kopieren Sie Ihre crontab-Einstellungen in eine Textdatei crontab in Ihrem Heimatverzeichnis:

```
harald@sparc$ crontab -l > crontab
```

- Öffnen Sie die Datei mit dem Editor Ihrer Wahl, ändern, löschen oder ergänzen Sie Ihre Einträge und sichern diese in die Datei zurück.

- Führen Sie den geänderten Inhalt wieder crontab zu:

```
harald@sparc$ crontab < crontab
```

- Wenn am Anfang im Umgang damit Unsicherheiten bestehen, legen Sie ein kleines Shell-Skript an, welches nur ein paar Zeichen in eine Textdatei schreibt. Tragen Sie dieses in Ihre crontab, und verfolgen Sie anhand der ls -l-Abfrage, ob es auch funktioniert.

4.13 Rechnen in der Shell

Die Shells sind sehr unterschiedlich hinsichtlich der Rechenmöglichkeiten. Darum wird hier der Rechner bc kurz vorgestellt. Er ist ein sehr leistungsfähiges Werkzeug, kann er doch Zahlen mit bis zu 500 Stellen multiplizieren. Er kennt Arrays, Zahlensystemkonvertierung, Funktionen, Kommentare, if-, while- und for-Anweisungen, Bibliotheksfunktionen wie Sinus, Cosinus, Arcustangens, natürlichen Logarithmus, zusammengesetzte Zuweisungsoperatoren u. v. a. m.

Genau genommen handelt es sich bei bc um ein Frontend von dc, der seine Anweisungen in der umgekehrten polnischen Notation vorgelegt bekommen möchte. Sie können bc in der Pipe für kurze Berechnungen nutzen, direkt die Rechenanweisungen eingeben oder eine Eingabedatei erstellen und verarbeiten lassen. Weitere Informationen über die Rechenfunktionen erhalten Sie auf der Manual-Seite von bc.

4.13.1 Kommunikation mit `bc`

Sie können direkt mit dem Rechenprogramm kommunizieren. Die Kommunikation beenden Sie durch Drücken von STRG-d:

```
harald@sparc$ bc
100 + 300 * 3.14
1042.00
```

Der Anwendung in einer Pipe muss die Formelwiedergabe vorhergehen:

```
harald@sparc$ echo "1000/100*19" | bc
190
```

Das Arbeiten mit einer Eingabedatei ermöglicht die Übergabe vieler Anweisungen. Man beginnt diese oft mit der Festlegung der Nachkommastellen (`scale`) und setzt `quit` an das Ende der Datei:

```
harald@sparc$ cat bc.in
scale=2
1000 + (1000/100*19)
quit
harald@sparc$ bc bc.in
1190.00
```

4.13.2 Umrechnung in und von anderen Zahlensystemen

Mit `bc` lassen sich einfach Umrechnungen von verschiedenen Zahlensystemen vornehmen. Hierbei wird die sogenannte Basis für die Eingabe (`ibase`) und für Ausgabe (`obase`) festgelegt. Damit ist dies ein Werkzeug, schnell zwischen Dezimal-, Binär- und Hexadezimalwerten umzurechnen:

```
harald@sparc$ bc
ibase=10
obase=2
25
11001
obase=15
25x
1A
```

4.14 Kurzeinführung in die Shell-Programmierung

Mit der Shell lassen sich mit wenigen Zeilen mächtige Anwendungen erstellen. Ob es sich um Datensicherungsskripte, Eingabehilfen oder sogar kleine Datenbankfrontends handelt, ein durchaus großer und gut kombinierbarer Befehlsvorrat sorgt für viele Möglichkeiten.

Ein Shell-Skript wird stets mit dem Rauten- und Ausrufezeichen sowie der Nennung der Shell (mit kompletter Pfadangabe) eingeleitet:

```
#! /bin/sh
```

oder

```
#! /usr/bin/zsh
```

4.14.1 Dateneingabe

Ein Shell-Skript kann auf mehreren Wegen Daten einlesen:

- Auswertung der Positionsparameter: Mit *Positionsparameter* werden die Variablen $1 bis $9 bezeichnet. Dies sind Werte, welche bei einer Kommandoeingabe in derselben Zeile übergeben werden:

```
./farbe.sh rot grün blau
```

  $1 würde mit dem Wert rot, $2 mit grün und $3 mit blau belegt.

- Eingabeaufforderung durch read

```
harald@sparc$ echo "Eingabe: \c";read a
Eingabe: erste
harald@sparc$ echo $a
erste
```

- Einlesen einer Textdatei mit cat

```
cat namen.txt| wc -l
```

- Eingabeumlenkung

```
harald@sparc$ ./aha.sh < namen.txt
Anzahl der Zeilen:      4
```

- Mittels Pipe

```
harald@sparc$ cat namen.txt| ./aha.sh
Anzahl der Zeilen:      4
```

- Variablenbelegungen durch Sub-Shells

```
a='ls -l | wc -l'
```

Um mehr als 9 Positionsparameter auswerten zu können, nimmt man mit dem Kommando shift eine Verschiebung vor. Das kleine Shell-Skript posshift.sh hat folgenden Inhalt:

```
#! /bin/sh
echo $1 $2 $3
echo "Zahl der Positionsparameter: $#"
shift 2
echo $1 $2 $3
echo "Zahl der Positionsparameter: $#"
```

Durch die shift-Anweisung werden die Positionsparameter um zwei Posten nach oben verschoben. Die Zahl der Positionsparameter befindet sich in der Variablen $#:

```
harald@sparc$ sh posshift.sh 1 2 3 4 5 6 7 8 9 10 11
1 2 3
Zahl der Positionsparameter: 11
3 4 5
Zahl der Positionsparameter: 9
```

Eine Variable kann mit einem unpassenden Wert beaufschlagt sein. Mit einem umfangreichen if-Konstrukt könnte man selbstverständlich dieses Problem auch lösen. Doch es geht in bestimmten Fällen einfacher, mit der *Parameterersetzung oder -substitution*. Bei der sh haben wir vier Möglichkeiten hierfür, der Parameter wird durch die Variable $a dargestellt:

• Wenn die Variable belegt ist, wird der Eingabewert ausgegeben, sonst ein Ersatzwert. Der Variablenwert bleibt unverändert.

```
${$a:-ERSATZWERT}
```

• Wenn die Variable belegt ist, wird der Eingabewert ausgegeben, sonst wird die Variable mit einem Ersatzwert belegt.

```
${a:=ERSATZWERT}
```

• Wenn die Variable belegt ist, wird ihr Wert durch den Ersatzwert überschrieben, wenn sie unbelegt ist, bleibt sie unbelegt.

```
${a:+ERSATZWERT}
```

• Wenn die Variable belegt, wird deren Wert belassen, wenn sie unbelegt ist, wird ein Ersatzwert ausgegeben und das Skript beendet.

```
${a:?ERSATZWERT}
```

Für die Parametersubstitution haben wir ein Demonstrations-Shell-Skript angefertigt:

```
#! /bin/sh
a=`echo $1`
b=`echo $1`
c=`echo $1`
d=`echo $1`
echo "Eingabewert: $1"

echo "Wenn belegt, gebe Eingabewert aus, sonst gebe Ersatzwert aus"

echo "1. Parametersubstitution: ${a:-ERSATZWERT}"
echo "Variablenwert a: $a"
echo "----------------------------------------"

echo "Wenn belegt, gebe Eingabewert aus, sonst belege Variable mit Ersatzwert"
echo "2. Parametersubstitution: ${b:=ERSATZWERT}"
echo "Variablenwert b:  $b"
echo "----------------------------------------"

echo "Wenn belegt, ersetze den Wert durch den Ersatzwert, wenn unbelegt, ⤴
unbelegt lassen"
echo "3. Parametersubstitution: ${c:+ERSATZWERT}"
echo "Variable c: $c"
echo "----------------------------------------"
echo "Wenn belegt, Wert belassen, wenn leer, gebe Ersatzwert aus und beende das ⤴
Skript"
echo "4. Parametersubstitution: ${d:?ERSATZWERT}"
echo "Variablenwert d: $d"
echo "Skript komplett durchgearbeitet"
```

Wir arbeiten es ab, indem wir es zunächst mit einem Eingabewert aufrufen:

```
harald@sparc$ sh paramsub.sh belegt
Eingabewert: belegt
Wenn belegt, gebe Eingabewert aus, sonst gebe Ersatzwert aus
1. Parametersubstitution: belegt
Variablenwert a: belegt
----------------------------------------------
Wenn belegt, gebe Eingabewert aus, sonst belege Variable mit Ersatzwert
2. Parametersubstitution: belegt
Variablenwert b:  belegt
----------------------------------------------
Wenn belegt, ersetze den Wert durch den Ersatzwert, wenn unbelegt, unbelegt ⟩
lassen
3. Parametersubstitution: ERSATZWERT
Variable c: belegt
----------------------------------------------
Wenn belegt, Wert belassen, wenn leer, gebe Ersatzwert aus und beende das Skript
4. Parametersubstitution: belegt
Variablenwert d: belegt
Skript komplett durchgearbeitet
```

Jetzt wird es ohne Eingabewert aufgerufen:

```
harald@sparc$ sh paramsub.sh
Eingabewert:
Wenn belegt, gebe Eingabewert aus, sonst gebe Ersatzwert aus
1. Parametersubstitution: ERSATZWERT
Variablenwert a:
----------------------------------------------
Wenn belegt, gebe Eingabewert aus, sonst belege Variable mit Ersatzwert
2. Parametersubstitution: ERSATZWERT
Variablenwert b:  ERSATZWERT
----------------------------------------------
Wenn belegt, ersetze den Wert durch den Ersatzwert, wenn unbelegt, unbelegt ⟩
lassen
3. Parametersubstitution:
Variable c:
----------------------------------------------
Wenn belegt, Wert belassen, wenn leer, gebe Ersatzwert aus und beende das Skript
paramsub.sh: d: ERSATZWERT
```

Das Skript wurde mit der Ausgabe „ERSATZWERT" abgebrochen.

Andere Shells verfügen über weiterreichendere Möglichkeiten bezüglich Parameterersetzung.

4.14.2 Verzweigungen

In dem if-Konstrukt ist test fester Bestandteil, dessen Exit-Code ausgewertet wird.

Der komplette Aufbau dieser Verzweigung verfügt über mehrere Filtermöglichkeiten, von denen die elifs und else weggelassen werden können. Ein elif kommt zum Einsatz, wenn weitere Vergleiche angestellt werden müssen. Mit else wird eine Anweisung angegeben, die dann ausgeführt wird, wenn weder die erste Bedingung nach der Einleitung noch die der elifs erfüllt wurden. Die elifs können mehrfach auftreten, else nur am Ende einmal. Das if-Konstrukt ist zwingend mit fi abzuschließen!

```
if [ TESTAUSDRUCK ];
then
        Anweisung 1
elif [ TESTAUSDRUCK ];
        then
        Anweisung 2
else
        Anweisung 3
fi
```

Innerhalb des if-Konstruktes können wiederum beliebig viele weitere if-Anweisungen untergebracht werden:

```
if [ TESTAUSDRUCK ];
then
        if [ TESTAUSDRUCK ];
        then
        Anweisung
        fi
elif [ TESTAUSDRUCK ];
        then
.......................
```

Das Beispielskript if-beisp.sh zeigt alle Möglichkeiten auf:

```
#! /bin/sh

# Dateieingabe
echo "Zahl von 1-4 eingeben: \c";read eingabe

# Überlange Eingaben auf erste Stelle kürzen
zahl='echo $eingabe | cut -b1'

# Prüfen, ob leere Eingabe, wenn ja, beenden
if [ -z "$zahl" ];
    then
    echo "Keine Eingabe, Abbruch"
    exit
fi

# Prüfen, ob Eingabe im zulässigen Wertebereich, wenn nein, Abbruch
if [ $zahl -lt 1 -o $zahl -gt 4 ];
    then
    echo "Falscher Eingabewert"
    exit
fi

# Auswertung eingegebene Zahl:
if [ $zahl -eq 1 ];
    then
    echo "EINS"
elif [ $zahl -eq 2 ];
    then
```

```
        echo "ZWEI"
elif [ $zahl -eq 3 ];
        then
        echo "DREI"
else
        echo "VIER"
fi
```

Wir lassen es abarbeiten. Wir geben folgende Werte ein: 10, a, 3

```
harald@sparc$ sh if-beisp.sh
Zahl von 1-4 eingeben: 10
EINS
harald@sparc$ sh if-beisp.sh
Zahl von 1-4 eingeben: a
Falscher Eingabewert
harald@sparc$ sh if-beisp.sh
Zahl von 1-4 eingeben: 3
DREI
```

Von den eingegebenen Daten nehmen wir nur die erste Stelle – 1. Darum war dies eine gültige Eingabe. Die zweite Eingabe lag außerhalb des gültigen Wertebereichs. Die dritte Eingabe gelangte zur Auswertung.

Die case-Konstruktion wird gerne bei Menüsteuerungen eingesetzt, kann aber auch für jeden anderen Zweck verwendet werden. Sie wird mit esac abgeschlossen. Für jeden Eintrag dazwischen gilt, dass er mit den die Bedingung erfüllenden Zeichen, der schließenden, runden Klammer) eingeleitet und mit doppeltem Strichpunkt beendet wird (; ;). Dazwischen steht die Anweisung.

Nachfolgend ist der grundsätzliche Aufbau der case-Anweisung dargestellt. Der Parameter wird durch die Variable $a dargestellt:

```
case $a in
      MUSTER1) ANWEISUNG1 ;;
      MUSTER2) ANWEISUNG" ;;
      ...........
esac
```

Das kleine Beispielskript case-beisp.sh dient als Menüsteuerung:

```
#! /bin/sh
echo "Funktionsauswahl"
echo "-----------------------------------"
echo "(a) Speicherplatzbelegung anzeigen"
echo "(b) Arbeitsverzeichnis anzeigen"
echo "-----------------------------------"
echo " "
echo "Funktion auswählen: \c";read a
case $a in
      [aA]) du -sh ;;
      [bB]) pwd ;;
       *) echo "Ende" ;;
esac
```

Wir lassen es abarbeiten. Im ersten Fall geben wir a ein, im zweiten nichts:

```
harald@sparc$ sh case-beisp.sh
Funktionsauswahl
---------------------------------
(a) Speicherplatzbelegung anzeigen
(b) Arbeitsverzeichnis anzeigen
---------------------------------

Funktion auswählen: a
  17K   .

harald@sparc$ sh case-beisp.sh
Funktionsauswahl
---------------------------------
(a) Speicherplatzbelegung anzeigen
(b) Arbeitsverzeichnis anzeigen
---------------------------------

Funktion auswählen:
Ende
```

4.14.3 Schleifen

Schleifen dienen der Abarbeitung von Programmteilen, bis eine Bedingung erfüllt oder nicht mehr erfüllt wird. Für Shell-Skripte stehen drei Typen zur Verfügung:

for

Die for-Schleife läuft so lange, bis die „Datenquelle" keine Daten mehr liefert. Diese kann wiederum eine Sub-Shell oder eine Angabe von festen Werten sein. Für jeden Wert wird die Schleife einmal durchlaufen.

```
for VARIABLE in WERT1 WERT2 .....
do
Anweisungen
done
```

Im folgenden Beispiel (for-beisp1.sh) finden Sie die drei gebräuchlichsten Möglichkeiten dargestellt:

```
#! /bin/sh
# Beispiel mit Festwerten
echo "Festwerte"
for a in a b c
do
echo $a
done
echo "--------------------------"
# Beispiel mit Subshell als Datenlieferant
echo "Kommando in Subshell"
for a in 'ls -1'
do
echo $a
```

```
done
echo "---------------------------"
# Beispiel mit Auslesen einer Wertedatei in Subshell
echo "Auslesen Wertedatei in Subshell"
for a in `cat parameter.txt`
do
echo $a
done
echo "---------------------------"
```

Wir lassen es abarbeiten:

```
harald@sparc$ sh for-beisp1.sh
Festwerte
a
b
c
---------------------------
Kommando in Subshell
aha.sh
case-beisp.sh
einaus.sh
for-beisp1.sh
...........
---------------------------
Auslesen Wertedatei in Subshell
Hans
Lisa
---------------------------
```

while

Diese Schleife läuft so lange, wie das angegebene Kommando erfolgreich arbeitet und den Exit-Code 0 liefert. Steht kein besonderes Kommando zur Verfügung, wird true verwendet, welches immer den Wert 0 zurückgibt.

```
while KOMMANDO
do
Anweisungen
done
```

Das Demo-Shell-Skript while-beisp.sh zählt von einem vorgegebenen Wert bis 0. Solange der Wert der Variablen $a größer als Null ist, läuft die Schleife. Der neue Wert der Variablen wird in der Sub-Shell zusammen mit bc errechnet.

```
#! /bin/sh
a=3
while [ $a -gt 0 ]
do
echo $a
a=`echo "$a - 1" | bc`
done
```

Wir führen das Skript aus:

```
harald@sparc$ sh while-beisp.sh
3
2
1
```

until

Hier verhält es sich umgekehrt. Die until-Schleife läuft so lange, wie das angegebene Kommando erfolglos arbeitet und einen Exit-Code ungleich 0 liefert. Steht kein besonderes Kommando zur Verfügung, wird false verwendet, welches stets 1 zurückgibt.

```
until KOMMANDO
do
Anweisungen
done
```

Das Demo-Shell-Skript until-beisp.sh fragt in 10-Sekunden-Intervallen ab, ob der Benutzer simon angemeldet ist. Solange dies nicht der Fall ist, läuft die Schleife weiter.

```
#! /bin/sh
until users | grep simon > /dev/null
do
echo "Er ist nicht angemeldet"
sleep 10
done
echo "Er ist jetzt angemeldet"
```

Während der Ausführung meldet sich Simon an, und das Skript beendet sich:

```
harald@sparc$ sh until-beisp.sh
Er ist nicht angemeldet
Er ist nicht angemeldet
Er ist jetzt angemeldet
```

Der Arbeitsteil jeder dieser Schleifen wird mit do eingeleitet und mit done beendet.

Innerhalb einer Schleife können diese drei Steuerelemente zum Einsatz kommen:

break   Damit springt man innerhalb einer Schleife um eine Ebene aufwärts, außer es wurde ein höherer Wert angegeben. Die aktuelle Schleife ist ab diesem Punkt vorzeitig beendet.

continue Es wird der Rest der aktuellen Schleife übersprungen, der Durchlauf beginnt ab der ersten Zeile der Schleife erneut.

wait   Das Shell-Skript wartet die Abarbeitung von Hintergrundprozessen ab. wait ist auch außerhalb von Schleifen einsetzbar.

Das Demo-Shell-Skript enthält je ein Beispiel für continue und break. Es addiert Zahlen und gibt auf Anforderung eine Summe aus.

```
#! /bin/sh
# Variablen mit 0 vorbelegen
a=0
b=0
echo "Zahl eingeben, # für Eingabeende"

# Beginn Schleife
while true
do
echo "> \c";read a

# Komma in Punkt umwandeln
a=`echo $a | tr \, \.`

# Erkennen, ob Buchstaben in Eingabe, wenn ja, Fehlermeldung ausgeben
# und neuer Schleifenbeginn nach continue
echo $a | grep "[a-z,A-Z,ä,ö,ü,Ä,Ö,Ü,ß,/,*]" > /dev/null
if [ $? -eq 0 ];
    then
    echo "Keine Zahl!"
    echo '######################';read wn
    continue
fi

# Prüfen, ob Rautenzeichen in Variable, wenn ja
# Summe ausgeben und Schleife abbrechen
if [ "$a" = "#" ];
    then
    echo "----------------"
    echo "Summe $b"
    break
fi

# Addiere Eingabewerte mit bc
b=`echo $a + $b | bc `
done
```

Wir führen das Skript aus:

```
harald@sparc$ zsh break-beisp.sh
Zahl eingeben, # für Eingabeende
> 2,5
> 3,8
> 1,25
> a
Keine Zahl!
###################### (ENTER)

> 9,01
> #
----------------
Summe 16.56
```

4.14.4 Funktionen

Funktionen ermöglichen es uns, im Shell-Skript öfter benötigte Anweisungen zu einem Aufruf zusammenzufassen. Die Funktion muss vor deren Aufruf im Shell-Skript stehen, damit sie bekannt ist. Eine Funktion hat folgenden Aufbau:

```
funktionsname() {
Anweisungen
return WERT
}
```

Wir verwenden das Shell-Skript aus Kapitel 4.14.3 auf der vorherigen Seite und verwenden es als Funktion in einem neuen Skript:

```
#! /bin/sh
addiere(){
# Variablen mit 0 vorbelegen
a=0
b=0
echo "Zahl eingeben, # für Eingabeende"

# Beginn Schleife
while true
do
echo "> \c";read a

# Komma in Punkt umwandeln
a='echo $a | tr \, \.'

# Erkennen, ob Buchstaben in Eingabe, wenn ja, Fehlermeldung ausgeben
# und neuer Schleifenbeginn nach continue
echo $a | grep "[a-z,A-Z,ä,ö,ü,Ä,Ö,Ü,ß,/,*]" > /dev/null
if [ $? -eq 0 ];
    then
    echo "Keine Zahl!"
    echo '####################';read wn
    continue
fi

# Prüfen, ob Rautenzeichen in Variable, wenn ja
# Summe ausgeben und Schleife abbrechen
if [ "$a" = "#" ];
    then
    break
fi

# Addiere Eingabewerte mit bc
b='echo $a + $b | bc '
done
}
gesamt=0
echo "Blatt 1 eingeben:"
addiere
gesamt='echo $b'
echo "Blatt 2 eingeben"
addiere
```

```
gesamt=`echo $gesamt + $b | bc `
echo "Gesamtsumme: $gesamt"
```

Aus dem genannten Shell-Skript wurde die Funktion `addiere` verwendet, welche sich wie ein normaler Shell-Befehl innerhalb des Shell-Skripts ausführen lässt. Der Ablauf des Skripts `funkt-beisp.sh`:

```
harald@sparc$ sh funkt-beisp.sh
Blatt 1 eingeben:
Zahl eingeben, # für Eingabeende
> 50,15
> a
Keine Zahl!
#######################
(ENTER)
> 10
> #
Blatt 2 eingeben
Zahl eingeben, # für Eingabeende
> 25,85
> 24,00
> #
Gesamtsumme: 110.00
```

5 Was root wissen muss – Administration von Solaris

Die Administration von Solaris ist nicht sonderlich kompliziert. Egal ob es sich um einen Arbeitsplatzrechner oder einen großen Server handelt, die Handgriffe unterscheiden sich überhaupt nicht oder kaum.

Inhalt

5.1 Kurzvorstellung SMC-Konsole

Die SMC-Konsole ist ein überschaubares Administrationswerkzeug für die grafische Benutzeroberfläche. Damit können Sie viele Standard-Vorgänge der Rechnerverwaltung abseits der Shell vornehmen.

Jeder Benutzer kann das Programm zunächst aufrufen. Öffnen Sie dazu ein Terminal und geben als Aufruf ein:

```
/usr/sbin/smc
```

Es dauert einige Augenblicke, bis sich die Anwendung am Desktop (Abbildung 5.1 auf der nächsten Seite) aufgebaut hat.

Falls Sie nicht über genügend Rechte verfügen, benötigen Sie ein Systemverwalterkennwort, wenn Sie anschließend eine Aktion in der SMC-Konsole durchführen wollen.

Sie können damit auch andere Solaris-Rechner im lokalen Netzwerk administrieren. Hierzu klicken Sie Konsole und darin Toolbox öffnen an. Geben Sie jetzt den Namen des weiteren zu betreuenden Solaris-Rechners an (hier: solx86). Betätigen Sie durch Rechtsklick anschließend die Schaltfläche Laden rechts von dieser Eingabezeile. Schließlich werden Ihnen weiter unten die Toolboxen des entfernten Rechners angeboten (Abbildung 5.2 auf der nächsten Seite).

Hier wählen Sie Verwaltungstools und erhalten nunmehr die Baumansicht der verschiedenen Aufgaben (Abbildung 5.3 auf Seite 196) des anderen Solaris-Rechners.

Wenn Sie nun in der SMC-Konsole arbeiten wollen und in der Toolbox einen Menüpunkt anklicken, werden Sie nach Ihrer Identität gefragt. Verfügen Sie über keine Systemverwaltungsrechte, so geben Sie als Benutzer root und als Kennwort eben das root-Passwort ein.

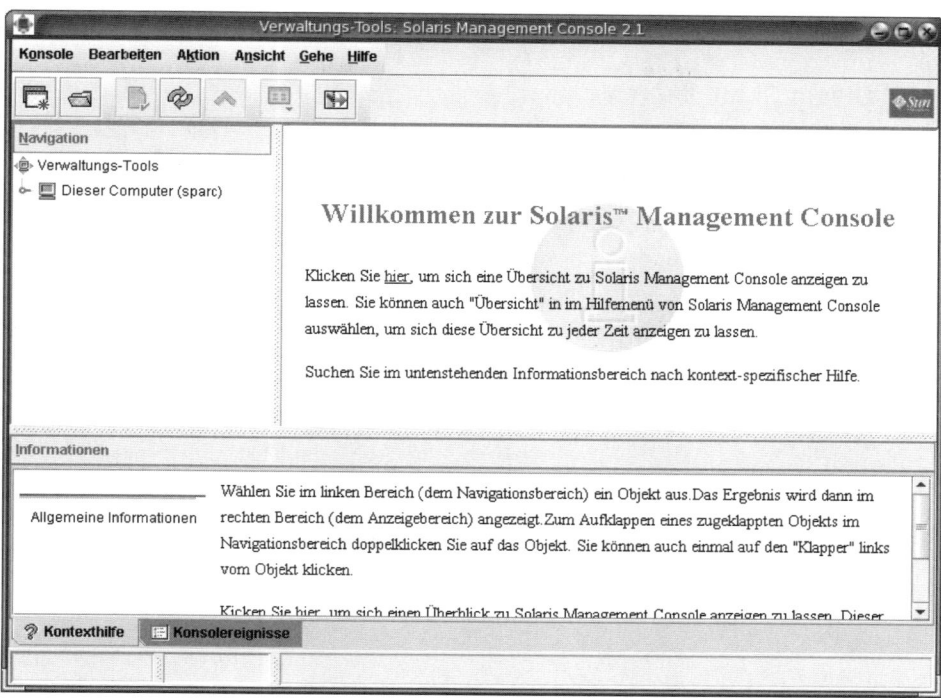

Abb. 5.1: SMC-Konsole

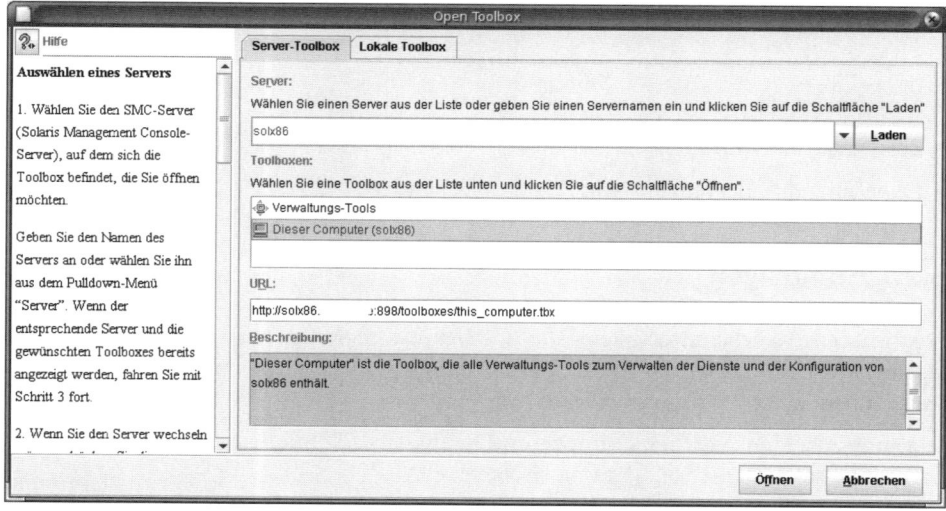

Abb. 5.2: Toolbox: Einstellungen für die Betreuung eines entfernten Rechners

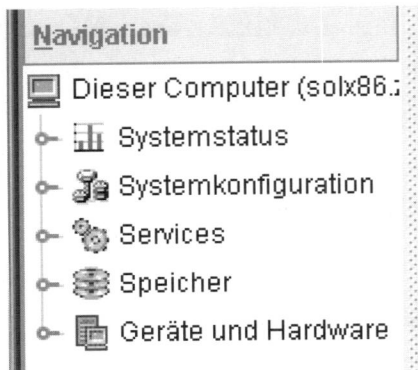

Abb. 5.3: Toolbox des entfernten Rechners

Hinweis: Systemsicherheit
Lassen Sie einen Arbeitsplatz mit laufender SMC-Konsole nicht unbeaufsichtigt! Bearbeiten Sie damit auch andere Rechner, so wird der Gebrauch gesicherter Verbindungen oder eines „Verwaltungsnetzes" dringend empfohlen!

Die weiteren Möglichkeiten der SMC-Konsole werden im Kapitelverlauf dargestellt.

5.2 Benutzer- und Gruppenverwaltung

Zu diesem Bereich gehören folgende Aufgaben:

- Aufnehmen und Löschen von Gruppen und Benutzern,
- Ändern von Gruppen- und Benutzereinträgen,
- Zuweisung einer Rolle,
- Zuweisung eines Profiles,
- Zuweisung und Begrenzung von Plattenspeicherplatz.

5.2.1 Grundlagen

Solaris ist ein Mehrbenutzersystem. Um überhaupt vom System akzeptiert zu werden und irgendetwas auf dem System auszuführen, benötigt man stets eine Benutzerkennung und muss zudem einer Gruppe zugewiesen sein.

Wir unterscheiden zwischen Gruppen und Benutzern, die mit dem System selbst zu tun haben und solchen, die reale Anwender darstellen.

Diese Einteilung erkennen wir an der numerischen Benutzer- bzw. Gruppen-ID. Die Werte 0-99 sowie 60001, 60002 und 65534 sind fest Systembenutzern und -gruppen zugewiesen. Der Benutzer mit Benutzer- und Gruppen-ID 0 ist root.

Sieht man von der vorgegebenen Gruppen-ID 10 für einfache Benutzer ab, beginnen die IDs für unsere „realen" Benutzer und Gruppen ab 100.

Die in der Tabelle 5.1 aufgelisteten Konfigurationsdateien haben mit der Benutzer- und Gruppenverwaltung zu tun.

Tab. 5.1: Konfigurationsdateien der Benutzer- und Gruppenverwaltung

Datei	Enthält
/etc/passwd	alle Benutzer
/etc/shadow	verschlüsselt hinterlegte Kennwörter zu /etc/passwd
/etc/group	alle Gruppen
/usr/sadm/defadduser	Voreinstellungen für die Aufnahme neuer Benutzer
/etc/default/passwd	Einstellungen zur Kennwortverwaltung

Die Dateien /etc/passwd, /etc/group und /etc/shadow bestehen aus festen Feldern, deren Trennzeichen der Doppelpunkt ist. Jene unseres Rechners sparc betrachten wir im Detail. Das Verständnis dieser für das System grundlegenden Dateien ist sehr wichtig, wenn man später einmal im Fehlerfalle zu suchen beginnt, wenn es um Rechteprobleme geht!

passwd

```
root:x:0:0:Super-User:/:/sbin/sh
daemon:x:1:1::/:
bin:x:2:2::/usr/bin:
sys:x:3:3::/:
adm:x:4:4:Admin:/var/adm:
lp:x:71:8:Line Printer Admin:/usr/spool/lp:
uucp:x:5:5:uucp Admin:/usr/lib/uucp:
nuucp:x:9:9:uucp Admin:/var/spool/uucppublic:/usr/lib/uucp/uucico
smmsp:x:25:25:SendMail Message Submission Program:/:
listen:x:37:4:Network Admin:/usr/net/nls:
gdm:x:50:50:GDM Reserved UID:/:
webservd:x:80:80:WebServer Reserved UID:/:
nobody:x:60001:60001:NFS Anonymous Access User:/:
noaccess:x:60002:60002:No Access User:/:
nobody4:x:65534:65534:SunOS 4.x NFS Anonymous Access User:/:
harald:x:100:10:Benutzer:/home/harald:/usr/bin/zsh
simon:x:101:10::/home/simon:/bin/sh
johann:x:102:100::/home/johann:/bin/sh
```

Die einzelnen Felder haben folgende Bedeutung:

Feld Inhalt
1   Benutzername, bis zu 8 Stellen Länge
2   Platzhalter für das unter /etc/shadow abgelegte, verschlüsselte Kennwort
3   Numerische Benutzer-ID
4   Numerische Gruppen-ID der primären Gruppe des Benutzers
5   Frei formulierbarer Kommentar

6 Angabe des Heimatverzeichnisses, dorthin gelangt man nach der Anmeldung
7 Login-Shell oder Programm, wird bei der Anmeldung gestartet. Muss mit voller Pfadangabe angeführt werden.

Folgende Systemkonten sind standardmäßig vorhanden (Tabelle 5.2):

Tab. 5.2: Systembenutzerkonten unter Solaris

UID	Benutzername	Zweck
0	root	Systemadministrator
1	daemon	ID für Ablauf von Daemonen (Hintergrundprozesse)
2	bin	Besitzer vieler Programme
3	sys	Besitzer vieler Systemdateien
4	adm	Besitzer von einigen administrativen Dateien
71	lp	Druckdienste
5	uucp	Besitzer der Objekt- und Spooldateien für Unix-zu-Unix-Kopierprogramm
9	nuucp	Anmeldung von entfernten Systemen und Datentransfer
25	smmsp	Sendmail
37	listen	Bestimmte Netzwerkdienste, Netzwerkadministration
50	gdm	Gnome-Anmeldemanager
80	webservd	Für Webserver-Daemon
60001	nobody	NFS-Zugriff, anonymes Konto
60002	noaccess	Ausführung Anwendung ohne echte Anmeldung
65534	nobody4	„Niemand", aus Kompatibilitätsgründen zu älteren Solaris-versionen vorhanden

shadow

```
root:Lp5YA1.MpkG90931kdbdalV55gPs:6445::::::
daemon:NP:6445::::::
bin:NP:6445::::::
sys:NP:6445::::::
................
```

Diese Datei wird genauer unter Kapitel 5.2.3 auf Seite 206 erklärt.

group

```
root::0:
other::1:root
bin::2:root,daemon
sys::3:root,bin,adm
adm::4:root,daemon
uucp::5:root
```

```
mail::6:root
tty::7:root,adm
lp::8:root,adm
nuucp::9:root
staff::10:
daemon::12:root
sysadmin::14:
smmsp::25:
gdm::50:
webservd::80:
nobody::60001:
noaccess::60002:
nogroup::65534:
schulung::100:
```

Die einzelnen Felder haben folgende Bedeutung:

Feld Inhalt

1   Gruppenname

2   Gruppenkennwort (verschlüsselt), selten gebräuchlich. Solaris hat zum Bearbeiten kein eigenes Programm, ein verschlüsseltes Kennwort wird über einen Benutzernamen erstellt, dessen Kennwort aus `/etc/shadow` entnommen und in das freie Feld kopiert wird.

3   Numerische Gruppen-ID

5   Benutzer, für die die Gruppe die Sekundärgruppe ist

Die einzelnen Systembenutzergruppen finden Sie in Tabelle 5.3 aufgelistet.

Tab. 5.3: Systembenutzergruppen unter Solaris

UID	Gruppenname	Zweck
0	root	Systemadministratoren
1	other	Defaultgruppe für neue Benutzer, wenn nicht anders bestimmt
2	bin	Besitzt die meisten Kommandos
3	sys	Besitzt die meisten Systemdateien
4	adm	Besitzt einige administrative Dateien
5	uucp	Besitzt Objekt- und Spooldateien für Unix-zu-Unix-Kopierprogramm
6	mail	Besitzt Mail-Programme (nicht Client)
7	tty	Besitzt Pseudogeräte, `write` und `wall` sowie Dateizeiger unter `/proc`
8	lp	Druckdienstgruppe
9	nuucp	Dateitransfer und Anmeldung von entfernten Systemen
10	staff	Einfache, nichtprivilegierte Benutzer
12	daemon	Besitzt Hintergrundprozesse

Tab. 5.3: (Fortsetzung): Systembenutzergruppen unter Solaris

14	sysadmin	Sysadmins, welche Admintool einsetzen dürfen (nur noch aus Kompatibilität vorhanden)
25	smmsp	Sendmail
50	gdm	Gnome-Anmeldemanager
80	webservd	Webserver-Daemon
60001	nobody	NFS-Zugriff
60002	noaccess	Zugriff auf System mittels Anwendung ohne Anmeldung
65534	nogroup	Aus Kompatibilitätsgründen vorhanden, für Benutzer nobody4

5.2.2 Wartung der Gruppeneinträge

Gruppenname und -ID müssen eindeutig sein.

Mit der SMC-Konsole können wir die Gruppeneinträge pflegen. In das entsprechende Menü gelangen Sie durch Klicken auf Systemkonfiguration, Benutzer und Gruppen (Abbildung 5.4).

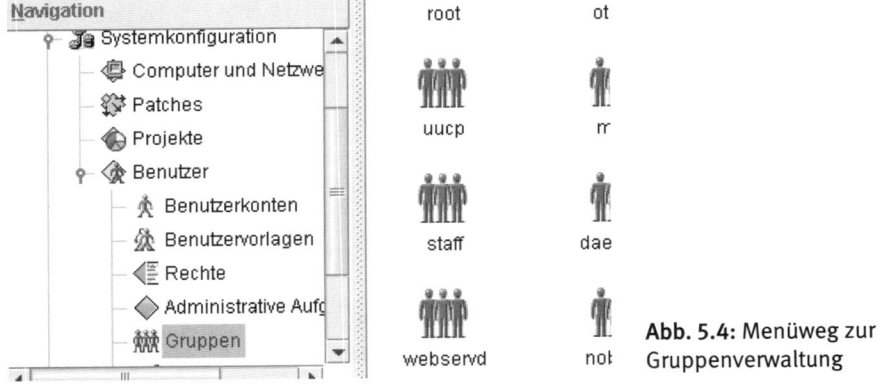

Abb. 5.4: Menüweg zur Gruppenverwaltung

Klicken Sie an der oberen Menüleiste auf das Symbol für das Erstellen einer neuen Gruppe (Abbildung 5.5 auf der nächsten Seite)!

Es öffnet sich ein Fenster, in welches Sie alle notwendigen Daten eintragen können: Gruppenname (zwingend), eine vom Vorschlag abweichende Gruppen-ID, Zuweisung von Benutzern, welche diese als sekundäre Gruppe bekommen sollen (Abbildung 5.6 auf der nächsten Seite). Wir legen die Gruppe lehrteam an und weisen sie dem Benutzer johann als sekundäre Gruppe zu.

Tools: Solaris Managemen
lilfe
other

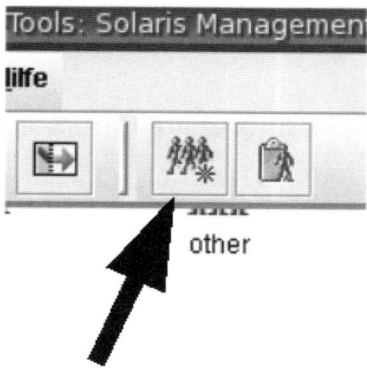

Abb. 5.5: Anlegen einer neuen Gruppe

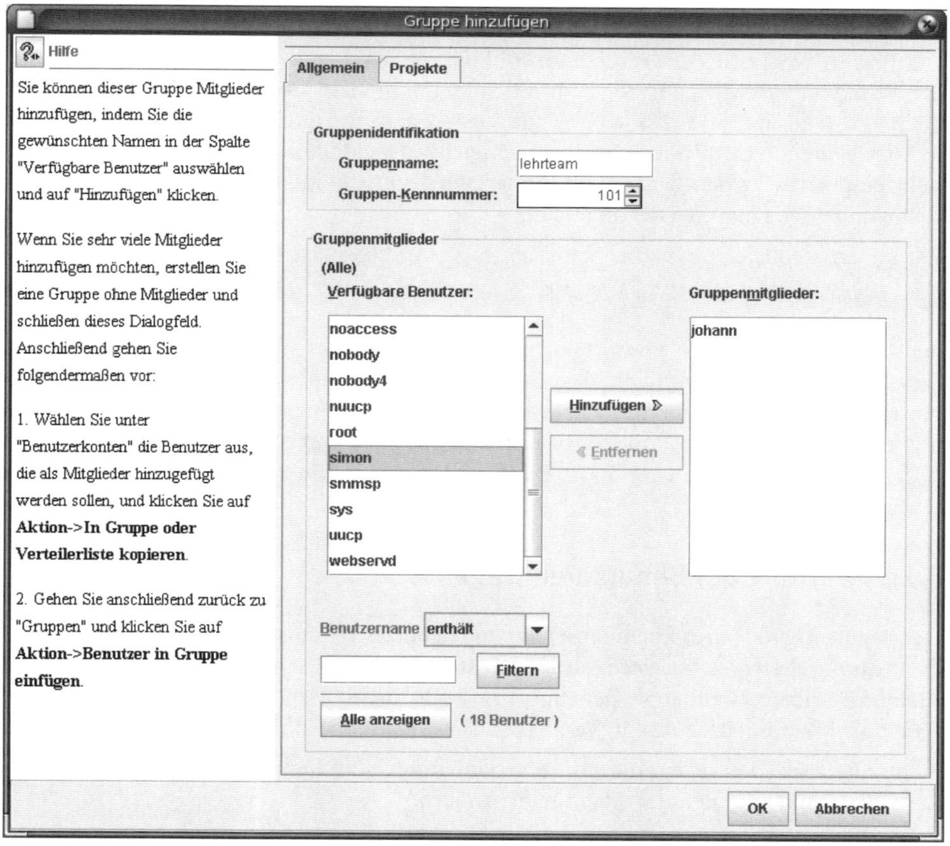
Gruppe hinzufügen
Hilfe
Sie können dieser Gruppe Mitglieder hinzufügen, indem Sie die gewünschten Namen in der Spalte "Verfügbare Benutzer" auswählen und auf "Hinzufügen" klicken.
Wenn Sie sehr viele Mitglieder hinzufügen möchten, erstellen Sie eine Gruppe ohne Mitglieder und schließen dieses Dialogfeld. Anschließend gehen Sie folgendermaßen vor:
1. Wählen Sie unter "Benutzerkonten" die Benutzer aus, die als Mitglieder hinzugefügt werden sollen, und klicken Sie auf Aktion->In Gruppe oder Verteilerliste kopieren.
2. Gehen Sie anschließend zurück zu "Gruppen" und klicken Sie auf Aktion->Benutzer in Gruppe einfügen.
Allgemein
Projekte
Gruppenidentifikation
Gruppenname:
lehrteam
Gruppen-Kennnummer:
101
Gruppenmitglieder
(Alle)
Verfügbare Benutzer:
noaccess
nobody
nobody4
nuucp
root
simon
smmsp
sys
uucp
webservd
Hinzufügen
Entfernen
Gruppenmitglieder:
johann
Benutzername
enthält
Filtern
Alle anzeigen
(18 Benutzer)
OK
Abbrechen

Abb. 5.6: Bearbeiten eines Gruppeneintrages

Klicken wir mit der rechten Maustaste auf ein Gruppensymbol, so haben wir folgende Möglichkeiten:

- Hinzufügen einer Gruppe
- Einen zuvor im Benutzermenü markierten Anwender in die angeklickte Gruppe hinzufügen
- Löschen der angeklickten Gruppe
- Eigenschaftenmenü (Gruppe bearbeiten)

Für die Shell benutzen wir `groupadd` zum Hinzufügen einer Gruppe. Die einzige Option, `-g`, dient der Vergabe der ID abweichend vom Vorschlag des Systems. Der Gruppenname sollte mindestens einen Kleinbuchstaben (am besten aber komplette Kleinschreibung) enthalten. Leer- und Sonderzeichen dürfen nicht im Namen enthalten sein.

Wir legen die Gruppe `sonderarbeiten` an:

```
sparc# groupadd sonderarbeiten
UX: groupadd: sonderarbeiten name too long.
```

Der Eintrag wird trotzdem gesetzt, obwohl wir die maximal 8 empfohlenen Zeichen für den Namen überschritten haben. Wir möchten ihn deshalb ändern, wozu wir `groupmod` benutzen. Dessen Option `-g GID` erlaubt das Ändern der Gruppen-ID, `-n NEUERNAME` das des Namens. Um Zuordnungsprobleme zu vermeiden, sollte dieser Befehl mit Vorsicht eingesetzt werden. Unter Umständen wird sonst beim `ls -l`-Befehl anstelle des Gruppennamens nur die GID angezeigt.

Wir ändern den Gruppennamen von `sonderarbeiten` nach `soarb` ab:

```
sparc# groupmod -n soa sonderarbeiten
```

Aus vorherigen Versuchen existiert noch eine Gruppe `sondera`. Diese soll gelöscht werden. Beim Löschen von Gruppen gilt, dass Dateien und Verzeichnisse mit dem entsprechenden Eintrag dann nur die ID anzeigen. Mit `find -nogroup` können Sie diese Objekte ermitteln und eine andere Gruppe (`chown`) zuweisen. Wir benutzen `groupdel` zum Löschen:

```
sparc# groupdel sondera
```

5.2.3 Wartung der Benutzereinträge

Der Benutzername (auch Loginname) und die Benutzer-ID müssen eindeutig sein. Der Name muss mindestens 2, höchstens aber 8 Zeichen aufweisen. Es muss hierbei mindestens ein Kleinbuchstabe verwendet werden. Sonst sind alle Buchstaben, Zahlen sowie Unterstrich, Punkt und Bindestrich zulässig. Vermeiden Sie Umlaute!

Wenn Sie „reale" Benutzer anlegen, vergeben Sie auch ein Kennwort für die erste Anmeldung. Dies sollte der Benutzer dann selbst ändern.

In der SMC-Konsole erreichen Sie die Benutzerverwaltung durch Klicken auf `System-konfiguration`, `Benutzer` und `Benutzerkonten`. Es besteht die Möglichkeit, unter `Benutzervorlagen` eine oder mehrere Vorlagen zu erstellen.

In einer Vorlage legen Sie insbesondere folgende Punkte fest:

- Login-Shell (z. B. `sh`, `csh`, `ksh`, `zsh`, `bash`)
- Verfalldatum des Zugangs
- Primäre und ggf. sekundäre Gruppe
- Heimatverzeichnis und Verzeichnis mit der „Grundausstattung" (`/etc/skel`) sowie dem Rechner, auf dem das Heimatverzeichnis liegt
- Festlegung der Zugriffsattribute auf das Heimatverzeichnis
- Kennwortvorschriften (Mindestlänge, Benutzungsdauer ...)

In der SMC-Konsole können auf zwei Arten Benutzer angelegt werden. Mit Assistenten-unterstützung werden alle wesentlichen Punkte über mehrere Bildschirmseiten abgefragt. Dieses Verfahren wird man lediglich benutzen, wenn man nur eine geringe Anzahl von Benutzern auf dem System verwaltet. Die zweite Methode bezieht sich auf die vorher erstellte Vorlage.

Legen Sie in fast jedem Fall die Heimatverzeichnisse unter `/export/home` an. Die SMC-Konsole bietet dies als Vorbelegung an. Das Beispiel (Abbildung 5.7 auf der nächsten Seite) zeigt das Anlegen eines neuen Benutzers mit Auswahl einer von uns erstellten Vorlage (`stamm`).

Zum Bearbeiten eines Benutzers führen Sie auf dessen Symbol einen Rechtsklick aus. Sie erhalten dann ein Menü, mit dem Sie

- einen oder mehrere Benutzer hinzufügen,
- den Benutzer in eine Gruppe oder Verteilliste kopieren,
- Rechte zuordnen,
- den Benutzer löschen,
- oder dessen Eigenschaften bearbeiten können.

Bei letzterem Punkt erhalten Sie ein Menü, welches dem der Vorlagenerstellung gleicht. Hierin können Sie Ihre Änderungen vornehmen, z. B. Rechte hinzufügen oder auch ein vergessenes Kennwort ändern. Der Punkt `In Gruppe oder Verteilliste kopieren` ermöglicht es, den Anwender anschließend im Gruppenmenü einer Gruppe hinzuzufügen.

Beim Löschen eines Benutzers werden Sie gefragt, ob Heimat- und Mail-Verzeichnis entfernt werden sollen. Das Heimatverzeichnis kann anschließend umbenannt und einem neuen Benutzer überlassen werden, der die Nachfolge des gelöschten antritt.

In der Shell fügt `root` mittels `useradd` neue Benutzer zum System hinzu. Dieser Befehl verfügt ebenfalls über Voreinstellungen, die man bearbeiten kann. Sie sind in der Datei `/usr/sadm/defadduser` abgelegt. Wenn Sie mit mehreren Vorbelegungen arbeiten möchten, wird Ihnen ein Shell-Skript sehr von Nutzen sein, mit dem Sie unter anderem die entsprechende Vorlagendatei verwenden können.

Ein großes Problem aus der Praxis aber ist oft, dass der Systembetreuer eigentlich nichts mit Personaldingen zu tun hat. Oft bekommt man von der Personalverwaltung mehr oder weniger brauchbare Zettel mit den Angaben. Dabei kann das Personalbüro die für den

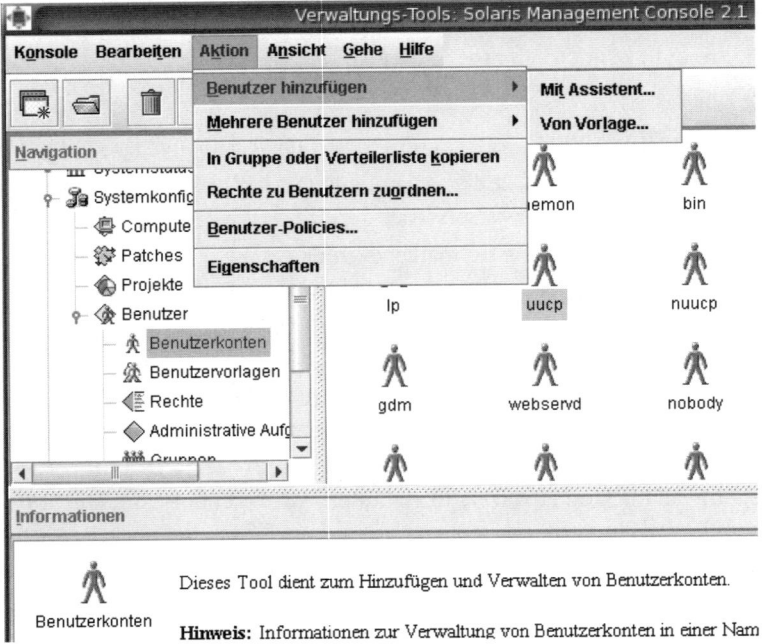

Abb. 5.7: Aktionsmenü der Benutzerverwaltung

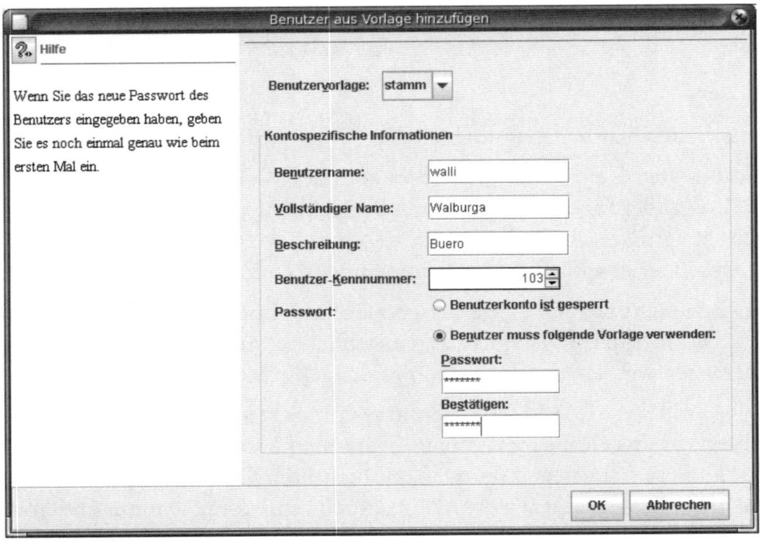

Abb. 5.8: Anlegen eines neuen Benutzers nach Vorlage

EDV-Zugang notwendigen Daten selbst in eine Datenbank einpflegen und root führt, ggf. automatisch mittels cron, den Aufruf von useradd durch. Man kann auch den Mitarbeitern des Personalbüros die Möglichkeit einräumen, den Benutzer selbst aufzunehmen. Dazu später mehr.

Die Kommandos useradd und usermod haben die in der Tabelle 5.4 aufgelisteten Optionen.

Tab. 5.4: Optionen von useradd und usermod

Eintrag, Aktion	Option
Kommentar zum Benutzer eintragen	-c KOMMENTAR
Zuweisung des Heimatverzeichnisses	-d PFAD/HEIMATVERZEICHNIS
Verfalldatum des Benutzerkontos	-e MM/TT/YY
Zugang sperren nach … nicht aktiven Tagen	-f TAGE
Zuweisung der primären Gruppe	-g GID
Zuweisung einer oder mehrerer sekundärer Gruppen	-G GID1, GID2,...
Verwendung der Initialisierungsdateien aus dem angegebenen Verzeichnis anstelle von /etc/skel	-k VERZEICHNIS
Wechsel des Benutzernamens (**nicht bei** useradd)	-l NEUERNAME
Heimatverzeichnis anlegen, wenn noch nicht vorhanden (**bei** usermod **mit** -d **Umbenennung**)	-m
Login-Shell zuweisen	-s SHELL
Numerische Benutzer-ID zuweisen	-u UID
Ein oder mehrere Profile zuweisen	-P PROFIL
Eine oder mehrere Rollen zuweisen	-R ROLLE
Defaulteinstellungen abfragen/verändern	-D

Wir legen einen Benutzer (walli) in der Gruppe staff, GID 10, mit neuem Heimatverzeichnis an:

```
sparc# useradd -m -g schulung -s /usr/bin/zsh -c "Walburga, Tel. 1612" walli
64 Blöcke
sparc# id walli
uid=103(walli) gid=100(schulung)
sparc# ls -ld /export/home/walli
drwxr-xr-x   2 walli     schulung      512 Jan 14 13:27 /export/home/walli
```

Mit usermod können wir die Einstellungen eines Benutzers ändern. Die wichtigsten Optionen finden Sie in der Tabelle 5.4 aufgelistet.

Wir möchten walli einer weiteren Gruppe zuweisen:

```
# usermod -G lehrteam walli
# »cat /etc/group | grep walli»
lehrteam::101:johann,simon,walli
```

Mittels userdel entfernen wir ein Benutzerkonto vom System. Geben wir dazu die Option -r ein, wird auch das Heimatverzeichnis gelöscht.

Wir entfernen die Benutzerin walli samt Heimatverzeichnis:

```
# userdel -r walli
# id walli
id: Ungültiger Benutzername: "walli"
# cat /etc/group | grep walli
# ls -ld /export/home/walli
/export/home/walli: Datei oder Verzeichnis nicht gefunden
```

Der Aufruf hat für die verschiedenen möglichen Fehlersituationen entsprechende Exit-Codes. Wenn Sie ein Shell-Skript erstellen, können Sie diese auswerten.

Ein gültiges Kennwort ist die Voraussetzung für einen Systemzugang, und es gibt genug Gründe, sie zu ändern: Kennwörter werden vergessen, mit den berühmten kleinen gelben Zetteln oder mittels Bleistift am Bildschirmgehäuse angebracht oder sind sonst irgendwie im Betrieb ein offenes Geheimnis.

Mit dem Kommando passwd kann jeder Benutzer sein Kennwort selbst ändern, root erledigt damit weitere Aufgaben:

- Ändern von Benutzerkennwörtern
- Statusabfragen
- Benutzerkennwörter löschen
- Festlegen von Heimatverzeichnis, Login-Shell und Ablaufdauer von Kennwörtern

In der Tabelle 5.5 auf der nächsten Seite finden Sie die wichtigsten Optionen von passwd.

Das Ergebnis der Statusabfrage liefert regelmäßig eines von vier Kürzeln:

PS Das Benutzerkonto hat ein (gültiges) Kennwort
NL Dieses Konto ist kein Systemzugang, keine Anmeldung möglich
LK Benutzerkonto gesperrt
NP Offener Zugang, ohne Kennwort

Unter /etc/shadow werden Kennwortinformationen abgelegt:

```
.....
smmsp:NP:6445:::::::
listen:*LK*:::::::
gdm:*LK*:::::::
webservd:*LK*:::::::
nobody:*LK*:6445:::::::
noaccess:*LK*:6445:::::::
nobody4:*LK*:6445:::::::
simon:4chyaF3LcqmQs:13506::::::
```

```
johann:PduObKFsITIP6:13527:
..........
```

Tab. 5.5: Optionen von `passwd`

Aktion	Option
Allgemein	
Angabe, in welcher Datenbank das Kennwort geändert wird (files, NIS, NIS+)	`-r DATENBANK`
Kennwort löschen	`BENUTZER -d`
Kennwort für Benutzer ändern	`BENUTZER`
Auflisten des Kennwortstatus	`-s BENUTZER`
Auflisten Kennwortstatus aller Benutzer (nur zusammen mit `-s`)	`-a`
NIS-Domain angeben	`-D DOMAIN`
Benutzer zur Kennwortänderung zwingen	`-f BENUTZER`
Konto kann nicht zur Anmeldung benutzt werden	`-N BENUTZER`
Ändern von	
Anmelde-Shell	`-e BENUTZER`
Kommentar	`-g BENUTZER`
Heimatverzeichnis	`-h BENUTZER`
Optionale Kennworteinstellungen	
Zugang sperren	`-l BENUTZER`
Tage, bis Kennwort geändert werden darf	`-n TAGE`
Anzahl Warntage vor Ablauf Kennwort	`-w TAGE`
Gültigkeit Kennwort in Tagen	`-x TAGE`

Der Aufbau von `/etc/shadow` im Detail:

Feld	Inhalt
1	Benutzername
2	Entweder verschlüsseltes Kennwort oder LK oder NP
3	Datum der letzten Kennwortänderung, als Tage nach dem 1.1.1970 (`lastchg`)
4	Anzahl Tage, bis Kennwort geändert werden darf (`min`)
5	Anzahl Tage, bis Kennwort geändert werden muss (`max`)
6	Anzahl der Tage vor dem Kennwortablauf, in denen der Benutzer auf den bevorstehenden Kennwortwechsel hingewiesen wird (`warn`)
7	Zahl der Tage mit Inaktivität, bis die Sperrung erfolgt (`inactive`)
8	Ablaufdatum Benutzerkonto, als Tage nach dem 1.1.1970 (`expire`)
9	Derzeit unbelegt

Das Verhalten der Kennwortverwaltung ist in der Datei /etc/default/passwd geregelt:

```
#ident   "@(#)passwd.dfl 1.7     04/04/22 SMI"
#
# Copyright 2004 Sun Microsystems, Inc.  All rights reserved.
# Use is subject to license terms.
#
MAXWEEKS=
MINWEEKS=
PASSLENGTH=6

# NAMECHECK enables/disables login name checking.
# The default is to do login name checking.
# Specifying a value of "NO" will disable login name checking.
#
#NAMECHECK=NO

# HISTORY sets the number of prior password changes to keep and
# check for a user when changing passwords.  Setting the HISTORY
# value to zero (0), or removing/commenting out the flag will
# cause all users' prior password history to be discarded at the
# next password change by any user.  No password history will
# be checked if the flag is not present or has zero value.
# The maximum value of HISTORY is 26.
#
# This flag is only enforced for user accounts defined in the
# local passwd(4)/shadow(4) files.
#
#HISTORY=0
#
# Password complexity tunables.  The values listed are the defaults
# which are compatible with previous releases of passwd.
# See passwd(1) and pam_authtok_check(5) for use warnings and
# discussion of the use of these options.
#
#MINDIFF=3
#MINALPHA=2
#MINNONALPHA=1
#MINUPPER=0
#MINLOWER=0
#MAXREPEATS=0
#MINSPECIAL=0
#MINDIGIT=0
#WHITESPACE=YES
#
#
# passwd performs dictionary lookups if DICTIONLIST or DICTIONDBDIR
# is defined. If the password database does not yet exist, it is
# created by passwd. See passwd(1), pam_authtok_check(5) and
# mkdict(1) for more information.
#
#DICTIONLIST=
#DICTIONDBDIR=/var/passwd
```

Es sind standardmäßig nur die ersten drei Parameter aktiv. Wichtig ist die Festlegung der minimalen Kennwortlänge (PASSLENGTH). Setzen Sie hier höhere Werte im Interesse der Systemsicherheit! Die anderen Einstellmöglichkeiten sind durch die Kommentare gut erklärt.

Unser Benutzer geht für längere Zeit in Urlaub, wir sperren den Zugang:

```
sparc# passwd -l johann
passwd: Passwortinformationen wurden für johann geändert
sparc# passwd -s johann
johann    LK
```

Wir löschen das Kennwort von Johann. Die Folgen sehen wir, wenn sich Johann anmeldet. Er muss ein Kennwort vergeben:

```
sparc# passwd -d johann
passwd: Passwortinformationen wurden für johann geändert
sparc# passwd -s johann
johann    NP
- - - - - - - - - - - - - - - - - - - - - - - - - - -
sparc console login: johann
Choose a new password.
New Password: ********
Re-enter new Password: ********
login: password successfully changed for johann
```

Johann hat sein Kennwort vergessen, wir vergeben ein neues:

```
sparc# passwd johann
Neues Passwort: ********
Bitte geben Sie das neue Passwort nochmals ein: ********
passwd: Passwort wurde für johann erfolgreich geändert
```

Johann hat sein Kennwort wieder einmal auf das Bildschirmgehäuse geschrieben. Er muss ein neues vergeben, wobei er keinesfalls das alte weiterverwenden darf (was er aber zunächst versucht):

```
sparc# passwd -f johann
passwd: Passwortinformationen wurden für johann geändert
- - - - - - - - - - - - - - - - - - - - - - - - - - -
sparc console login: johann
Password: ********
Choose a new password.
New Password: ********
login: The first 8 characters of the old and new passwords must differ by at ⟩
least 3 positions.
Try again

Choose a new password.
New Password: **********
Re-enter new Password: **********
login: password successfully changed for johann
Last login: Sun Jan 14 16:13:25 on console
Sun Microsystems Inc.   SunOS 5.10    Generic January 2005
$
```

Sowohl nach der Anmeldungen mit der Aufforderung, ein neues Kennwort zu vergeben, als auch nach der von `root` vorgenommenen Änderung ergibt sich folgender Status:

```
sparc# passwd -s johann
johann    PS
```

Johann bekommt eine neue Login-Shell:

```
sparc# passwd -e johann
Alte Shell: /bin/ksh
Neue Shell: /bin/sh
passwd: Passwortinformationen wurden für johann geändert
```

Mit pwconf

- erzeugen Sie die Datei /etc/shadow, wenn diese noch nicht existiert,
- aktualisieren Sie /etc/shadow bezüglich fehlender oder überzähliger Einträge

Grundlage hierfür ist /etc/passwd.

Es ist durchaus erforderlich, die Datei /etc/passwd auf Unstimmigkeiten hin zu überprüfen. Dies geschieht mittels pwck:

```
sparc# pwck

wastl:x:103:1::/export/home/wastl:/bin/sh
        Login directory not found
```

Der beanstandete Benutzer verfügt nicht über das in /etc/passwd eingetragene Heimatverzeichnis. Beim Anlegen mittels useradd wurde vermutlich die Option -m vergessen.

5.2.4 Rollenbasierte Zugriffskontrolle (RBAC)

Mit diesem noch recht neuen Mechanismus von Solaris werden durch root Rollen für Benutzer definiert. Damit kann er administrative Aufgaben auch an gewöhnliche Benutzer übertragen.

Die RBAC weist folgende Komponenten auf:

Authorization Die Autorisierung beschreibt eine Definition von Rechten in Bezug auf den Zugriff bestimmter Funktionen.

Profile Ein Profil fasst eine festgelegte Menge von Autorisierungen und Befehlen zusammen.

Role Eine Rolle ist im Grunde eine Benutzerkennung, mit der vorgegebene Tätigkeiten erledigt werden.

Die RBAC bedient sich verschiedener Konfigurationsdateien:

/etc/user_attr

Hier werden Benutzer/Rollen mit Profilen und Autorisierungen zusammengeführt.

Es werden nur die Felder 1 und 5 derzeit belegt, der Rest ist für künftige Erweiterungen und Verfeinerungen reserviert:

```
BENUTZER:res:res:res:ATTRIBUTE
```

Auszug aus `/etc/user_attr`

```
adm:::::profiles=Log Management
```

Dem Benutzer `adm` wurde hier das Profil `Log-Management` zugewiesen.

Die möglichen Schlüsselwerte für die Attributsspalte lauten:

auths   Eine oder mehrere (Trennung: Komma) Autorisierungen aus `auth_attr`. Alle Autorisierungen können durch das *-Zeichen angegeben werden.

profiles   Bezieht sich auf die in `/etc/security/prof_attr` ausgewiesenen Profile. Die Angaben werden von links nach rechts gelesen. Der Parameter `All` ergibt eine Zuweisung aller Befehle ohne Attribute.

roles   Liste von Rollen aus `user_attr`. Beachten Sie, dass Rollen nur Benutzern zugeteilt werden können.

type   Unterscheidungsmerkmal, ob es sich um eine Rolle (`role`) oder einen Benutzer handelt (`normal`).

/etc/security/auth_attr

Enthält Definitionen der Autorisierungen und deren Attribute.

Aufgabenbereiche werden dem angegebenen Benutzer durch Autorisierung zugänglich. Es können einem Benutzer oder einer Rolle mehrere Autorisierungen zugewiesen werden.

Es werden die Datenfelder 1 und 4-6 in der Form

```
AUTORISIERUNG:res:res:KURZBESCHREIBUNG:LANGBESCHREIBUNG:ATTRIBUTE
```

belegt.

Der Eintrag für das Feld AUTORISIERUNG besteht in der Form VORSILBE.[NACHSILBE]. I. d. R. lautet die Vorsilbe `solaris`.

Eine Endung mit `grant` ermöglicht es dem Benutzer, die Autorisierung auch anderen Anwendern zuzuweisen.

Beispiel:

```
solaris.system.shutdown:::Shutdown the System::help=SysShutdown.html
```

Die Autorisierung im Beispiel lässt das Herunterfahren des Systems zu. Die Langbeschreibung besteht hier aus einer Hilfedatei im HTML-Format und steht in der grafischen Benutzeroberfläche bereit.

/etc/security/prof_attr

Legt Profile mit Autorisierungen und Attributen fest.

In dieser Datei sind die Felder 1, 4 und 5 belegt. Das erste Feld bezeichnet das Profil selbst, das vierte dient der Kurzbeschreibung, im letzten Feld werden die Schlüsselbegriffe `help` für den Verweis auf eine HTML-Datei oder `auth` für durch Komma abzutrennende Autorisierungen verwendet.

```
PROFIL:res:res:BESCHREIBUNG:ATTRIBUTE
```

Ein Auszug aus der aktuell verwendeten Datei des Testsystems:

```
User Management:::Manageusers,groups,homedirectory:auths=solaris.profmgr.read,⟩
solaris.admin.usermgr.write,solaris.admin.usermgr.read;help=RtUserMngmnt.html
User Security:::Manage passwords, clearances:auths=solaris.role.*,solaris.⟩
profmgr.*,solaris.admin.usermgr.*;help=RtUserSecurity.html
```

/etc/security/exec_attr

Definitionen von Befehlen und ihren Attributen mit Zuordnung zu den Profilen
Hier sind die Felder 1-3 und 6-7 genutzt.

```
PROFIL:POLICY:TYP:res:res:STRING:SICHERHEITSATTRIBUTE
```

Das erste Feld enthält den auch in den anderen Dateien vorgehaltenen Profilnamen. Im
Feld POLICY geht es um die Sicherheit. Mit suser gekennzeichnete Einträge benötigen die
Rechte von root. Das nächste Feld gibt den Typ an. Derzeit ist der einzige gültige Eintrag
cmd. Das sechste Feld erfordert die Eingabe des vollen Pfadnamens des Kommandos. Im
letzten Feld werden die Werte der Sicherheitsattribute eingetragen. Diese enthalten den
Benutzernamen als Text oder numerischen Wert, den Gruppennamen oder die numerische
GID. Bei der Zuweisung gelten folgende Schlüssel:

egid Ausführung mit der effektiven Gruppen-ID, bei zugewiesenem SGID-Bit
euid Ausführung mit der effektiven UID, bei zugewiesenem SUID-Bit
gid Sowohl die reelle als auch die effektive GID möglich
uid Sowohl die relle als auch die effektive UID möglich

Ein Beispiel vom Testsystem:

```
User Management:suser:cmd:::/usr/sbin/grpck:euid=0
```

> **Hinweis:** Rollen...
> werden gemeinsam mit dem su-Kommando und dem Befehl aktiv. Die eigene, tatsäch-
> liche Benutzer-ID tritt nicht in Erscheinung.

Wir begeben uns in das Rechte-Menü der SMC-Konsole (Abbildung 5.9 auf der nächsten
Seite). Der Benutzer Harald soll (das Profil der) Benutzer- und Kennwortverwaltung
übernehmen.

In /etc/user_attr wurde dabei folgende Zeile durch die SMC-Konsole eingetragen:

```
harald:::::profiles=User Management,User Security;type=normal
```

Zum Erstellen einer Rolle steht uns auf der Shell das Kommando roleadd zur Verfügung.
Es ähnelt ziemlich useradd. Genauso existiert hier eine Datei mit Standardvorgaben
(/usr/sadm/defaddrole), welche man ebenfalls mit der Option -D erstmalig erzeugt.

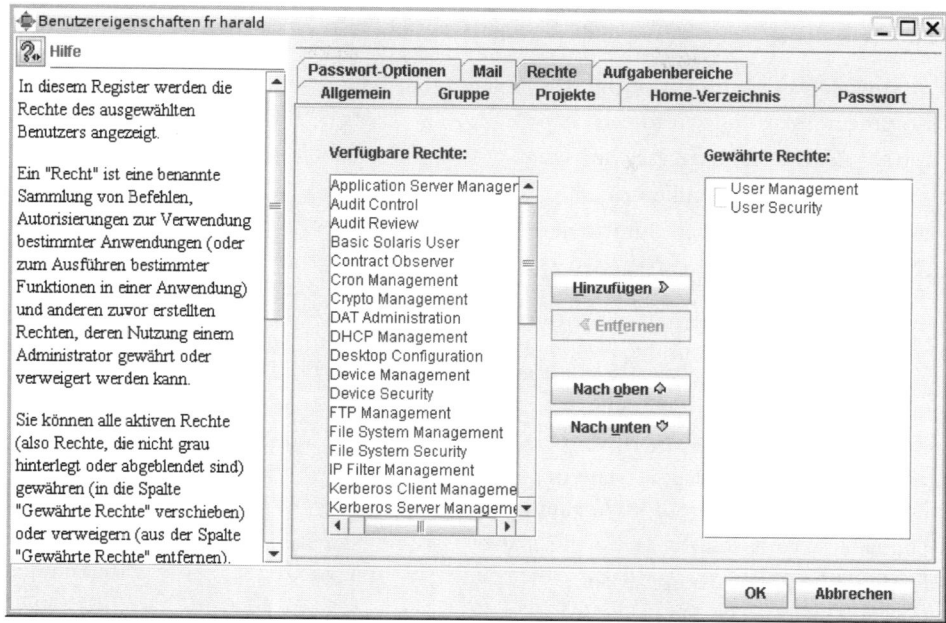

Abb. 5.9: Zuweisung der Profiles für die Benutzer- und Kennwortverwaltung

Gleichsam gibt es ein Kommando zur Änderung der Einträge, `rolemod`, welches fast über dieselben Optionen verfügt.

Die Kommandos `roleadd` und `rolemod` haben die in der Tabelle 5.6 auf der nächsten Seite aufgelisteten Optionen.

Wir wollen `root` bei seiner täglichen Arbeit entlasten und eine neue Rolle zur Druckerverwaltung schaffen:

```
sparc# roleadd -m -d /export/home/druck -c "Druckerverwaltung" -P All,"Printer ⟩
Management" druck
64 Blöcke
sparc# passwd druck
Neues Passwort: ********
Bitte geben Sie das neue Passwort nochmals ein: ********
passwd: Passwort wurde für druck erfolgreich geändert
sparc# echo "druck:suser:cmd::/usr/sbin/lpadmin:uid=0" >> /etc/security/⟩
exec_attr
sparc# echo "druck::Druckerverwaltung:" >> prof_attr
sparc# rolemod -P druck,All druck
sparc# usermod -R druck harald
```

Wenn Sie nach dem `su`-Kommando die Shell-Variable abfragen, erhalten Sie folgende Ausgabe:

```
$ echo $0
-pfsh
```

Tab. 5.6: Optionen von `roleadd` und `rolemod`

Eintrag, Aktion	*Option*
Kommentar zur Rolle eintragen	`-c KOMMENTAR`
Zuweisung des Heimatverzeichnisses	`-d PFAD/HEIMATVERZEICHNIS`
Verfalldatum des Rollenkontos	`-e MM/TT/YY`
Rolle wird ungültig nach … nicht aktiven Tagen	`-f TAGE`
Zuweisung der primären Gruppe	`-g GID`
Zuweisung einer oder mehrerer sekundärer Gruppen	`-G GID1, GID2,...`
Verwendung der Initialisierungsdateien aus dem angegebenen Verzeichnis anstelle von `/etc/skel`	`-k VERZEICHNIS`
Wechsel des Rollennamens (**nicht bei** `roleadd`)	`-l NEUERNAME`
Heimatverzeichnis anlegen, wenn noch nicht vorhanden (**bei** `rolemod` **mit** `-d` **Umbenennung**)	`-m`
Login-Shell zuweisen	`-s SHELL`
Numerische Rollen-ID zuweisen	`-u UID`
Ein oder mehrere Profile zuweisen	`-P PROFIL`
Defaulteinstellungen abfragen/verändern	`-D`

Es wird eine spezielle Form der Shell ausgeführt!

Mit `roledel -r ROLLE` wird die Rolle samt Heimatverzeichnis gelöscht:

```
sparc# roledel -r druck
```

Zum schnellen Auflisten von Rollen, Profilen und Autorisierungen gibt es die Befehle `roles`, `profiles` und `auths`. Man kann auch mehrere Benutzernamen als Argumente übergeben.

```
sparc# roles harald
Keine Rollen
sparc# profiles harald
User Management
User Security
Basic Solaris User
All
sparc# auths harald
solaris.profmgr.read,solaris.admin.usermgr.*,solaris.role.*,solaris.profmgr ⏎
.*,...........
sparc#
```

> **Hinweis:** RBAC
> Solaris10 und OpenSolaris bzw. das Solaris Community Release werden besonders auch im Bereich RBAC stetig weiterentwickelt. Beachten Sie die Verlautbarungen von Sun bezüglich dieses Themenkreises!

5.3 Benutzerquotas im UFS-Dateisystem

Quotas dienen der Beschränkung des Plattenspeicherplatzes für Benutzer. Sie helfen zum einen, dass Systemressourcen nicht im Übermaß wegen sinnloser Inhalte vergeudet werden, zum anderen beugen sie der „Vermüllung" der Heimatverzeichnisse vor. Die Benutzer belassen meist nur die wirklich wichtigen Dateien am System.

5.3.1 Grundlagen

Bei den Quotas sind einige Dinge zu beachten:

Soft-Limit   Grenze der Speicherplatzbelegung, die für einen bestimmten Zeitraum überschritten werden darf.

Timeleft   Innerhalb dieser Zeitspanne muss der Benutzer die Größe des benutzten Plattenspeichers unter die des Soft-Limits bringen. Nach Ablauf der angegebenen Zeit kann er keine Dateien mehr anlegen, die Standardvorgabe ist sieben Tage.

Hard-Limit   Absolute Obergrenze der zugewiesenen Speicherkapazität für den Benutzer.

Begrenzung   Die Begrenzung kann in zwei Arten angegeben werden:

- in Kilobyte
- Anzahl der Dateien oder Inodes

> **Hinweis:** Quotas ...
> gelten nicht für `root`. Er kann weitere Daten in die Heimatverzeichnisse von Benutzern legen, deren Hard-Limit überschritten wurde!

5.3.2 Einrichtung der Quotafunktion im System

Damit die Beschränkungen gesetzt werden können, müssen einige Vorarbeiten geleistet werden. Diese Schritte nimmt root vor:

- Anlegen einer leeren Quotadatei:

```
# touch /export/home/quotas
```

- Nur root soll ihren Inhalt lesen und schreiben können:

```
# chmod 600 /export/home/quotas
```

- Der Eintrag rq in der Datei /etc/vfstab für die Verfügbarkeit der Quotas ab Systemstart wird mittels Editor manuell gesetzt. Es ist der letzte Eintrag in der Zeile, in dem sich die Anweisungen für das gewünschte Dateisystem befinden:

```
/dev/dsk/c1t2d0s7   /dev/rdsk/c1t2d0s7   /export/home   ufs   2   yes rq
```

- Ohne Neustart können die Quotafunktionen jetzt mittels

```
# quotaon -v /export/home
/export/home: quotas turned on
```

gesetzt werden.

5.3.3 Setzen, Bearbeiten und Abfragen von Quotafestlegungen

Mit dem Kommando edquota wird ein Editor (hier: vi) geöffnet, und Sie können die Eintragungen setzen. Wir wollten nina 5 MB Soft-Limit und 6 MB Hard-Limit eintragen, die Anzahl der Inodes ließen wir (mit 0) unbeschränkt. Anschließend führen wir quotacheck mit der Angabe des Dateisystems an, damit die Quotendatei, die wir vorhin angelegt haben, aktualisiert wird.

```
# edquota nina

- - - - - - - - - - - - - - - - - - - - - - - - - - - - - - -

fs /export/home blocks (soft = 5120, hard = 6144) inodes (soft = 0, hard = 0)

- - - - - - - - - - - - - - - - - - - - - - - - - - - - - - -

# quotacheck -v /export/home
*** Checking quotas for /dev/rdsk/c1t2d0s7 (/export/home)
nina        fixed:  files 0 -> 4  blocks 0 -> 8
```

Anschließend fragen wir unseren Eintrag mit quota -v BENUTZER ab:

```
# quota -v nina
Disk quotas for nina (uid 103):
Filesystem     usage  quota  limit     timeleft  files  quota  limit     timeleft
/export/home       0   5120   6144                    0      0      0
```

Nina benutzt ihren Rechnerzugang eifrig. Wir fragen ihre Belegung ab, diesmal verwenden wir `repquota`:

```
# repquota -v -a
/dev/dsk/c1t2d0s7 (/export/home):
                        Block limits                   File limits
User            used    soft    hard    timeleft    used    soft    hard    timeleft
nina      --    1660    5120    6144                    4       0       0
```

Der benutzte Bereich (`used`, links, mit KB-Angaben) liegt unter dem Soft-Limit, es ist alles in Ordnung.

Die Datenmenge schwillt an, weil sich die Benutzerin zuviel Daten vom Server herunterlädt und deshalb sogar eine Warnung ausgegeben bekommt.

```
sftp> get Gesamtkatalog.pdf
Abrufen von /usr/home/harald/neus/Gesamtkatalog.pdf nach Gesamtkatalog.pdf
quota_ufs: Warning: over disk limit (pid 627, uid 103, inum 2171, fs /export/⟩
home)
```

Wieder ermittelt `root` die Quotabelegung (Hervorhebung der Werte) :

```
# repquota -v -a
/dev/dsk/c1t2d0s7 (/export/home):
                        Block limits                   File limits
User            used    soft    hard    timeleft    used    soft    hard    timeleft
nina      +-    5996    5120    6144    7.0 days        4       0       0
```

Zunächst zeigt uns die Kombination + - an, dass die Beschränkung des absolut angegebenen Speichers, nicht aber der Inodes überschritten wurde. `used` überschreitet `soft`, aber nicht `hard`. Die Benutzerin hat laut `timeleft` nun sieben Tage Zeit, die Überschreitung zu beseitigen.

Nina ignoriert die Warnung und versucht stattdessen noch, die Daten zu vermehren:

```
sparc% cp solution_guide_vpn_de.pdf vpn-anleitung.pdf
quota_ufs: over hard disk limit (pid 643, uid 103, inum 2172, fs /export/home)
cp: solution_guide_vpn_de.pdf: Festplattenwerte überschritten
```

Die Aktion wurde abgebrochen. Entweder man erhöht mittels `edquota` die zulässige Speicherplatzbelegung, oder der Benutzer muss sich von einem Teil seiner Dateien trennen. Die Benutzerin kann durch folgende Abfrage ihre Quotabelegung ermitteln:

```
sparc% /usr/sbin/quota
Over disk quota on /export/home, remove 876K within 5.4 days
```

5.3.4 Quotas ein-/ausschalten und aktualisieren

Manchmal wird es vom betrieblichen Ablauf her notwendig sein, die Quotas aus- und später wieder einzusetzen. Hierfür haben wir die beiden Kommandos:

quotaon

Dient zum Aktivieren der Quotas, mit der Option `-v` erhalten wir eine Ausgabemeldung, mit `-a` werden alle in `vfstab` aufgelisteten angesprochen. Ohne die Option `-a` muss ein Dateisystem angegeben werden.

Wir aktivieren alle in `etc/vfstab` mit dem `rq`-Merker versehenen Dateisysteme:

```
sparc# quotaon -v -a
/export/home: quotas turned on
```

quotaoff

Beim Deaktivieren gelten ebenso die bei `quotaon` genannten Optionen.

Wir deaktivieren gezielt die Quotafunktion eines Dateisystems:

```
sparc# quotaoff -v /export/home
/export/home: quotas turned off
```

quotacheck

Spätestens nach einem Ab- und Wiederanschalten der Quotas liegen oft unzutreffende Werte vor. Hier im Beispiel wurden die Quotas abgestellt und wieder angestellt. Nina hatte bereits Dateien gelöscht, aber es existierte immer noch der alte Eintrag:

```
# quota -v nina
Disk quotas for nina (uid 103):
Filesystem     usage  quota  limit    timeleft  files  quota  limit    timeleft
/export/home   5996   5120   6144     5.4 days  3      0      0
```

Daraufhin führte `root` das Kommando `quotacheck` aus:

```
# quotacheck -v /export/home
*** Checking quotas for /dev/rdsk/c1t2d0s7 (/export/home)
nina        fixed:  files 2 -> 14
```

Wir sehen auch eine Meldung, nachdem bei der Benutzerin `nina` die Einträge korrigiert wurden. Die anschließende Abfrage führte zur Ausgabe des tatsächlichen Belegungsstandes:

```
# quota -v nina
Disk quotas for nina (uid 103):
Filesystem     usage  quota  limit    timeleft  files  quota  limit    timeleft
/export/home   4284   5120   6144               14     0      0
```

5.4 Netzwerkeinstellungen

Hier werden die notwendigsten Einstellungen für eine Anbindung des Solaris-Rechners an ein bestehendes Netzwerk beschrieben.

Normalerweise nehmen Sie viele dieser Einstellungen bereits während der Grundinstallation (Kapitel 2.4 auf Seite 44) oder in einer Neukonfiguration (Kapitel 2.5.5 auf Seite 65) vor.

5.4.1 IP-Adresse Netzwerkkarte

Der Befehl `ifconfig` wird sowohl zum Setzen von Einstellungen als auch zur Abfrage der Netzwerkkonfiguration angewandt. Seine Optionen finden Sie in der Tabelle 5.7.

Tab. 5.7: Optionen von `ifconfig`

Angabe	Option
Befehl gilt für alle Netzwerkschnittstellen des Rechners …	
allgemein	`-a`
im „down"-Zustand	`-d`
im „up"-Zustand	`-u`
mit IPv4-Konfiguration	`-4`
mit IPv6-Konfiguration	`-6`
die nicht durch einen DHCP-Server konfiguriert werden	`-D`
Aktivierung des ARP-Protokolles (Address-Resolution-Protokoll)	`arp`
Aktivierung des RARP-Protokolles (Reverse-Address-Resolution-Protokoll)	`aut-revarp`
Netzwerkschnittstelle aus dem Routingprotokoll ausschließen	`private`
Neue Netzwerkschnittstelle konfigurieren	`plumb`
Netzwerkschnittstelle schließen	`unplumb`
Angabe der/des	
Broadcast-Adresse	`broadcast ADRESSE`
Netzmaske (IPv4)	`netmask WERT`
Routingwertes	`metric WERT`
Maximalgröße des Übertragungsrahmens	`mtu WERT`
Subnetzadresse	`subnet ADRESSE`
Netzwerkschnittstelle	
aktivieren	`up`
deaktivieren	`down`

Wir aktivieren die Netzwerkkarte `eri0` mit der angegebenen Adresse:

```
sparc# ifconfig eri0 192.168.0.5 netmask 255.255.255.0 up
```

Das System merkt sich hierbei die angegebenen Werte für den nächsten Systemstart.

Wir deaktivieren diese Netzwerkkarte wieder:

```
sparc# ifconfig eri0 down
```

Die Netzwerkeinstellungen fragen Sie einfach mit `ifconfig -a` ab:

```
sparc# ifconfig -a
lo0: flags=2001000849<UP,LOOPBACK,RUNNING,MULTICAST,IPv4,VIRTUAL> mtu 8232 index ⟩
1
        inet 127.0.0.1 netmask ff000000
eri0: flags=1000843<UP,BROADCAST,RUNNING,MULTICAST,IPv4> mtu 1500 index 2
        inet 192.168.0.3 netmask ffffff00 broadcast 192.168.0.255
        ether 0:f:1a:a2:d4:13
```

Auch die SMC-Konsole ist ein Werkzeug zur Einstellung der Netzwerkadresse. Klicken Sie Dieser Computer (RECHNERNAME), Systemkonfiguration, Computer und Netzwerke und Computer. Sie erhalten den localhost und den Rechner selbst angezeigt.

Durch Doppelklick auf den Rechnernamen erhalten Sie die Möglichkeit, die IP-Adresse und andere Angaben zu ändern.

Sie können an dieser Stelle auch einen Rechnernamen hinzufügen. Hier geschieht unter anderem der Eintrag nach /etc/inet/hosts, welche die Namensauflösung abseits netzweiter Namensdienste sicherstellt (Abbildung 5.10).

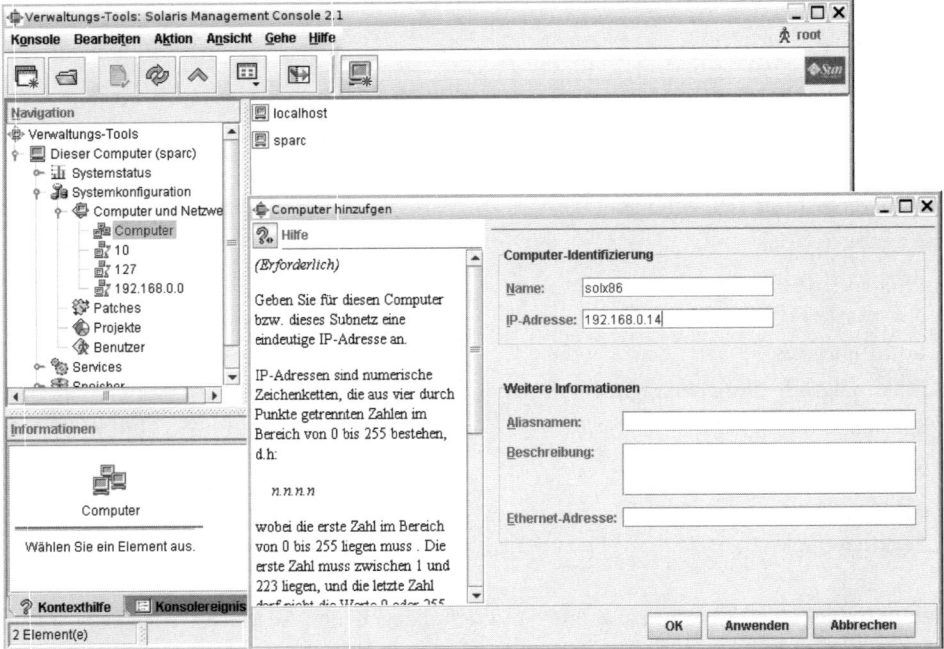

Abb. 5.10: Eintrag eines Rechners mit Namen und IP-Adresse in der SMC-Konsole

Das Ergebnis dieser Arbeit schlägt sich in /etc/inet/hosts nieder:

```
#
# Internet host table
#
127.0.0.1        localhost
192.168.0.3 sparc loghost
192.168.0.14 solx86
```

5.5 Software-Installation und -pflege

Die Installation von Software ist eine typische Aufgabe von root.

Programme liegen uns entweder als Paket vor, welches wir mittels Paketmanagement installieren oder deinstallieren können, als Quelltext, welchen wir selbst in Maschinencode übersetzen müssen, oder als Archiv, in dem sich eine eigene Installationsroutine befindet.

5.5.1 Entwicklungsumgebung einrichten

Die Entwicklungsumgebung für Sun-Solaris, Sun Studio 11, enthält viele nützliche Werkzeuge, die wir auch zur Programminstallation benötigen, wenn wir nur den Quelltext vorliegen haben. Das recht umfangreiche Paket können Sie (kostenfrei) über die Web-Seite von Sun herunterladen.

Die Installation dieser Entwicklungsumgebung läuft außerhalb des Solaris-Paketmanagements in folgenden Schritten ab (hier gezeigt für die Installation auf einem SPARC-System):

- Entkomprimieren des Archivs:

```
bzip2 -d studio11-sol-sparc.tar.bz2
```

- Entpacken des Archivs:

```
tar xfv studio11-sol-sparc.tar
```

- Aufruf des Installationsprogrammes für die Entwicklungsumgebung:

```
./installer
```

Dort folgen Sie den weiteren Anweisungen und führen am besten eine Standard-Installation durch. Sie vergessen damit nicht, notwendige Komponenten zu installieren. Standardmäßig wird die Entwicklungsumgebung unter /opt/SUNWspro abgelegt.

Bei der späteren Arbeit mit dem Sun Studio 11 fiel auf, dass der Kompiler stets mit der Fehlermeldung

```
/usr/ucb/cc: language optional software package not installed
```

seinen Dienst verweigerte. Das genannte Programm /usr/ucb/cc ist allerdings nur ein Shell-Skript, welches den Kompiler wiederum aufruft und offenbar nicht findet. Deshalb ist im Verzeichnis/usr/ccs/bin ein symbolischer Link hierfür einzurichten, wenn diese Fehlermeldung auch bei Ihnen erscheinen sollte. Gleiches gilt auch für den make-Befehl, welchen wir später ebenfalls benötigen.

```
# pwd
/usr/ccs/bin
# ln -s /opt/SUNWspro/bin/cc ucbcc
# cd /usr/ucb
sparc# ln -s /usr/ccs/bin/make .
```

Der Benutzer, der damit arbeiten soll, muss im Anschluss die Pfade für die Werkzeuge und die Manual-Seiten der Entwicklungsumgebung einrichten. In der Konfigurationsdatei der Login-Shell müssen folgende Pfadangaben ergänzt werden:

```
PATH=/usr/bin:/usr/ucb:/etc:/usr/sfw/bin:/opt/SUNWspro/bin:.
MANPATH=/opt/SUNWspro/man:$MANPATH:.
```

Der Anwender kann anschließend mit dem Shell-Aufruf sunstudio die Entwicklungsumgebung starten. Hierbei wird in seinem Heimatverzeichnis ein Unterverzeichnis mit dem Namen .sunstudio angelegt, in welchem man seine Projekte ablegt.

Ein kleines Tutorial ist dabei, mit dem man sich schnell in der Handhabung, die als komfortabel zu bezeichnen ist, zurechtfindet. Am linken Rand des Fensters liegt der Explorer, klicken Sie hier das Sampledir an, und öffnen Sie auch die Hilfeanzeige. Sie werden Schritt für Schritt durch die Aktionen geführt.

5.5.2 Programme aus Quelltext erstellen

Wir möchten neben vi einen weiteren, vielleicht etwas einfacher zu bedienenden Editor am System vorhalten. Unsere Wahl fiel auf nano, der in jeder Hinsicht ein Leichtgewicht darstellt.

Im Folgenden sehen Sie das Vorgehen auf der Shell:

Wir haben das Quelltextpaket aus dem Internet heruntergeladen und in das Verzeichnis .sunstudio gestellt. Dort waren folgende Arbeitsschritte notwendig:

• Entkomprimieren und Entpacken des Quelltextarchivs:

```
harald@sparc$ pwd
/home/harald/.sunstudio
harald@sparc$ gzip -d nano-2.0.2.tar.gz
harald@sparc$ tar xfv nano-2.0.2.tar
x nano-2.0.2, 0 bytes, 0 Bandblöcke
x nano-2.0.2/doc, 0 bytes, 0 Bandblöcke
x nano-2.0.2/doc/Makefile.am, 98 bytes, 1 Bandblöcke
.........
```

- In das neu entstandene Verzeichnis wechseln und das darin vorhandene `configure`-Skript ausführen. Der größte Teil von Quelltextpaketen ist mit diesem Skript ausgestattet. Es fragt verschiedene Variablen ab und ermittelt, welche Software zum Programmerstellen vorhanden ist. Dabei erzeugt es das `makefile`.

```
harald@sparc$ cd nano-2.0.2
harald@sparc$ ./configure
checking build system type... sparc-sun-solaris2.10
checking host system type... sparc-sun-solaris2.10
checking target system type... sparc-sun-solaris2.10
checking for a BSD-compatible install... ./install-sh -c
checking whether build environment is sane... yes
checking for gawk... no
................
config.status: executing depfiles commands
config.status: executing default-1 commands
config.status: creating po/POTFILES
config.status: creating po/Makefile
```

- Die Vorbereitungen für das Kompilieren sind damit abgeschlossen. Wir rufen `make` auf:

```
harald@sparc$ make
make  all-recursive
Making all in doc
Making all in man
................
winio.c:3146: warning: passing arg 2 of 'waddnstr' discards qualifiers from ⟩
pointer target type
gcc  -g -O2   -o nano  browser.o chars.o color.o  cut.o files.o global.o help.⟩
o  move.o nano.o prompt.o  rcfile.o search.o text.o  utils.o winio.o  -lcurses
harald@sparc$
```

- Normalerweise müsste jetzt `root` anschließend `make install` ausführen. Er kann aber auch die fertigen Kompilate von Hand an ihren Zielort bringen. Diese befinden sich i. d. R. im jeweiligen `src`-Verzeichnis (je nach Vorgabe auch `target` oder `bin` möglich).

```
harald@sparc$ su
Passwort: *********
# cp nano /usr/bin
# exit
harald@sparc$ nano
```

Wenn Sie mit dem Sun Studio 11 arbeiten möchten, müssen Sie die vorhin gezeigten Schritte bis einschließlich der Erstellung des `makefile` vollziehen. Anschließend starten Sie die Entwicklungsumgebung.

Führen Sie einen Rechtsklick auf `Filesystems` innerhalb des `Explorer [Filesystems]` aus. Wählen Sie dort `mount` und `local directory` (Abbildung 5.11 auf der nächsten Seite).

Wählen Sie das Verzeichnis, welches vorhin durch das Entpacken des Archivs mit `tar` enstanden war. Klicken Sie auf `finish`.

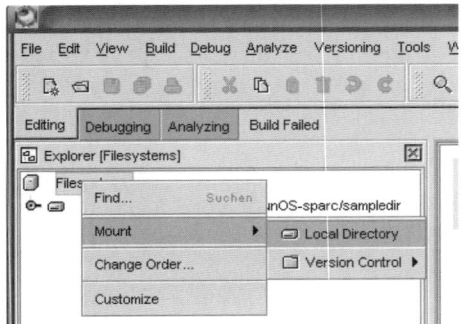

Abb. 5.11: Sun Studio 11: Einbinden eines lokalen Verzeichnisses

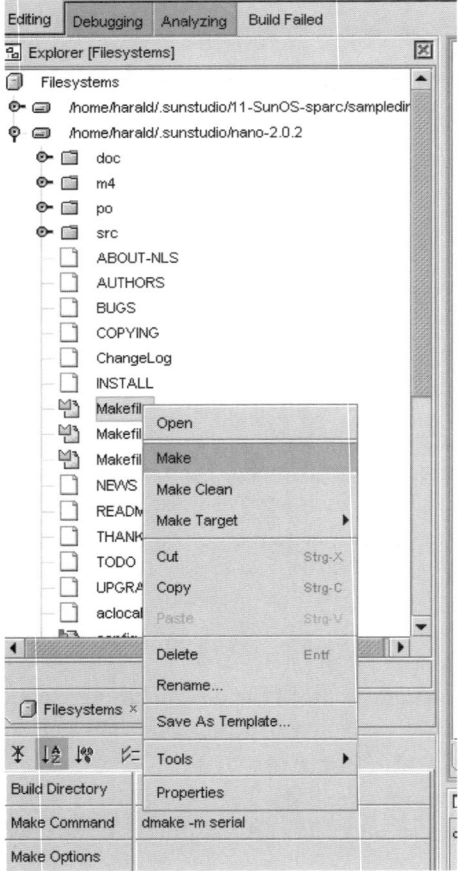

Suchen Sie nun in der linken Spalte die Datei `makefile` und führen einen Rechtsklick auf diese aus. Wählen Sie `make`.

In der rechten Spalte unten können Sie den Verlauf beobachten (Abbildung 5.12 auf der nächsten Seite):

Am Ende muss auch hier `root` im Anschluss die fertige Arbeit an das Ziel bringen.

Der Lohn der Mühe sollte das lauffähige Programm `nano` sein, das uns nun öfter zur Seite steht, wenn diverse Konfigurationsdateien zu bearbeiten sind (Abbildung 5.13 auf der nächsten Seite):

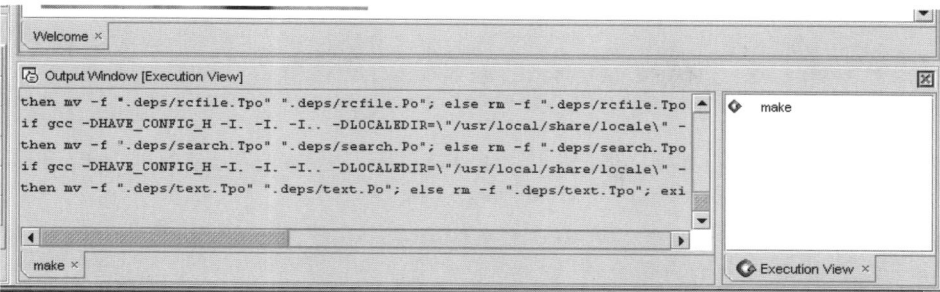

Abb. 5.12: Anzeige des Kompilierverlaufs

Abb. 5.13: Geschafft: nano läuft!

5.5.3 Installation von Programmen in binärer Form

Hier ersparen wir uns die Arbeitsschritte rund um das Kompilieren. Vielmehr liegt uns das Programm schon zur Installation bereit. Oft wird dies über ein beiliegendes Shell-Skript installiert, es ist aber durchaus üblich, dass root von Hand das Programm in das entsprechende Verzeichnis kopiert.

Wir zeigen dies anhand der Installation des Browsers opera auf:

Zunächst entkomprimiert und entpackt root das tar.gz-Archiv:

```
sparc# ls
opera-9.10-20061214.1-static-qt-sol8-sparc-en.tar.gz
sparc# gzip -d opera-9.10-20061214.1-static-qt-sol8-sparc-en.tar.gz
sparc# tar xfv opera-9.10-20061214.1-static-qt-sol8-sparc-en.tar
```

Man muss jetzt in das neu entstandene Verzeichnis wechseln und das darin befindliche Installationsskript aufrufen sowie seine Fragen beantworten:

```
sparc# cd opera-9.10-20061214.1-static-qt-sol8-sparc-en-521
sparc# ./install.sh

Files will be installed as follows:
-----------------------------------------------------------
Wrapper Script : /usr/bin
Binaries       : /usr/lib/opera/9.10-20061214.1
Plugins        : /usr/lib/opera/plugins
Shared files   : /usr/share/opera
Documentation  : /usr/share/doc/opera
Manual page    : /usr/share/man
-----------------------------------------------------------
Is this correct [ y,n,c | yes,no,cancel ] ?
y

System wide configuration files:
  /etc/opera6rc
  /etc/opera6rc.fixed
would be ignored if installed with the prefix "/usr".
Do you want to install them in /etc [ y,n | yes,no ] ?
y
```

Wechseln Sie anschließend in das Verzeichnis /usr/share/opera/locale. Wenn Sie weitere Sprachdateien, z. B. für die deutsche Sprache benötigen, so müssen diese wie in unserem Falle hier liegen:

```
sparc# ls
en              english.lng    ouw910_de.lng
```

Diese Dateien sind bei http://www.opera.com zu beziehen. Die Benutzer können in unserem Falle nun zwischen der englischen und deutschen Sprache wählen.

5.5.4 Pakete

Im Bereich von Unix und verwandten Systemen sind auch Paketmechanismen für die Software-Installation gebräuchlich. Sie ermöglichen die Arbeit wenigstens innerhalb der eigenen Plattform in einem gleichförmigen Rahmen. Viele Anwendungen werden auch von Drittherstellern als Paket geliefert.

Das Standard-Verzeichnis für die Ablage von zu installierenden Paketen ist /var/spool/pkg, man ist aber daran nicht gebunden, wie Sie in den folgenden Beispielen sehen können.

Im Zusammenhang mit der Paketverwaltung kennt Solaris verschiedene Befehle (Tabelle 5.8). Einige von diesen sind eher für Entwickler interessant und werden hier im Rahmen der Einführung in Solaris nicht detailliert behandelt.

Tab. 5.8: Befehle für die Paketverwaltung und -erstellung unter Solaris

Aktion	Befehl
Installation von Software-Paketen	pkgadd
Erstellen einer Antwortdatei für interaktiv geführte Paketinstallationen. Dient der automatisierten Installation.	pkgask
Überprüfung von Software-Paketen vor oder nach deren Installation	pkgchk
Gibt Informationen über installierte oder zu installierende Software-Pakete aus	pkginfo
Erstellen eines Software-Paketes	pkgmk
Ausgabe der Paketinformationen, die in der Datei pkginfo des Software-Pakets hinterlegt wurden.	pkgparam
Deinstallieren von Software-Paketen	pkgrm
Konvertierung zwischen Verzeichnis- und Datenstromformat von Software-Paketen	pkgtrans

Die Paketverwaltung legt systemweite Konfigurationsdateien und -verzeichnisse an.

`/var/sadm/install/admin/default`
Festlegung verschiedener Konfigurationsvariablen zur standardmäßigen Handhabung der Paketinstallation.

`/var/sadm/install/contents`
enhält alle Dateien und Verzeichnisse, welche bei der Paketinstallation angelegt wurden.

`/var/sadm/install/adm/logs`
Erfassung etwaiger Fehlermeldungen aus Paketinstallationen

`/var/sadm/pkg`
In diesem Verzeichnis liegen wieder Unterverzeichnisse für jedes installierte Paket.

Zeichnen wir einfach den kompletten Vorgang einer Programminstallation und späteren De-Installation nach. Anhand von `nedit`, einem recht kompakten Texteditor für die grafische Benutzeroberfläche, werden die Vorgänge dargestellt.

Nach dem Herunterladen des Paketes im Datastreamformat (Es gibt auch noch das Verzeichnisformat) entkomprimieren wir das Paket zunächst:

```
sparc# gzip -d nedit-5.5-sol8-sparc-local.gz
```

Wir erfragen die Informationen über das noch nicht installierte Paket. Dazu verwenden wir `pkginfo` mit der Option `-d` und der Angabe der Paketdatei:

```
sparc# pkginfo -d nedit-5.5-sol8-sparc-local
application SMCnedit nedit
sparc#
```

Anschließend installieren wir das Programm. Hierzu dient uns pkgadd, auch hier geben wir mit der Option -d das Paket an:

```
sparc# pkgadd -d nedit-5.5-sol8-sparc-local

The following packages are available:
  1  SMCnedit     nedit
                  (sparc) 5.5

Select package(s) you wish to process (or 'all' to process
all packages). (default: all) [?,??,q]: [ENTER]

Verarbeite Package-Version <SMCnedit> von </export/home/harald/.sunstudio/nedit ⤸
-5.5-sol8-sparc-local>

nedit(sparc) 5.5
Mark Edel et al
Verwende </usr/local> als Basis-Verzeichnis für Package.
## Package-Informationen werden verarbeitet.
## Systeminformationen werden verarbeitet.
## Benötigter Plattenspeicher wird geprüft.
## Prüfung auf Konflikte mit bereits installierten Packages
## Prüfe auf setuid/setgid-Programme.

Installiere nedit als <SMCnedit>

## Installiere Teil 1 von 1.
/usr/local/bin/nc
/usr/local/bin/nedit
/usr/local/doc/nedit/COPYRIGHT
/usr/local/doc/nedit/ChangeLog
/usr/local/doc/nedit/README
.........................
/usr/local/man/man1/nc.1
/usr/local/man/man1/nedit.1
[ Klasse <none> wird geprüft ]

Installation von <SMCnedit> erfolgreich.
```

Wenn Sie in einem Rutsch viele Pakete einspielen müssen, legen Sie diese in einem Verzeichnis ab, und geben Sie

```
sparc# pkgadd -d $PWD
```

ein. Wir testen, ob die Installation geklappt hat und das Programm sich aufrufen lässt. Wir geben auf der Shell einfach nedit ein (Abbildung 5.14 auf der nächsten Seite):

Natürlich können wir auch per Abfrage ermitteln, ob das Paket installiert wurde:

```
sparc# pkginfo | grep nedit
application SMCnedit                        nedit
```

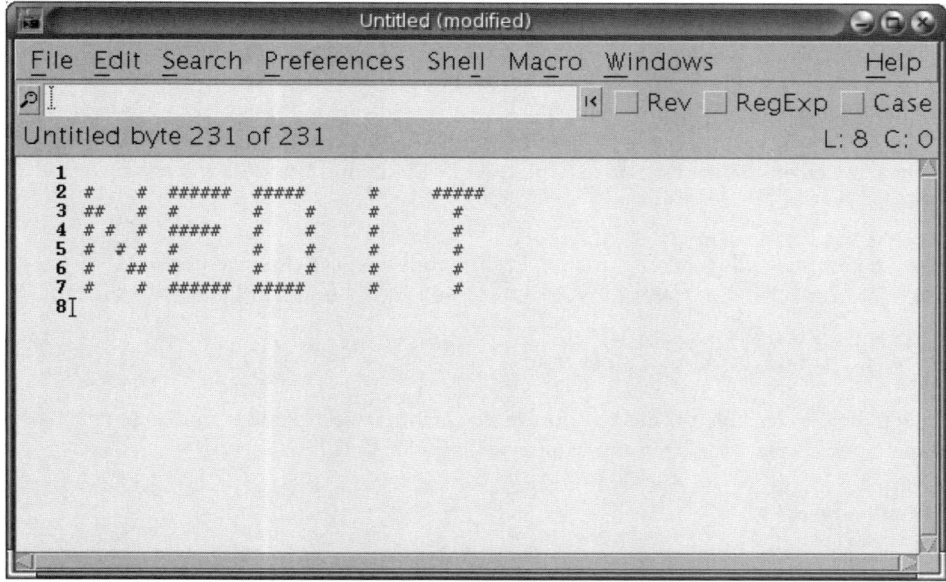

Abb. 5.14: nedit in Aktion

Zum Entfernen des Paketes verwenden wir pkgrm und geben den gerade ermittelten Paketnamen ein (also nicht nedit, sondern SMCnedit):

```
sparc# pkgrm SMCnedit

Folgendes Package ist derzeit installiert:
   SMCnedit   nedit
              (sparc) 5.5

Wollen Sie dieses Package entfernen? [y,n,?,q] y

## Installierte Package-Version <SMCnedit> wird entfernt
## Prüfen von Abhängigkeiten von Package <SMCnedit> in globaler Zone
## Package-Informationen werden verarbeitet.
## Pfadnamen in Klasse <none> werden entfernt
/usr/local/man/man1/nedit.1
/usr/local/man/man1/nc.1
...................
/usr/local/bin/nc
/usr/local/bin
## Systeminformationen werden aktualisiert.

Entfernen von <SMCnedit> erfolgreich.
```

5.5.5 Paketverwaltung mit OpenPKG

Die Software-Verwaltung im Umfeld unterschiedlicher Betriebssysteme ist unübersichtlich zu handhaben. Eine Hoffnung ist das OpenPKG-Projekt. Informieren Sie sich unter `http://www.openpkg.org`. Hier wurde eine Möglichkeit geschaffen, Software-Pakete identisch gleichermaßen für Solaris/Opensolaris, Linux und FreeBSD zu verwalten und zu erstellen.

Für die kommerzielle Nutzung müssen Lizenzgebühren entrichtet werden!
Legen Sie zunächst das Verzeichnis `/storage/openpkg` und den Link `/openpkg` an:

```
# mkdir -p /storage/openpkg
# ln -s /storage/openpkg openpkg
```

Setzen Sie die Variable für das temporäre Verzeichnis, welches über mindestens 250 MB freien Speicherplatz verfügen muss, und wechseln Sie dort hin:

```
# TMPDIR=/var/tmp
# export TMPDIR
# cd $TMPDIR
```

Laden Sie nunmehr die „Grundausstattung" von `openpkg` herunter:

```
# ftp ftp.openpkg.org
Connected to master.openpkg.org.
220 ftp.openpkg.org FTP Server (ProFTPD) ready.
Name (ftp.openpkg.org:harald): anonymous
331 Anonymous login ok, send your complete email address as your password.
Password: ***********
................
ftp> bin
200 Type set to I
ftp> cd stable
ftp> ls
200 PORT command successful
150 Opening ASCII mode data connection for file list
00README
2
2.20060622
00INDEX.rdf
2.20061018
2.20070221
226 Transfer complete.
62 bytes received in 0,034 seconds (1,79 Kbytes/s)
ftp> cd 2.20070221/SRC/CORE
250-CWD command successful
ftp> get openpkg-2.20070221-2.20070221.src.sh
200 PORT command successful
150 Opening BINARY mode data connection for openpkg-2.20070221-2.20070221.src.sh ⟩
 (27908096 bytes)
226 Transfer complete.
local: openpkg-2.20070221-2.20070221.src.sh remote: openpkg ⟩
-2.20070221-2.20070221.src.sh
27908096 bytes received in 46 seconds (587,11 Kbytes/s)
```

```
ftp> bye
221 Goodbye.
```

Damit ist die Skriptdatei auf Ihrem Rechner.

Wegen fehlender Pfadangaben aber wird es mit einem Fehler abbrechen. Legen Sie zwei Links für die Compiler an:

```
# cd /usr/sbin
# ln -s /usr/ucb/cc cc
# ln -s /usr/sfw/bin/gcc gcc
```

Anschließend führen Sie diese Skriptdatei mit den gezeigten Parametern aus:

```
sh openpkg-2.20070221-2.20070221.src.sh \
  --prefix=/openpkg --tag=openpkg \
  --user=openpkg --group=openpkg
```

Der Rechner wird dann für längere Zeit mit Kompilationsaufgaben beschäftigt sein. Der Skriptlauf endet mit der Angabe der nächsten Kommandozeileneingabe:

```
sh openpkg-2.20070221-2.20070221.sparc64-solaris10-openpkg.sh
```

Nach dessen Durchführung schreiben Sie noch die Version fest:

```
echo "TAG=2-STABLE-20070221" >/openpkg/etc/openpkg/release
```

Nun installieren Sie noch die Werkzeuge:

```
/openpkg/bin/openpkg build openpkg-tools | sh
```

Anschließend können Sie sich registrieren.

Um nun ein Paket, hier die Bourne-again-Shell, aus dem openpkg-Sortiment zu installieren, geben Sie folgenden Aufruf ein:

```
/openpkg/bin/openpkg rpm --rebuild \
ftp://ftp.openpkg.org/stable/2.20070221/SRC/\
CORE/bash-3.2.9-2.20070114.src.rpm
```

Die aktuellen Quellen werden auf den Rechner geholt und anschließend kompiliert.

Mit openpkg steht Ihnen ein Werkzeug zur Verfügung, welches Ihnen die Software-Verwaltung erleichtert. Vor allem, wenn selbst entwickelte Programme auf Rechner mit verschiedenen Betriebssystemen verteilt werden müssen (Linux, FreeBSD, Solaris...), sind die Arbeitsschritte stets dieselben.

Die Anwendungen residieren unter /openpkg/bin. Entweder Sie ändern hierfür die PATH-Variable oder rufen die Programme mit der vollen Pfadangabe auf.

Das openpkg-System können Sie übrigens bei Nichtgefallen mühelos entfernen:

```
/openpkg/bin/openpkg rpm -e \
  '/openpkg/bin/openpkg rpm -qa'
```

lautet der Aufruf. Anschließend müssen Sie nur noch den vorhin angelegten Link und das Verzeichnis /storage wieder entfernen.

5.5.6 Patches einspielen

Das Einspielen von Patches ist unter Kapitel 2.5.6 auf Seite 67 bereits erklärt.

Für jeden installierten Patch wird ein Unterverzeichnis unter /var/sadm/patch angelegt. Darin befinden sich das Protokoll, die Paketinformationen und die entsprechenden Dateien. Neben dem im Kapitel 2.5.6 auf Seite 67 gezeigten Verfahren steht zusätzlich das Kommando patchadd bereit, mit dem man ebenfalls einen Patch einspielen kann:

```
patchadd PATCH
```

Mit der Option -d können Sie alle bereits installierten Patches auflisten:

```
sparc# patchadd -p
Patch: 118367-03 Obsoletes: Requires: Incompatibles: Packages: SUNWcsu
Patch: 118371-07 Obsoletes: 119265-02 Requires: Incompatibles: Packages: SUNWcsu ⊋
 SUNWcsl SUNWtoo
Patch: 118373-01 Obsoletes: Requires: Incompatibles: Packages: SUNWcsu
Patch: 118812-03 Obsoletes: Requires: Incompatibles: Packages: SUNWcsu SUNWcakr ⊋
SUNWcsd
Patch: 118872-02 Obsoletes: Requires: Incompatibles: Packages: SUNWcsu
Patch: 118918-17 Obsoletes: 116781-02 121473-01 121476-01 121478-01 121282-02 ⊋
121284-02 121292-01 121786-01 119012-03 Requires: Incompatibles: Packages: ⊋
SUNWcsu SUNWcsr SUNWcsl SUNWcnetr SUNWckr SUNWcar SUNWcakr SUNWhea SUNWcslr ⊋
SUNWmdb SUNWmdbr
Patch: 119042-09 Obsoletes: Requires: Incompatibles: Packages: SUNWcsu SUNWcsr ⊋
SUNWcsd SUNWtnamr SUNWkrbr SUNWtnetr SUNWocfr SUNWvolr
.............................
```

Es wird empfohlen, die Ausgabe entweder in eine Textdatei umzuleiten oder auf less oder more zu pipen.

Sollte es nach einem erfolgten Patch Probleme geben, können Sie den Vorgang rückgängig machen. Dazu müssen Sie sich im Verzeichnis /var/sadm/patch befinden und das Kommando patchrm PATCH ausführen. Das Kommando funktioniert nicht, wenn der eingesetzte Patch eine Abhängigkeit für einen weiteren darstellt, bereits ein neuerer Patch den betreffenden abgelöst hat oder dieser mittels patchadd -d installiert wurde. In letzterem Fall wurden die zu ersetzenden Dateien nicht aufbewahrt und können daher nicht mehr wiederhergestellt werden.

5.6 Drucker einrichten und verwalten

Eine Hauptaufgabe von root ist das Einrichten und Verwalten der Drucker.

Je nach Aufkommen und Betriebsstruktur kommen einzelne Arbeitsplatz-, Abteilungs- oder Großgeräte zum Einsatz. Während die Anwender den Gebrauch ihrer Arbeitsplatz- und Abteilungsdrucker selbst organisieren können, wird für den Einsatz von Großgeräten (oder zentralen Druckpools für Massenaufgaben) die Betreuung durch einen eigenen Operator empfohlen. In diesem Bereich werden die Druckausgaben i. d. R. nicht mehr automatisch auf die Druckgeräte geschickt, sondern eben durch diese Person gezielt ausgewählt (nach Papiersorte, Versand- und Portokriterien, Weiterbehandlung). Oft werden in der

Folge direkt Kouvertiersysteme, ggf. mit Frankiereinrichtung oder Schneid-/Trenn- und Bindeeinrichtungen, mit den Druckergebnissen beschickt.

In solchen Fällen werden die Dateien mit den zentralen Druckaufgaben in einem oder mehreren Verzeichnissen gesammelt und vom Operator manuell an die entsprechend aufgerüsteten Drucker geschickt. Nach Kontrolle der Ausdrucke werden die Dateien entweder für eine bestimmte Zeit noch für Nachschreibezwecke vorgehalten oder sofort gelöscht.

Im Unix- und Linux-Bereich wird beim Drucken zunächst alles in PostScript umgewandelt, anschließend durch den „Druckerfilter" auch für Drucker, welche PostScript nicht beherrschen, druckbar gemacht.

Sie können auch Druckerpools anlegen. Die Geräte sollten sich in räumlicher Nähe zueinander befinden und möglichst ähnlichen Typs sein. Beim Ausdrucken auf den Pool werden die Druckaufträge auf die freien Geräte gegeben, so dass die Wartezeit verkürzt wird.

5.6.1 Konfigurationsdateien und Spoolverzeichnisse

Die Drucker werden unter `/etc/printers.conf` gelistet. Hierin befindet sich auch die Festlegung eines Standard-Druckers.

```
#
#       If you hand edit this file, comments and structure may change.
#       The preferred method of modifying this file is through the use of
#       lpset(1M)
#
fs1900:\
        :bsdaddr=sparc,fs1900,Solaris:\
        :description=Kyocera fs-1900:

_default:\
        :use=fs1900:

fs1800:\
        :bsdaddr=sparc,fs1800,Solaris:\
        :description=Kyocera FS-1800:
```

Unter `/etc/lp` befinden sich folgende Dateien und Verzeichnisse:

alerts	Hierin befinden sich Skripte und Programme zur Benutzerinformation
fd	Beschreibungen zu Druckfiltern
filter.table	Filteranweisungen
forms	Formularbeschreibungen; leer, wenn keine Formulare definiert sind.
interfaces	Skripte für Drucker
model	Ablageort für die ppd-Dateien mit Anweisungen für die Drucker („Treiber") und den Standard-Interfaceprogrammen für den lokale und über das Netzwerk angeschlossene Drucker.
printers	Hier befinden sich in den nach den Druckerwarteschlangen benannten Unterverzeichnissen die eigentlichen Konfigurationen der Drucker. Unter anderem

liegt hier die Datei `configuration`, in der Gerät, ppd-Datei, Interfacepro-
gramm und Protokollangaben zusammengeführt werden. Das erste Beispiel
zeigt einen Netzwerkdrucker (erkennbar am Eintrag `Device: /dev/null`),

```
Banner: on
Content types: postscript
Device: /dev/null
Interface: /usr/lib/lp/model/netstandard_foomatic
Printer type: unknown
Modules:
Options: dest=fs1800:lp1,protocol=bsd
PPD: /usr/lib/lp/model/ppd/system/foomatic/Kyocera/Kyocera-FS-1800-⟩
ljet4.ppd.gz
```

das zweite einen lokal angeschlossenen:

```
Banner: optional
Content types: postscript
Device: /dev/ecpp0
Interface: /usr/lib/lp/model/standard_foomatic
Printer type: unknown
Modules:
Options:
PPD: /usr/lib/lp/model/ppd/system/foomatic/Kyocera/Kyocera-FS-1900-⟩
Postscript.ppd.gz
```

Unter `/var/spool/lp/logs` werden die Druckdaten und Zustandsinformationen vorgehalten, `/var/lp` enthält Protokolldateien, die Sie für die Fehlersuche heranziehen können.

5.6.2 Drucker mittels `printmgr` einrichten und verwalten

Unabhängig vom Anfall aber müssen die Drucker eingerichtet werden. Hierzu haben
wir den `printmgr` in der grafischen Benutzeroberfläche oder das `lpadmin`-Kommando.
In allen Fällen lassen sich lokale und im Netzwerk befindliche Drucker einrichten oder
löschen.

Der `printmgr` wird im Java-Desktop unter `Einstellungen`, `System-Einstellungen`
und `Drucker hinzufügen/entfernen` erreicht (Abbildungen 5.15, 5.16 und 5.17 auf
der nächsten Seite).

Nach dem Aufruf klicken Sie auf den Menüpunkt `Drucker` und wählen `Neuer ange-
schlossener Drucker` für ein lokales Gerät.

Die „normale" Druckerschnittstelle hierbei hat die Bezeichnung `/dev/ecpp0` („lpt1").

Die Felder sind an sich selbsterklärend. Das Ausdrucken des Deckblattes ist bei einem
reinen Arbeitsplatzdrucker im Normalfall als reine Papierverschwendung anzusehen, bei
umfangreichen Druckjobs an Abteilungsdruckern oder in Druckerpools für Massenarbeiten
jedoch hilfreich, um die Stapel richtig zu trennen.

Sie können auch nur bestimmten Benutzern erlauben, bestimmte Drucker zu benutzen. Sie
verhindern damit, dass „normale" Benutzer mit einseitigen Briefen den Abteilungsdrucker
blockieren oder Geräte mit besonderem Verbrauchsmaterial (Folien, Matrizen, Aufkleber)
benutzen.

Abb. 5.15: Druckereinrichtung, Festlegung des Namensdienstes

Abb. 5.16: Anlegen neuer Drucker

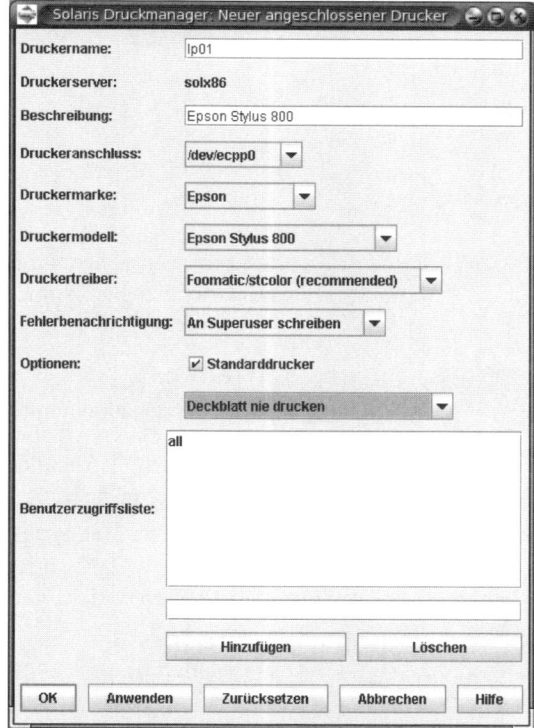

Abb. 5.17: Eintragungen des neuen Druckers

Netzwerkdrucker werden ähnlich eingerichtet, hierzu setzen Sie aber zuerst wie in Kapitel 5.4.1 auf Seite 220 beschrieben den Eintrag des Druckernamens (als weiterer „Rechner") und dessen IP-Adresse in der Datei /etc/inet/hosts (mit der SMC-Konsole oder von Hand).

Anschließend rufen Sie wie gerade beschrieben den Printmanager auf, wählen aber hier den Eintrag Neuer Netzwerkdrucker. In den Eintragungen sprechen Sie den Drucker stets mit dessen (Warteschlangen-)Namen an und nicht mit dessen IP-Adresse. Ferner müssen Sie den (logischen) Drucker des Printservers angeben. Alles weitere entspricht den Ausführungen zum lokal angeschlossenen Gerät (Abbildung 5.18).

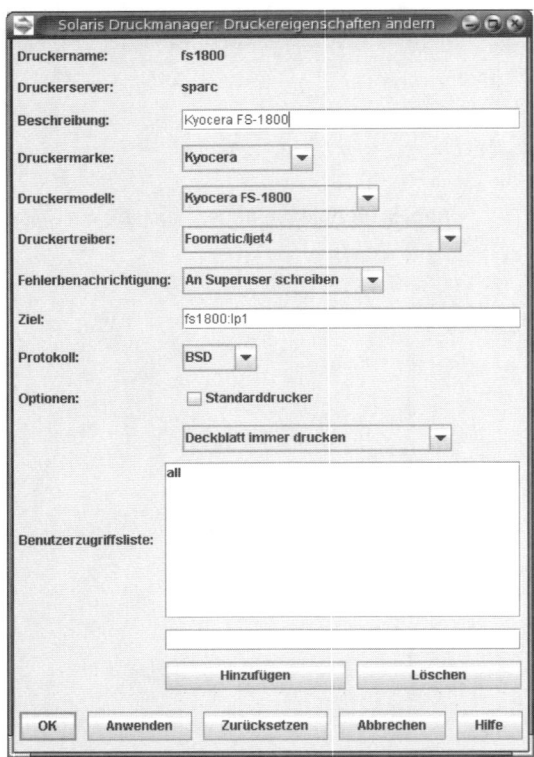

Abb. 5.18: Einstellungen für einen Netzwerkdrucker

Mittels des printmgr können Drucker auch geändert oder gelöscht werden. Dazu markieren Sie die entsprechende Zeile in der Listenansicht der Drucker und wählen im Menüpunkt Drucker die entsprechende Aktion aus.

5.6.3 Drucker mit lpadmin anlegen, einstellen und löschen

Dieser Befehl verfügt über sehr umfangreiche Optionen, die wir hier auszugsweise wiedergeben (Tabelle 5.9):

Tab. 5.9: Optionen von lpadmin

Aktion	Option, Anweisung
Druckernamen bestimmen/angeben	-p DRUCKERNAME
Gerätedatei d. Anschlusses angeben:	

Tab. 5.9: (Fortsetzung): Optionen von `lpadmin`

Parallelport: `/dev/ecpp0` entspr. LPT1	`-v GERÄT`
Seriellport: `/dev/term/a` entspr. COM1	
Netzwerkdrucker: kein Gerät, daher `/dev/null`	
Information des Systembetreuers über Druckprobleme	`-A TYP -W MINUTEN`
Die Option `-W` steht für die Meldungswiederholung	
Schlüsselwerte TYP:	
Anzeige der Meldungskonfiguration	`list`
E-Mail mit Fehlernachricht senden	`mail`
Bildschirmnachricht	`write`
Keine Benachrichtigung ausgeben	`none`
Ausgabewiederholung unterdrücken	`quiet`
Nachricht an jeden Client senden	`showfault`
Ausführen eines Shell-Programms	`SHELLSCRIPT`
Angabe der PPD-Datei mit vollem Dateipfad	`-n PPD-PFAD`
Interfaceprogramm angeben	`-i INTEFACEPROGRAMM`
Option für das Interfaceprogramm,	`-o OPTION`
hierfür gültige Einträge:	
Angabe zum Deckblatt (always, optional)	`banner=always/optional`
Kein Deckblatt ausgeben	`nobanner`
Printserver mit logischem	`dest`
Drucker angeben	`NETZWERKNAME:WARTESCHLANGE`
Protokoll (`bsd` oder `tcp/ip`)	`protocol=PROTO`
Dateityp, den der Drucker ohne Filterung handhaben kann,	`-I TYP`
hierbei zulässige Werte:	
Postscript	`PS`
Einfache Textdatei	`simple`
Jeder Typ	`any`
Standarddrucker festlegen	`-d STANDARDDRUCKER`
Zugelassene Benutzer (`all` für alle)	`-u allow:BENUTZER1:...`
Nicht zugelassene Benutzer	`-u deny:BENUTZER1:...`
Kommentar für Druckereintrag	`-D KOMMENTAR`
Löschen eines Druckers	`-x DRUCKER`

Tab. 5.9: (Fortsetzung): Optionen von `lpadmin`

Reaktion im Fehlerfall:	`-F ANWEISUNG`
Auftrag komplett wiederholen	`-F beginning`
Fortsetzen	`-F continue`
Komplettwiederholung nach Anweisung	`-F wait`
Anlegen Pool (Klasse)	`-c KLASSE`
Drucker aus Pool (Klasse) entfernen	`-r DRUCKER`

Im Anschluss sehen Sie das komplette Anlegen eines Druckers. Die hier gezeigten Befehle `enable` und `accept` werden im folgenden Abschnitt erklärt.

Wir möchten den Netzdrucker `fs1800` löschen, um ihn per Shell-Kommando wieder anlegen zu können:

```
sparc# lpadmin -x fs1800x
```

Anschließend geben wir das `lpadmin`-Kommando ein. Dieser Befehl ist wirklich so lang, zur besseren Darstellung wurde je Option eine Zeile verwendet. Bei der Eingabe aber muss diese „endlos" erfolgen, es sei denn, Sie entwerten den Zeilenvorschub. Der Kommentareintrag erfolgt als eigene Eingabe. Mit `enable` aktivieren wir den neuen Drucker, `accept` ermöglicht die Annahme von Druckaufträgen.

```
sparc# lpadmin -p fs1800
-v /dev/null
-A write
-n /usr/lib/lp/model/ppd/system/foomatic/Kyocera/Kyocera-FS-1800-ljet4.ppd.gz
-i /usr/lib/lp/model/netstandard_foomatic
-o dest=fs1800:lp1
-o protocol=bsd
-o banner=always
-I postscript
-u allow:all

sparc# lpadmin -p fs1800 -D "Kyocera FS-1800"
sparc# /usr/bin/enable fs1800
Drucker "fs1800" jetzt aktiviert
sparc# /usr/sbin/accept fs1800
Ziel "fs1800" akzeptiert jetzt Anforderungen
```

Wir legen einen Druckerpool (Klasse) an:

```
sparc# lpadmin -p fs1900 -c laser
sparc# lpadmin -p fs1800 -c laser
sparc# accept laser
Ziel "laser" akzeptiert jetzt Anforderungen
```

Dabei gilt, dass die Drucker in der Reihenfolge der Aufnahme in den Pool angesprochen werden.

5.6.4 Drucker und Warteschlangen aktivieren/deaktivieren

Drucker und Warteschlangen sind getrennt voneinander zu aktivieren und zu deaktivieren:

Drucker werden aktiviert mit `enable`, deaktiviert mit `disable`
Warteschlangen werden aktiviert mit `accept`, deaktiviert mit `reject`
Benutzerinfo ist mit der Option `-r INFORMATION` möglich

> **Hinweis:** Druckerpools (Klassen)
> müssen nicht mittels `enable` aktiviert werden!

Wir deaktivieren einen Drucker wegen Tonermangels und aktivieren diesen wieder nach dem Kartuschenwechsel. Das neu hinzugekommene Kommando `lpstat` wird im Anschluss erklärt.

```
sparc# reject -r "Toner leer" fs1900
Ziel "fs1900" akzeptiert keine weiteren Anforderungen
sparc# /usr/ucb/lpr -Pfs1900 /export/home/harald/Bericht.txt
fs1900: Anforderungen werden nicht angenommen.
sparc# lpstat -a
fs1900 akzeptiert keine Anforderungen seit Sun Jan 28 00:47:32 2007 -
      Toner leer
_default akzeptiert keine Anforderungen seit Sun Jan 28 00:47:32 2007 -
      Toner leer
fs1800 akzeptiert Anforderungen seit Sun Jan 28 00:16:07 2007
laser akzeptiert Anforderungen seit Sun Jan 28 00:24:36 2007
sparc# accept fs1900
Ziel "fs1900" akzeptiert jetzt Anforderungen
```

5.6.5 Druckaufträge auf anderen Drucker verschieben

Ob der Druckkopf-Tod oder nur Tonermangel eingetreten ist, die Druckaufträge bleiben in der Warteschlange, bis das Gerät wieder einsatzklar ist. Mit `lpmove` lassen sich Druckaufträge von dem ausgefallenen Drucker auf ein einsatzbereites Gerät verschieben. Die Druckaufträge können hierbei einzeln oder komplett verschoben werden:

```
lpmove DRUCKER-ALT DRUCKER-NEU
lpmove DRUCKER-JOBNR DRUCKER-JOBNR DRUCKER-NEU
```

5.6.6 Auskunft über Drucker mit `lpstat` einholen

Wir erhalten mit `lpstat` auf Wunsch umfangreiche Informationen über Drucker und Warteschlangen (Tabelle 5.10 auf der nächsten Seite). Wird kein Drucker oder keine Klasse angegeben, werden die Angaben für alle Drucker/Klassen ausgegeben.

Tab. 5.10: Optionen von `lpstat`

Ausgabe	*Option/Anweisung*
Akueller Status	`-a DRUCKER`
Aktueller Status eines Pools (Klasse)	`-c KLASSE`
Standarddrucker	`-d`
Druckaufträge	`-o DRUCKER`
Druckstatus	`-p DRUCKER`
Prüfung, ob der Druckdaemon gestartet ist	`-r`
Auflistung Druckaufträge mit Prioritäten	`-R`
Umfangreiche Statusinformation	`-t DRUCKER`
Ausgabe Status aller Klassen und Drucker	`-s`
Druckaufträge des angegebenen Benutzers	`-u BENUTZER`
Auflistung Gerätedateien der Drucker	`-v DRUCKER`

Wir starten eine umfangreiche Abfrage:

```
sparc# lpstat -t
Scheduler läuft
Standardziel für System: fs1900
Elemente der Klasse laser:
        fs1900
        fs1800
Gerät für fs1900: /dev/ecpp0
System für _default: sparc (als Drucker fs1900)
Gerät für fs1800: /dev/null
System für laser: sparc
fs1900 akzeptiert Anforderungen seit Sun Jan 28 00:48:29 2007
_default akzeptiert Anforderungen seit Sun Jan 28 00:48:29 2007
fs1800 akzeptiert Anforderungen seit Sun Jan 28 00:16:07 2007
laser akzeptiert Anforderungen seit Sun Jan 28 00:24:36 2007
Drucker fs1900 ist auf Wartezustand gesetzt. aktiviert seit Sat Jan 27 16:22:27 ⟩
2007. verfügbar.
Drucker fs1800 ist auf Wartezustand gesetzt. aktiviert seit Sun Jan 28 00:15:57 ⟩
2007. verfügbar.
```

Wir sehen, dass der Druckdaemon (Scheduler) aktiv ist, den Namen des Standarddruckers, die Zusammensetzung der Klasse `laser`, die Gerätedateien der einzelnen Drucker sowie die Statusangaben der einzelnen Drucker und des Pools.

5.6.7 Druckaufträge mit `cancel` löschen

Neben dem in Kapitel 4 beschriebenen Kommando `lprm` können wir Druckaufträge auch mittels `cancel` entfernen. Neben dem einzelnen Ansprechen in der Form

```
cancel DRUCKER-JOBNR
```

kann man insbesondere mit einem Aufruf alle Druckjobs eines Benutzers löschen:

```
cancel -u BENUTZER
```

5.7 Prozesse, Systemstart und -halt, Runlevel

5.7.1 Prozesse, Grundlagen

Unter Solaris und anderen ähnlichen Betriebssystemen ist ein Prozess als dreiteiliges Gebilde anzusehen. Das hat seinen Grund darin, dass man es hier mit einem Multiuser- und gleichzeitig einem Multitasking-System zu tun hat und eine Anwendung normalerweise zeitgleich auch von mehreren Anwendern benutzt werden kann.

Ein Prozess gliedert sich wie folgt auf:

Anweisungsbereich	Auf diesen haben alle Benutzer Zugriff, sofern es ihnen durch die Systembetreuung erlaubt wurde. Dieser Bereich besteht aus Binär- oder Skriptanweisungen, sie können normalerweise von jedem Benutzer zu jeder Zeit aufgerufen werden, auch zeitgleich.
Datenbereich	Der jeweilige Datenbereich gehört dem Benutzer (Prozesseigentümer) und enthält die Variablenwerte.
Stackbereich	Dieser Bereich gehört ebenfalls dem Prozesseigentümer und dient als Arbeitsbereich während der Codeausführung.

Ein Prozess, auch als Task bezeichnet, ist eine Anwendung, die gerade ausgeführt wird. Allerdings befinden sich viele dieser Prozesse im Arbeitsspeicher des Rechners, obwohl immer nur einer von dem CPU-Kern bearbeitet werden kann. Die Zuteilung regelt der Scheduler und weist Zeitschlitze (CPU-Zeit) zu.

Prozesse können selbst weitere Prozesse eröffnen oder von einem darüber liegenden (Elternprozess) abhängen. Jeder Prozess verfügt über eine eindeutige Kennzeichnung, die PID. In der Prozesstabelle des Systems finden sich neben dieser PID auch noch der Speicherbedarf, die Priorität sowie andere benutzte und belegte Ressourcen aufgelistet.

Beim Booten des Rechners wird als erster Prozess der Scheduler (sched) mit der PID 0 aktiv, der wiederum init startet, der der Elternprozess für weitere Prozesse wird. Außer diesen beiden genannten werden alle Prozesse wieder mit dem Systemaufruf exit geschlossen. Ein Kindprozess wird mittels des Systemaufrufes fork vom Elternprozess aus gestartet. Solange der Prozess auf Ereignisse wartet (Ausführung, Eingaben, Ausgaben) lautet der Systemaufruf wait.

Auf modernen Mehrprozessorsystemen wird, wenn es bei der Programmierung vorgesehen wurde, der Anweisungsbereich des Prozesses in Teilaufgaben, den *Threads*, aufgeteilt und von mehreren Prozessoren gleichzeitig abgearbeitet. Dies beschleunigt die Verarbeitung.

Unter Solaris unterscheiden wir zwischen System- (sy, Tabelle 5.11 auf der nächsten Seite), Time-Sharing (ts)- und Interaktiv-Prozessen (ia). Echtzeitprozesse (Real-Time, rt) kommen i. d. R. bei unserem Betriebssystem kaum vor, man steuert mit ihnen ereignisbedingt in festen Zeitspannen und vorgegebenen Prioritäten technische Vorrichtungen (Anlagensteuerungen, Verkehrslenkung, usw.). Diese Prozesse müssen von der Anwendungsentwicklung und Systembetreuung so eingerichtet werden, dass sie die Systemprozesse nicht behindern.

Zu den Time-Sharing-Prozessen gehört `init`. Interaktive Prozesse sind vor allem jene mit Benutzerkommunikation.

Tab. 5.11: Standard-Systemprozesse unter Solaris

Aufgabe	*Systemprozess*
Zurückschreiben des Festplattenpuffers auf die Platte(n)	`fsflush`
Steuerung des Aus- und Einlagerns von Programmen zwischen Haupt- und Auslagerungsspeicher (Swap), *Paging*	`pageout`
Zuweisung von CPU-Leistung an die Prozesse (Scheduler)	`sched`

5.7.2 Prozesseigenschaften verändern

Die Arbeit mit Prozessen wurde in Kapitel 4 beschrieben. Sie können Prozesse der Shell mit ihren eigenen „Bordmitteln" (`fg`, `bg` ...) als auch mit eigenen Befehlen (`kill`, `ps` ...) steuern und kontrollieren.

Der Systemverwalter kann mittels `priocntl` Prozesse einer bestimmten Klasse erzeugen bzw. bestehende einer anderen zuweisen.

Eine Auswahl der Optionen finden Sie in der Tabelle 5.12.

Tab. 5.12: Optionen (Auswahl) von `priocntl`

Aufgabe	*Option*
Angabe ...	
von Parametern für Prozesse	`-s`
der Priorität	`-p PRIORITÄT`
des Prioritätslimits	`-m BESCHRÄNKUNG`
des bearbeiteten Prozesses	`-i PID`
der zuzuweisenden Prozessklasse	
-interaktiv	`-c IA`
-Echtzeit	`-c RT`
-Time-Sharing	`-c TS`
Ausgabe	
der Parameter des angegebenen Prozesses	`-di PID`
der vorhandenen Prozessklassen	`-l`

Die Bedeutung der bei der Ausgabe des Kommandos `priocntl` `-di` ... angezeigten Spalten sind in der Tabelle 5.13 auf der nächsten Seite erklärt.

Tab. 5.13: Bedeutung der Ausgabespalten von `priocntl -di ...`

Spalte	Ausgabe
PID	Prozess-ID
TQNTM	Maximale Zeitmenge für RT-Prozess bis zur Unterbrechung durch die CPU
	Maximale Priorität eines Prozesses des Typs
IAUPRILIM	IA
TSUPRILIM	TS, die vom Benutzer angegeben werden kann.
	Aktuelle Priorität eines Prozesses des Typs
IAUPRI	IA
TSUPRI	TS
RTPRI	RT

Hinweis: Die Ausgabe konfigurierter Prozessklassen ...
ist auch mit dem Befehl `dispadmin -l` möglich!

Wir lassen uns zunächst die konfigurierten Prozessklassen auflisten:

```
sparc# dispadmin -l
CONFIGURED CLASSES
==================

SYS     (System Class)
TS      (Time Sharing)
IA      (Interactive)
RT      (Real Time)
FX      (Fixed Priority)
```

Wir ändern die Prozessklasse, Priorität und maximale Zeitzuteilung des Prozesses 578, `sshd`:

```
sparc# priocntl -di class RT
priocntl: Process(es) not found.
sparc# priocntl -s -c RT -p 20 -t 200 -i pid 578
sparc# priocntl -di class RT
REAL TIME PROCESSES:
    PID   RTPRI      TQNTM     TQSIG
    578      20        200         0
```

5.7.3 Daemonen

Programme, welche ohne Terminalkontrolle laufen, bezeichnet man als Daemon, Hintergrundprozess oder Dienst. Sie gehören entweder der interaktiven oder der Time-Sharing-Prozessklasse an. Es gibt eine Vielzahl dieser Daemonen (im Sinne von „dienstbarer Geist" und nicht „Teufelswerk"), einige sind in der Tabelle 5.14 aufgeführt.

Tab. 5.14: Auswahl einiger Daemonen

Daemon	Klasse	Aufgabe
sched	SYS	Zuteilung von CPU-Leistungen an Prozesse
init	TS	Systeminitialisierung
pageout	SYS	Auslagerung von Programmen vom Kernspeicher in den Swap-Bereich
fsflush	SYS	Rückschreiben Festplattenpuffer auf Datenträger
svc.start	TS	Startdaemon des System Managements
svc.conf	TS	w. o.
sendmail	TS	Leitet E-Mails weiter
sshd	TS	Ermöglicht verschlüsselte Sitzungen und Datenübertragungen im Netz
automoun	TS	Mountet bei Bedarf automatisch Dateisysteme in den Verzeichnisbaum
cron	TS	Aufruf regelmäßig auszuführender Programme
ttymon	TS	Überwachung serieller Schnittstellen
powerd	TS	Energiemanagement
inetd	TS	Startet Netzwerkdaemonen auf Anfrage
lpsched	TS	Verwaltung und Steuerung der Druckerwarteschlangen
httpd	TS	WEB-Server
syslogd	TS	Führung des Systemprotokolls
vold	TS	Automatisches Mounten von Wechseldatenträgern
devfsadm	TS	Verwaltung der Geräteverzeichnisse /dev und /devices

Das Starten und Stoppen der Daemonen erfolgt seit Solaris10 mittels des *Service Management Facility*, welches die klassische Methode mit den rc-Skripten verbessert.

5.7.4 Systemstart und -stopp

Der Systemstart vollzieht sich in verschiedenen Stufen. Nach dem Booten der Kerneldateien und dem Starten des Wurzel-Dateisystems wird die Datei /etc/system ausgewertet. Hier werden weitere Anweisungen bezüglich Kernelmodulen und Dateisystemen hinterlegt. Legen Sie stets eine Sicherungskopie dieser Datei an, wenn Sie diese verändern. Im schlimmsten Falle bootet Ihr System nicht mehr, SPARC-Systeme können Sie aber mittels des Kommandos `boot -a` im PROM-Modus starten, indem Sie die Frage nach dieser Datei mit der Angabe der Sicherungskopie beantworten.

Anschließend durchläuft das System mehrere Systemzustände, die `Runlevel`. Während der Schlussphase des Bootens wird der erste Prozess auf dem System, `init`, gestartet. Dieser Daemon bezieht seine Anweisungen aus der Datei `/etc/inittab`:

```
# Copyright 2004 Sun Microsystems, Inc.  All rights reserved.
# Use is subject to license terms.
#
# The /etc/inittab file controls the configuration of init(1M); for more
# information refer to init(1M) and inittab(4).  It is no longer
# necessary to edit inittab(4) directly; administrators should use the
# Solaris Service Management Facility (SMF) to define services instead.
# Refer to smf(5) and the System Administration Guide for more
# information on SMF.
#
# For modifying parameters passed to ttymon, use svccfg(1m) to modify
# the SMF repository. For example:
#
#       # svccfg
#       svc:> select system/console-login
#       svc:/system/console-login> setprop ttymon/terminal_type = "xterm"
#       svc:/system/console-login> exit
#
#ident  "@(#)inittab    1.41    04/12/14 SMI"
ap::sysinit:/sbin/autopush -f /etc/iu.ap
sp::sysinit:/sbin/soconfig -f /etc/sock2path
smf::sysinit:/lib/svc/bin/svc.startd    >/dev/msglog 2<>/dev/msglog </dev/↲
console
p3:s1234:powerfail:/usr/sbin/shutdown -y -i5 -g0 >/dev/msglog 2<>/dev/msglog
```

Beachten Sie hierzu die Hinweise am Anfang der Datei: Ab Solaris10 benutzen Sie zum Bearbeiten dieser Datei `svccfg`, falls Sie hier Veränderungen vornehmen möchten. Der Datenbereich dieser strukturierten Datei ist in folgende Abschnitte gegliedert:

id Sie können hier bis zu vier Zeichen zur Kennzeichnung des Eintrages verwenden, die aber nicht die Buchstaben `r` oder `t` am Anfang tragen dürfen (reserviert für `rlogin` und `telnet`).

rstate Gibt den/die Runlevel an, in denen dieser Eintrag ausgeführt wird. Ohne Eintrag gilt die Zeile für alle Runlevel.

action Hier können Sie einen der anschließend aufgeführten Schlüsselbegriffe anführen:

> **respawn** Startet Prozess und wartet seine Beendigung nicht ab. Läuft der Prozess bereits, wird ebenfalls die weitere Abarbeitung der `inittab` fortgesetzt.

> **wait** Wenn der `init`-Prozess den angegebenen Runlevel erreicht, wird der Prozess gestartet und seine Beendigung abgewartet. Alle nachfolgenden Lesevorgänge von `init` (solange kein weiterer Runlevel erreicht wird) ignorieren den Eintrag.

once	Der Prozess wird beim Erreichen des angegebenen Runlevels ein einziges Mal gestartet, seine Beendigung wird nicht abgewartet. Wenn der Prozess bereits läuft, wird er kein weiteres Mal gestartet.
boot	Dieser Eintrag wird nur zur Ladezeit von `init` ausgeführt. Der Prozess wird einmal gestartet und nicht weiter überwacht.
bootwait	Der Eintrag wird beim Übergang vom Einbenutzer- zum Mehrbenutzermodus ausgeführt. Die Beendigung wird abgewartet, ein Neustart aber unterbleibt.
powerfail	Prozess wird ausgeführt, wenn `init` das Signal `SIGPWR` empfängt.
powerwait	Führt Prozess aus, wenn `init` das Signal `SIGPWR` empfängt und wartet mit der weiteren Abarbeitung der `inittab`, bis dieser beendet ist.
off	Wenn der aufgeführte Prozess nicht existiert, wird der Eintrag ignoriert, andernfalls erhält er zunächst das `SIGTERM`-Signal, nach weiteren fünf Sekunden das `SIGKILL`-Signal und wird spätestens hier abgebrochen.
ondemand	Synonym für *respawn*, Einsatz nur bei den besonderen Runlevelangaben `a,b,c`.
sysinit	Bevor `init` versucht, auf die Konsole zuzugreifen (erkennbar am Login-Prompt), werden die damit gekennzeichneten Einträge aufgerufen und das Ende der darin gestarteten Prozesse abgewartet.

process Auszuführendes Programm mit kompletter Pfadangabe und Optionen

Mit *Runlevel* werden Systemzustände mit bestimmtem Dienst- und Ressourcenangebot beschrieben. Neben dem Systemstart können wir durch den Befehl `init` den aktuellen Runlevel wechseln, z. B. das System neu laden oder herunterfahren.

Wir ermitteln den akuellen Runlevel mit `who -r`:

```
harald@sparc$ who -r
   .   run-level 3  Jan 30 08:40    3     0  S
```

Von links nach rechts gelesen, erhalten wir folgende Angaben: Aktueller Runlevel, Zeitpunkt, als dieser erreicht wurde, nochmals aktueller Runlevel, Anzahl, wie oft dieser seit dem Systemstart erreicht wurde und der vorhergehende Runlevel.

Solaris kennt acht dieser Runlevel (Tabelle 5.15).

Tab. 5.15: Runlevel

Runlevel	Bedeutung
0	System heruntergefahren, bei SPARC-Rechnern befindet man sich am OpenBoot-PROM, Rechner kann abgeschaltet werden.
1	Single-User-/Admin-Modus, nur `root` hat Systemzugriff, Minimum an Diensten läuft, alle Mounts vom vorherigen Runlevel wurden beibehalten, kein Netzwerkzugriff! Wird für Wartungen am System/Dateisystemen und bei umfangreichen Software-Installationen benötigt.

Tab. 5.15: (Fortsetzung): Runlevel

2	Multi-User-Modus, alle Benutzer können sich auch über das Netzwerk anmelden, der NFS-Server läuft nicht.
3	wie 2, mit NFS-Server, **Standard-Runlevel**
4	bei Solaris 10 unbenutzt
5	Power-Off-Runlevel wie Runlevel 0, mit Abschaltung der Rechnerstromversorgung (wenn es die Hardware unterstützt)
6	Reboot-Runlevel: Das System wird gestoppt, herunter- und wieder hochgefahren.
s	Single-User-Runlevel: Hier sind nur / und /usr eingehängt, nur root kann sich anmelden. Keine grafische Benutzeroberfläche. Durch STRG-d wird der Wechsel in den Runlevel 3 angestoßen.

Für Sonderfälle gibt es noch die Runlevel a, b und c.

Die Runlevel wechselt man durch die Eingabe von init RUNLEVEL. Ist das System aktiv, soll aber Änderungen an der Datei /etc/inittab „mitbekommen", geben Sie init q ein. Das System wird dann nicht neu gestartet, die Änderungen sind aber trotzdem wirksam.

> **Hinweis:** Netzwerkverbindungen zu Rechnern...
> die sich im Single-User-Modus befinden, sind nicht möglich. Wenn Sie zur Fernwartung eine Netzwerkverbindung mittels ssh oder telnet benutzen, werden Sie nach dem Wechsel in diesen Runlevel die Maschine nicht mehr erreichen. Nur der Zugang über die (serielle) Konsole bleibt möglich!

5.7.5 Arbeiten mit dem Service Management Facility

Das Service Management Facility, kurz SMF, dient der besseren Handhabung zum Starten, Stoppen und Verwalten von Diensten. Es ist ab Solaris10 verfügbar.

Die Informationen werden hier nicht mehr in einer Klartext-Datei vorgehalten, so dass diese nicht mehr „schnell" mit einem Editor geändert werden können. Vielmehr muss man spezielle Werkzeuge zur Pflege der Einträge anwenden.

Jeder Eintrag ist mit einem „Fault Management Resource Identifier" (FMRI) gekennzeichnet. Er wird in einer der Formen

```
svc://localhost/system/system-log:default
svc:/system/system-log:default
system/system-log:default
```

angegeben (für den Daemon syslog dargestellt). Der Service-Name lautet in diesem Beispiel system-log, der Instanzen-Name default. Das SMF nimmt auch auf Abhängigkeiten Rücksicht. Wenn diese beim Startvorgang nicht erfüllt sind, bleibt der angesprochene

Dienst offline. Sind sie erfüllt, startet der Dienst und geht „online". Dazu können folgende Bedingungen definiert werden (Tabelle 5.16):

Tab. 5.16: SMF:Start-Bedingungen für Dienste

Bedingung	Erfüllt, wenn...
require_all	alle angeführten Dienste im Zustand online oder degraded befindlich bzw. angegebene Dateien vorhanden sind.
require_any	einer der angeführten Dienste sich im Zustand online oder degraded befindet oder eine der angegebenen Dateien vorhanden ist.
optional_all	die angegebenen Dienste entweder laufen (online, degraded) oder nicht ohne vorherigen Admin-Eingriff laufen können.
exclude_all	alle angeführten Dienste den Status disabled oder maintenance aufweisen oder die angegebenen Dienste oder Dateien nicht vorhanden sind.

Ist ein laufender Dienst (online oder degraded) als Abhängigkeit mit require_all, require_any oder optional_all angegeben, so ermittelt das SMF bei einem Stopp oder Refresh die Gründe hierfür. Es wertet die restart_on-Anweisungen der Abhängigkeit aus, um zu entscheiden, ob der Dienst angehalten oder refreshed wird. Liegen Hardware-Probleme oder Core-Dumps vor, wird der Dienst angehalten. Beim exclude_all-Eintrag für die Abhängigkeiten wird der Dienst angehalten, wenn der darin benannte gestartet wurde und das restart_on-Attribut auf none gesetzt wurde.

Abgefragt werden diese Eintragungen zusammen mit dem Dienst-Status mittels des Kommandos svcs (wichtige Optionen finden Sie in Tabelle 5.17).

Tab. 5.17: Optionen von svcs (Auswahl)

Aktion	Option
Anzeige aller Dienste	-a
Listet Abhängigkeiten auf, die für den angegebenen Dienst benötigt werden	-d DIENST
Listet Abhängigkeiten auf, die auf dem angegebenen Dienst beruhen	-D DIENST
Anzeige aller vorhandenen Informationen zum angegebenen Dienst	-l DIENST
Angabe der anzuzeigenden Spalten	-o SPALTEN

Wir fragen mit svcs die Eintragungen für den ssh-Daemon ab.

Wir wollen wissen, von wem sein Start abhängt:

```
sparc# svcs -d ssh
STATE          STIME    FMRI
online         12:20:32 svc:/network/loopback:default
```

```
online          12:20:39 svc:/network/physical:default
online          12:20:44 svc:/system/cryptosvc:default
online          12:20:58 svc:/system/filesystem/local:default
online          12:21:00 svc:/system/utmp:default
online          12:21:07 svc:/system/filesystem/autofs:default
```

Wir sehen Status, Startzeit und „Fault Management Resource Identifier" der jeweiligen Dienste, die die Grundlage für den Start von ssh ist. Wir möchten nun umgekehrt wissen, welche Dienste wiederum von ssh abhängen:

```
sparc# svcs -D ssh
STATE           STIME    FMRI
online          12:21:22 svc:/milestone/multi-user-server:default
```

Wir sehen, dass dieser Dienst zum Zielpunkt (*milestone*) multi-user-server gehört. Als *milestone* können nur die Runlevel 1, 2 und 3 bezeichnet werden. Jetzt fragen wir alle Informationen zu ssh ab:

```
sparc# svcs -l ssh
fmri            svc:/network/ssh:default
name            SSH server
aktiviert       wahr
Status          online
next_state      none
state_time      Tue Jan 30 12:21:09 2007
logfile         /var/svc/log/network-ssh:default.log
Neustarter      svc:/system/svc/restarter:default
contract_id     48
dependency      require_all/none svc:/system/filesystem/local (online)
dependency      optional_all/none svc:/system/filesystem/autofs (online)
dependency      require_all/none svc:/network/loopback (online)
dependency      require_all/none svc:/network/physical (online)
dependency      require_all/none svc:/system/cryptosvc (online)
dependency      require_all/none svc:/system/utmp (online)
dependency      require_all/restart file://localhost/etc/ssh/sshd_config (online
```

Zum Setzen, Löschen und Ändern von Einträgen wird svccfg verwendet. Das Programm kann im Dialog- und Kommandomodus benutzt werden. In den Dialogmodus gelangen Sie durch die Eingabe svccfg, den Dialogmodus verlassen Sie wieder durch quit, exit oder end.

Einige Optionen dieses Programmes finden Sie in Tabelle 5.18.

Tab. 5.18: Einige Optionen von svccfg

Aktion	Option
FMRI bestimmen	-s FMRI
Eintrag in XML-Datei exportieren	export FMRI >datei.xml
XML-Datei importieren	import PFAD/datei.xml
Eintrag löschen	delete FMRI

Zunächst sichern wir die Einstellungen des `inetd` in eine XML-Datei:

```
sparc# svccfg export inetd > inetd.xml
```

Anschließend beenden wir den Dienst (mit dem später erklärten `svcadm`-Kommando) und löschen den Eintrag:

```
sparc# svcadm disable network/inetd
sparc# svccfg delete network/inetd
```

Wir rufen `svccfg` ohne Parameter auf und geben bei dessen Kommandoprompt die Anweisung ein, die XML-Datei einzulesen:

```
sparc# svccfg
svc:> import /export/home/harald/inetd.xml
svc:> quit
```

Wir prüfen, ob der Daemon wieder läuft:

```
sparc# svcs inetd
STATE        STIME    FMRI
online       17:50:31 svc:/network/inetd:default
```

Zum manuellen Starten und Stoppen von Diensten gehört das Werkzeug `svcadm`, welches über die in Tabelle 5.19 gezeigten Optionen und Kommandos verfügt. Der Aufbau hat stets dasselbe Muster:

```
svcadm Option 1 BEFEHL Option2 FMRI MUSTER
```

Tab. 5.19: Optionen von `svcadm`

Aktion	Option/Befehl
Ausführliche Meldungen anzeigen	`-v`
Dienst(e) ...	
Aktivieren und online setzen	`svcadm enable DIENST`
Die Dienst-Instanz und deren Abhängigkeiten online setzen	`svcadm enable -r DIENST`
Der Dienst wird online gesetzt, Status `online` oder `degraded` wird abgewartet	`svcadm enable -s DIENST`
Dienst wird temporär bis zum nächsten Neustart online gesetzt	`svcadm enable -t DIENST`
Deaktivieren und offline setzen	`svcadm disable DIENST`
Der Dienst wird offline gesetzt, Status `disabled` wird abgewartet	`svcadm disable [-s] DIENST`
Dienst wird temporär bis zum nächsten Neustart offline gesetzt	`svcadm disable [-t] DIENST`
Neu starten	`svcadm restart DIENST`

Tab. 5.19: (Fortsetzung): Optionen von `svcadm`

Wartungsstatus	
Setzen	`svcadm mark STATUS DIENST`
Löschen	`svcadm clear DIENST`
Konfiguration neu einlesen	`svcadm refresh DIENST`
Zu einem Dienst-Milestone springen	`svcadm milestone MILESTONE`
Zusätzlich den angegebenen Milestone zum Standard machen	`svcadm milestone -d MILESTONE`

Im folgenden Beispiel setzen wir zunächst den Wartungsmodus, den wir anschließend wieder löschen. Anschließend stoppen und starten wir den Dienst:

```
sparc# svcadm -v mark maintenance inetd
Aktion maint_on für svc:/network/inetd:default gesetzt.
sparc# svcadm -v clear inetd
Aktion maint_off für svc:/network/inetd:default gesetzt.
- - - - - - - - - - - - - - - - - - - - - - - -
sparc# svcadm -v disable inetd
svc:/network/inetd:default deaktiviert.
sparc# svcadm -v enable inetd
svc:/network/inetd:default aktiviert.
```

5.7.6 Starten und Stoppen von Diensten mit RC-Skripten

Dies ist die klassische Methode zum Starten und Stoppen von Daemonen. In entsprechenden Verzeichnissen werden Skripte, bzw. Links auf diese angelegt, die bei einem Runlevelwechsel ausgeführt werden. Ab Solaris10/OpenSolaris funktionieren diese Skripte zusammen mit dem neuen SMF.

Entweder mittels `init`-Kommando oder durch den entsprechenden `milestone`-Aufruf des SMF wird der entsprechende Runlevel aufgerufen (1, 2, 3). Beispielsweise wird zum Erreichen des Runlevels 3 `init 3` oder `svcadm -v restart milestone/multi-user-server:default` eingegeben. Dadurch wird das Skript `sbin/rc3` ausgeführt. Im Verzeichnis `/etc/rc3.d` liegen die Skripte, deren Namen nur mit einem S beginnen. Unter `/etc/rc1.d` und `/etc/rcS.d` liegen auch solche mit K, die zum Anhalten des ensprechenden Daemons ausgeführt werden. Alle mit S beginnenden dagegen erhalten `start` als Zusatz zum Hochfahren des Daemons (mit `stop` Daemon anhalten). Die Skripte unter `/etc/rcS.d` und `/etc/rc2.d` werden als Teil der früher auszuführenden „Meilensteine" ausgeführt. Was alles ausgeführt wird, erfahren Sie durch die Abfrage `svcs -l svc:/milestone/multi-user-server:default` (für Runlevel 3). Das Verzeichnis `/etc/rc3.d` hatte hier am Testrechner folgenden Inhalt:

```
sparc# ls -l
Gesamt 44
-rw-r--r--  1 root     sys       1285 Jan 22  2005 README
```

```
-rwxr--r--   6 root      sys        474 Jan 22  2005 S16boot.server
-rwxr--r--   6 root      sys       1649 Jun 21  2006 S50apache
-rwxr--r--   6 root      sys       5840 Jan 29  2004 S52imq
-rwxr-xr-x   1 root      sys        491 Jan  8  2005 S75seaport
-rwxr--r--   6 root      sys        685 Jan 22  2005 S76snmpdx
-rwxr--r--   6 root      sys       1125 Jan 22  2005 S77dmi
-rwxr--r--   6 root      sys        344 Jan 22  2005 S80mipagent
-rwxr--r--   6 root      sys        513 May 15  2006 S81volmgt
-rwxr-xr-x   5 root      sys       2225 Jan  8  2005 S82initsma
-rwxr--r--   5 root      sys        824 May 27  2004 S84appserv
-rwxr--r--   6 root      sys        324 Jan 14  2006 S90samba
```

Die Skripte werden in ihrer alphanumerischen Reihenfolge abgearbeitet. Ein typisches `rc`-Skript unter `/etc/rc3.d` ist `S90samba`. Es dient zum Starten und Anhalten der beiden Daemonen aus dem Samba-Paket (Datei- und Druckdienste für Windows-Clients):

```
#!/sbin/sh
#
# Copyright (c) 2001 by Sun Microsystems, Inc
# All rights reserved.
#
#ident   "@(#)samba      1.1     01/09/24 SMI"

case "$1" in
start)
        [ -f /etc/sfw/smb.conf ] || exit 0

        /usr/sfw/sbin/smbd -D
        /usr/sfw/sbin/nmbd -D
        ;;
stop)
        pkill smbd
        pkill nmbd
        ;;
*)
        echo "Usage: $0 { start | stop }"
        exit 1
        ;;
esac
exit 0
```

Der manuelle Aufruf außerhalb des SMF geschieht durch Anfügen von `start` oder `stop`:

```
sparc# ./S90samba stop
```

5.8 Platten- und Dateisystemverwaltung

Zum Zeitpunkt, als dieses Manuskript erarbeitet wurde, war die „Zeitenwende" bei den Dateisystemen voll im Gange. Das neue ZFS konnte noch nicht für das *root*-Dateisystem benutzt werden, für alle anderen Einsatzzwecke ist es aber voll zu empfehlen. Kurzum: Wir brachten das „Neue" nicht ins Schwitzen, selbst mit mutwilligen Stromausfällen und ähnlichen Aktionen. So werden Sie hier sowohl über das herkömmliche UFS wie über ZFS ein wenig erfahren. Grundsätzlich könnte man zu beiden Dateisystemen von der Fülle der Konfigurations- und Einsatzmöglichkeiten allerdings eigene Werke verfassen …

5.8.1 Hinweise zu Plattengeräte(namen)

Solaris/OpenSolaris kennt physikalische und logische Gerätenamen (Gerätedateien). Die erste Gruppe finden Sie im Verzeichnis /devices. Wir benötigen diese hier für das Einrichten der Platten allerdings nicht. Vielmehr interessieren uns die *logischen* Gerätenamen, welche unter /dev liegen. Diese sind nichts anderes als Links nach /devices, nur dass deren Handhabung ungleich leichter ist. Zudem besteht dieser Mechanismus auch aus Kompatibilitätsgründen. Die beiden Geräteverzeichnisse werden übrigens während des Bootvorgangs erst erstellt und sind nicht (wie früher, bzw. bei anderen verwandten Betriebssystemen) statisch gespeichert. Die darin vorhandenen Gerätedateien werden durch den devfsadmd-Daemon dynamisch erzeugt. Dies geschieht bereits während des Systemstarts, die dynamische Umkonfiguration wird unterstützt. Diese Funktion können Sie einfach nachvollziehen: Lassen Sie sich die Dateien von /dev/dsk auflisten, stecken Sie einen USB-Stick an, und wiederholen Sie die Auflistung. Sie sehen plötzlich neue „Plattengeräte". Der Aufbau der logischen Gerätedateinamen von Festplattenlaufwerken ist im Kapitel 1.4.4 auf Seite 27 beschrieben.

Die sogenannten RAW-Gerätedateien der Platten liegen unter /dev/rdsk. Hier greift man unter Umgehung von Dateisystemen auf das Gerät zu.

Mit den Kommandos fdisk (nur bei X86-basierten Geräten) und format werden fabrikneue Platten eingerichtet und schon vorhandene bearbeitet. Diese Kommandos wurden bereits im Installationskapitel (Kapitel 2) beschrieben.

5.8.2 Das UFS-Dateisystem

Die Größe eines UFS-Dateisystems ist auf maximal 1 Terabyte beschränkt, die maximale Objektgröße beträgt 800 GB. Die Komponenten des UFS-Dateisystems sind:

VTOC	Plattenlabel im 1. Sektor der Platte, Speicherort für Plattengeometrie und Partitionstabelle
Bootblock	Die 15 folgenden Plattensektoren beinhalten den Bootblock mit dem bootstrap-Programm (bei Platte mit root-Dateisystem).
Superblock	Informationen über Dateisystem: Zahl und Größe der Zylindergruppen, Datenblockgröße, Fragmentgröße, Zahl der Datenblöcke (frei und belegt), der Inodes (= max. Zahl von Objekten), Zahl der belegten Inodes, Hardware-Informationen wie beim Plattenlabel, Angabe der Mountverzeichnisse, Dateisystemzustand.
Zylindergruppen	Dienen dem beschleunigten Plattenzugriff und der Verhinderung von Dateifragmentierungen. Eine Zylindergruppe beinhaltet:

Backup-Superblock

Zylindergruppenblock Informationen für Zylindergruppe: Anzahl der Zylinder, Verzeichnisse, freie und belegte Inodes und Datenblöcke

Inodes	Halten die Informationen vor, die Sie beim `ls -l`-Befehl erhalten: Typ, Zugriffsrechte, Linkzahl, UID, GID, Objektgröße, Datum letzter Zugriff, Datum letzte Änderung, Zahl der Datenblöcke und deren Adressangaben.
Datenblöcke	Unterbringung der Nutzdaten, Standardgröße 8 KB, Aufteilung in 1-KB-Fragmente

Zusätzlich existieren *Shadow Inodes*, welche die ACL-Informationen von Objekten aufnehmen (nur wenn tatsächlich auch ACLs benutzt werden).

5.8.3 Anlegen eines UFS-Dateisystems

Wir legen mit dem Befehl `newfs` ein neues UFS-Dateisystem auf dem Gerät `/dev/dsk/c0d1s0` (2. Festplatte, 1. Partition) an:

```
solx86# newfs /dev/dsk/c0d1s0
newfs: Neues Dateisystem /dev/rdsk/c0d1s0 erstellen: (y/n)? y
WARNUNG: 3972 Sektor(en) im letzten
Zylinder nicht zugeordnet
/dev/rdsk/c0d1s0:       156348540 Sektoren in 25448 Zylindern von 48 Spuren, 128 ⟩
 Sektoren
        76342,1MB in 1591 Zylindergruppen (16 c/g, 48,00MB/g, 5824 i/g)
Superblock Backups (für fsck -F ufs -o b=#) bei:
 32, 98464, 196896, 295328, 393760, 492192, 590624, 689056, 787488, 885920,
Zylindergruppen werden initialisiert:
.............................
Superblock-Backups für letzte 10 Zylindergruppen bei:
 155424416, 155522848, 155621280, 155719712, 155818144, 155916576, 156015008,
 156113440, 156211872, 156310304
```

Sodann legen wir im Wurzelverzeichnis `home2` an und mounten anschließend testweise das frische Dateisystem und fragen die Belegung ab:

```
solx86# mount /dev/dsk/c0d1s0 /home2
solx86# df -h
Dateisystem           Größe belegt verfügbar Kapazität Eingehängt auf
.....................
/dev/dsk/c0d1s0         73G   64M   73G      1%       /home2
```

Soll das neu angelegte Dateisystem nach dem nächsten Laden des Systems automatisch gemountet werden, muss ein entsprechender Eintrag in der Datei `/etc/vfstab` vorgenommen werden. Diese Datei hat folgenden Aufbau:

- zu mountende Gerätedatei,
- von `fsck` zu behandelnde RAW-Gerätedatei unter `/dev/rdsk`,
- Einhängepunkt (Mount-Point),
- Dateisystem-Typ,
- Angabe der Reihenfolge, in der `fsck` die Dateisysteme automatisch überprüfen soll.

- Wird hier `yes` gesetzt, wird das Dateisystem beim Laden des Rechners sowie beim Aufruf des `mountall`-Kommandos eingehängt. Das Wurzelverzeichnis hat hier den Eintrag `no`, weil es bereits vom Kernel in einem früheren Stadium des Bootvorgangs eingehängt wird.

- Mount-Optionen (z. B. `rq` für Quota, `ro` nur lesen, `rw` lesen und schreiben)

Der Eintrag für unsere Platte würde also lauten:

```
/dev/dsk/c0d1s0 /dev/rdsk/c0d1s0        /home2  ufs     3       yes     -
```

Der Standard-Dateisystemtyp, der verwendet wird, wenn beim Mounten keine Angaben hierzu gemacht werden, ist unter `/etc/default/fs` eingetragen:

```
LOCAL=ufs
```

5.8.4 Ein- und Aushängen von Dateisystemen im Verzeichnisbaum

Mit `mount` werden Dateisysteme in den Verzeichnisbaum eingehängt, mit `umount` ausgehängt. Beim Einhängen werden das physikalische Gerät und ein Verzeichnis zusammengeführt. Man gibt hierbei die Optionen, die Gerätedatei und das Verzeichnis (=Mountpunkt) an (`mount -OPTIONEN BLOCKGERÄT MOUNTPUNKT`).

> **Hinweis:** mount
> ohne weitere Angaben zeigt die in den Verzeichnisbaum eingehängten Dateisysteme an!

Wir hängen das vorhin erzeugte Dateisystem ein, kontrollieren mittels `mount` bzw. `df -h` und umounten es wieder:

```
mount /dev/dsk/c0d1s0 /home2
# mount
...................
/home2 on /dev/dsk/c0d1s0 read/write/setuid/devices/intr/
largefiles/logging/xattr/onerror=panic/dev=1980040
on Thu Feb  1 20:09:48 2007

# df -h
Dateisystem        Größe belegt verfügbar Kapazität Eingehängt auf
...................
/dev/dsk/c0d1s0    73G    64M    73G       1%      /home2
# umount /home2
```

Eine wichtige Option von `mount` kann die Angabe des Dateisystems sein. Hierzu geben wir `-F TYP` an. Unter Solaris/OpenSolaris sind möglich: `ufs`, `pcfs` (FAT-basierend), `nfs` (Network-File-System, Einhängen entfernter Verzeichnisse) oder `hsfs`.

Wenn sich ein Dateisystem nicht aushängen lässt, zeigt noch irgendeine Anwendung darauf. Mit `fuser` ermitteln wir den Anwender und die Prozesse. Die Optionen `-cu EINHÄNGE-PUNKT` zeigen die belegten Resourcen, die belegenden Prozesse und den Benutzernamen. Eine weitere Option, `-k`, beendet diese Prozesse zwangsweise. Nachdem unser erster Versuch des Umountens fehlschlug, ermittelten wir Prozesse und Benutzer, um sodann mit einem Schlag `fuser -k EINHÄNGEPUNKT` das Dateisytem zum Aushängen freizubekommen:

```
# umount /home2
umount: /home2 belegt
# fuser -cu /home2
/home2: ,     1365c(harald)     1359c(harald)
# fuser -cuk /home2
/home2:       1365c(harald)     1359c(harald)
# umount /home2
```

5.8.5 Weitere Befehle um das UFS-Dateisystem

Nach einem Stromausfall oder anderen Umständen, welche ein ordnungsgemäßes Aushängen des Dateisystems verhindern, benötigt es eine Überprüfung ggf. mit Korrektur.

> **Hinweis:** sync
> schreibt den Platten-Cache sofort auf den Datenträger

Wenn Sie bei Ihrer Arbeit am System merken, dass jeden Moment z. B. der Strom ausfallen kann, setzen Sie schnell das Kommando `sync` ab und versuchen, den Rechner ordnungsgemäß herunterzufahren. Hat dies nicht mehr geklappt und kommen beim Neustart Fehlermeldungen, müssen Sie mittels `fsck` das Dateisystem bereinigen. Die wichtigste Option ist `-m`, welche auf Inkonsistenzen prüft und diese ggf. repariert. Angesprochen wird i. d. R. das RAW-Gerät, außer es besteht ein entsprechender Eintrag in der Datei `/etc/vfstab`.

> **Hinweis:** fsck
> wird nur an nicht eingehängten Dateisystemen ausgeführt!

Wir überprüfen unser vorhin erstelltes Dateisystem:

```
# fsck -m /dev/rdsk/c0d1s0
** /dev/rdsk/c0d1s0
ufs fsck: sanity check: /dev/rdsk/c0d1s0 okay
```

Weitere, seltener benötigte Kommandos der UFS-Dateisystem-Administration sind:

tunefs Leistungseinstellungen des Plattenzugriffs ändern, RAW-Gerät ansprechen
fstyp Dateisystemtyp ermitteln, RAW-Gerät ansprechen
lockfs Zugriffe sperren
ff Ausgabe von Inode-Nummern der Objekte im Dateisystem
clri Inode-Inhalt auf 0 setzen, Quasi-Löschung

5.8.6 Das ZFS-Dateisystem

Wie schon im Kapitel 2 ein wenig angeklungen, bietet das noch recht neue Dateisystem ZFS Vielseitigkeit und Sicherheit im Einsatz und Komfort für den Administrator. Die Werkzeuge werden immer noch mit neuen Funktionen versehen, und leider war es bei den vorliegenden Versionen (Solaris10 und entsprechendes Gegenstück von OpenSolaris) noch nicht möglich, auch das root-Dateisystem damit auszuführen.

Zum Aufnahmevermögen des ZFS ist zu sagen, dass man mit den heute üblichen Speichertechnologien nicht an irgendwelche Grenzen stoßen wird, weder in Zahl und Größe des Dateisystems noch hinsichtlich Größe und Zahl der Objekte.

ZFS fasst Speichergeräte zu einem Pool zusammen. Dieser kann problemlos zur Laufzeit ergänzt oder verkleinert werden. Sie können für jeden Benutzer oder für jeden Solaris-Container ein ZFS-Dateisystem anlegen.

Obwohl die Verwaltung mit wenigen Befehlen zurechtkommt und sogar eine Web-Administration zur Verfügung steht, würde die Behandlung dieses Themas ein eigenes Buch ergeben. Sie können damit Raids und Schnappschüsse handhaben, sichern und rücksichern sowie überwachen. Die ACLs entsprechen dem NFSv4-Format.

Im Ganzen betrachtet, sind hier Elemente aus relationalen Datenbanken und Dateisystemen mit Journaling-Funktionen vereint.

Die Web-Verwaltung des ZFS starten Sie so:

```
solx86# /usr/sbin/smcwebserver start
```

Am Browser geben Sie folgende Adresse ein: `https://solx86:6789/zfs`, um dann in die Verwaltung zu gelangen (Abbildung 5.19 auf der nächsten Seite). In der SMC-Konsole wurden die Funktionen für die ZFS-Verwaltung bisher nicht integriert.

Egal, ob Sie lieber auf der Shell (einfach und schnell!) oder per Browser die ZFS-Verwaltung vornehmen, für alle Methoden gelten dieselben Grundsätze:

* Mindestens ein Storage-Pool muss angelegt werden!
* Nach der Anlage steht der neue Speicherplatz sofort zur Verfügung, es ist keine Modifikation von `/etc/vfstab` notwendig.
* Volume-Manager oder ähnliche Werkzeuge sind nicht notwendig!
* ZFS-Dateisysteme können aber in besonderen Fällen wie gewöhnliche Dateisysteme behandelt werden, also in die `/etc/vfstab` eingetragen werden, manuell ein- und ausgehängt werden mittels `mount/umount`.

Die im vorigen Unterkapitel verwendete Platte wurde mittels `fdisk` (weil x86-System) bereinigt und nunmehr mittels ZFS-Werkzeugen erneut belegt. Wir binden nun unsere Platte mittels der ZFS-Werkzeuge der Shell, hier `zpool`, in den Verzeichnisbaum ein:

```
solx86# zpool create -f speicher1 /dev/dsk/c0d1
solx86# zpool list
NAME           SIZE    USED    AVAIL   CAP   HEALTH   ALTROOT
speicher1      74,5G   77,5K   74,5G   0%    ONLINE   -
solx86# mount
```

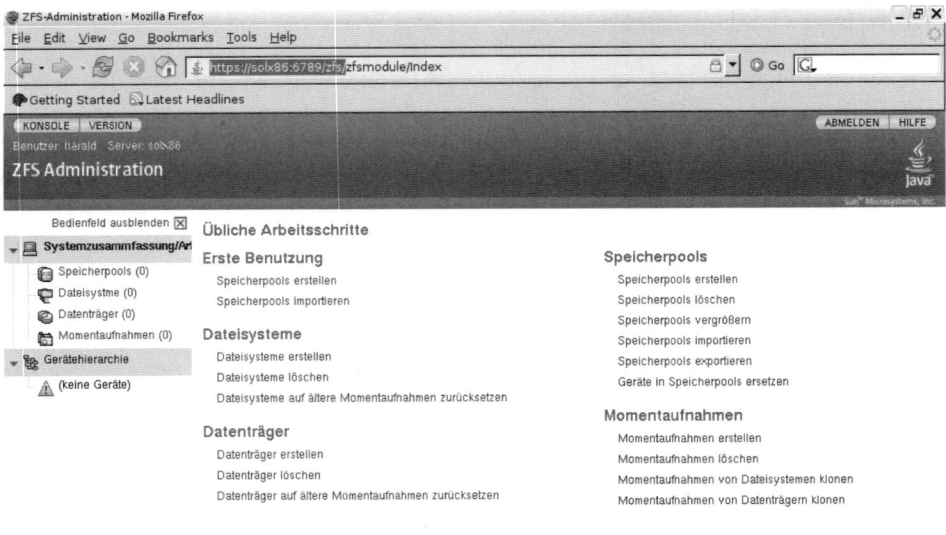

Abb. 5.19: Web-gestützte ZFS-Administration

```
/speicher1 on speicher1 read/write/setuid/devices/exec/atime/dev=2d50003 on Sat
Feb  3 22:40:25 2007
```

Eine einzige Zeile reicht aus, um einen neuen ZFS-Pool samt Dateisystem entstehen zu lassen. Ebenso schnell ist der Pool auch wieder entfernt: Mit `zpool destroy -f spei-cher1` ist die Platte wieder frei.

Einige wichtige Funktionen und Optionen von `zpool` finden Sie in der Tabelle 5.20.

Tab. 5.20: Funktionen und Optionen von `zpool` (Auswahl)

Aktion	Anweisung
Pool ...	
Anlegen	`zpool create POOL GERÄT`
Löschen	`zpool destroy -f pool`
Um ein Gerät erweitern	`zpool add POOL GERÄT`
Gerät ersetzen	`zpool replace POOL GERÄTalt GERÄTneu`

Tab. 5.20: (Fortsetzung): Funktionen und Optionen von `zpool` (Auswahl)

Anzeigen und Auflisten	
Pool(s)	`zpool list POOL`
Ein-/Ausgabe-Status (Daueranzeige möglich!)	`zpool iostat -v POOL`
Poolstatus	`zpool status -xv POOL`
On- und Offline stellen von Pool-Geräten	
Online stellen	`zpool online POOL GERÄT`
Offline stellen	`zpool offline POOL GERÄT`
Redundanzen (RAID)	
Mirror anlegen	`zpool create POOL mirror GERÄTE`
Raid-Z anlegen	`zpool create POOL raidz GERÄTE`
Spiegel erweitern	`zpool attach POOL GERÄTE`
(gehört GERÄT1 bereits zu einem Zweier-Mirror, entsteht ein Dreier-Mirror)	
Gerät aus Spiegel herausnehmen	`zpool detach POOL GERÄT`
Wartung und Pflege	
Fehlerbereinigungen („fsck")	`zpool scrub POOL`
ZFS-Pool …	
Deaktivieren	`zpool export pool`
Suchen (deaktivierte)	`zpool import`
Aktivieren	`zpool import POOL`
Aus älteren ZFS-Versionen für aktuelle Version anpassen	`zpool upgrade POOL`

Lesen Sie vor dem Einsatz zunächst die aktuellen Manual-Seiten und Beschreibungen, da die Entwicklung hier immer noch rasch fortschreitet! Gleiches gilt auch für die ZFS-Kommandos (Tabelle 5.21 auf der nächsten Seite). Mit diesem Kommando verwalten Sie einzelne ZFS-Dateisysteme.

Im folgenden Beispiel wird ein neues ZFS-Dateisystem innerhalb eines existierenden ZFS-Pools angelegt. Wir sehen, dass nur wenig Platz für die Verwaltungsdaten belegt wird (Spalte `USED`) und dass der gesamte Platz des Pools zur Verfügung steht (Spalte `AVAIL`). Unter `REFER` sehen wir den bereichsweisen Platzverbrauch. Den Einhängepunkt legt das Werkzeug automatisch an.

```
solx86# zfs create speicher1/entw
solx86# zfs list
NAME              USED  AVAIL  REFER  MOUNTPOINT
```

Tab. 5.21: Funktionen und Optionen von `zfs` (Auswahl)

Aktion	Anweisung
ZFS-Dateisystem anlegen	`zfs create ZPOOL/DATEISYSTEMNEU`
ZFS-Dateisystem löschen	`zfs destroy ZPOOL/DATEISYSTEM`
ZFS-Schnappschuss anlegen	`zfs snapshot DATEISYSTEM@SNAPSHOT`
ZFS-Schnappschuss rückspielen	`zfs rollback SNAPSHOT`
Quota setzen	`zfs set quota=PLATZ DATEISYSTEM`
ZFS-Objekte anzeigen	`zfs list`
Dateisystem klonen	`zfs clone SNAPSHOT DATEISYSTEMneu`

```
speicher1            4,03G  69,3G  4,03G  /speicher1
speicher1/entw       24,5K  69,3G  24,5K  /speicher1/entw
```

Es werden Daten abgelegt. Diese lagen bereits unter `speicher1`, wir verschieben diese einfach nach `/speicher1/entw` und lassen uns anschließend wieder die Dateisysteme auflisten. Auch die „klassischen" Werkzeuge wie `df` funktionieren, siehe Auszug:

```
solx86# zfs list
NAME               USED   AVAIL  REFER  MOUNTPOINT
speicher1          4,03G  69,3G  26,5K  /speicher1
speicher1/entw     4,03G  69,3G  4,03G  /speicher1/entw
solx86# df -h
........
speicher1          73G    26K    69G    1%     /speicher1
speicher1/entw     73G    4,0G   69G    6%     /speicher1/entw
```

Schnappschüsse ersetzen keine Datensicherung und -spiegelung, sind aber beim schnellen Wiederherstellen des alten Zustandes hilfreich. Solange beim bezogenen Dateisystem keine Änderung eintritt, belegt ein Schnappschuss keinen zusätzlichen Plattenplatz, da jedes Objekt nur einmal vorgehalten wird. Die Namenskonvention für diese Schnappschüsse besteht darin, an die Bezeichnung des Dateisystems, getrennt durch @, die Schnappschuss-bezeichnung anzufügen.

```
solx86# zfs snapshot speicher1/entw@erster
solx86# zfs list
NAME                     USED   AVAIL  REFER  MOUNTPOINT
speicher1                4,03G  69,3G  26,5K  /speicher1
speicher1/entw           4,03G  69,3G  4,03G  /speicher1/entw
speicher1/entw@erster    0      -      4,03G  -
```

Wir löschen nun eine Datei:

```
solx86# rm inhalt.txt
solx86# zfs list
NAME                     USED   AVAIL  REFER  MOUNTPOINT
speicher1                4,03G  69,3G  26,5K  /speicher1
speicher1/entw           4,03G  69,3G  4,03G  /speicher1/entw
speicher1/entw@erster    24K    -      4,03G  -
```

Das gelöschte Objekt wird nun im Schnappschuss abgelegt. Bedenken Sie aber, dass dies einige Zeit dauert, bis Sie die Folgen der Aktion auch mit `zfs list` sehen können. In eiligen Fällen setzen Sie das Kommando `sync` ab! Schnappschüsse werden im Verzeichnis `.zfs/snapshot/SCHNAPPSCHUSS` abgelegt. Sie sind zugängliche Verzeichnisse, aus denen auch nichtprivilegierte Benutzer ihre Daten ggf. zurückkopieren können. Beachten Sie aber, dass das `.zfs`-Verzeichnis *nicht* mittels `ls -a` sichtbar ist. Sie müssen den Pfad zumindest einschließlich dieses Verzeichnisses direkt eingeben.

```
solx86# pwd
/speicher1/entw/.zfs/snapshot/erster
solx86# ls -l
Gesamt 8452301
-rw-r--r--   1 root       root           173 Feb  4 10:52 inhalt.txt
-rw-r--r--   1 root       root      4324204544 Feb  4 10:49 KNOPPIX_V5.1.1DVD⤸
-2007-01-04-DE.iso
-rw-r--r--   1 root       root         49642 Feb  4 09:30 zfs.txt
```

Wir sehen hier unsere gelöschte Datei. Es wäre also das manuelle Rückkopieren möglich, aber auch, in einem Rutsch den alten Zustand wiederherzustellen. Dazu darf sich aber kein Benutzer aktuell in diesen Verzeichnissen aufhalten!

```
solx86# zfs rollback speicher1/entw@erster
cannot unmount '/speicher1/entw': Gerät in Benutzung
solx86# cd
solx86# zfs rollback speicher1/entw@erster
solx86# ls -l /speicher1/entw
Gesamt 8452301
-rw-r--r--   1 root       root           173 Feb  4 10:52 inhalt.txt
-rw-r--r--   1 root       root      4324204544 Feb  4 10:49 KNOPPIX_V5.1.1DVD⤸
-2007-01-04-DE.iso
-rw-r--r--   1 root       root         49642 Feb  4 09:30 zfs.txt
```

Nach dem Rollback belegt der Snapshot wiederum keinen zusätzlichen Platz.

Wir löschen den Schnappschuss:

```
solx86# zfs destroy speicher1/entw@erster
solx86# zfs list
NAME                USED    AVAIL   REFER   MOUNTPOINT
speicher1           4,03G   69,3G   26,5K   /speicher1
speicher1/entw      4,03G   69,3G   4,03G   /speicher1/entw
```

5.9 Datensicherung

Ihre Daten können Sie unter Solaris10/OpenSolaris auf verschiedene Weise sichern. Für kleine Systeme wird es genügen, sie auf eine oder mehrere DVDs zu brennen oder die Daten einfach auf einen anderen Rechner zu überspielen. Für den mittleren Bedarf wird man ein Bandlaufwerk einsetzen, darüber hinaus bietet sich der Anschluss einer Bandbibliothek an, welche über mehrere Bandlaufwerke und eine automatische Bandverwaltung verfügt.

Die schon im Buch besprochenen Kommandos `tar` und `cpio` eignen sich für diese Aufgabe. Sie können direkt die logischen Gerätedateien der Bandgeräte ansprechen. Diese liegen unter /dev/rmt. Das erste Laufwerk wird beispielsweise als /dev/rmt/0 angesprochen. Der folgende Buchstabe gibt Auskunft über die Schreibdichte, beginnend mit 1 für ohne Kompression bis u für höchste Verdichtung. Anschließend kennzeichnet ein b, dass sich das Band gemäß den BSD-Richtlinien verhält, womit nach einer Endemarke der nächste Datensatz ohne erneutes Positionieren eingelesen wird. Ein n am Schluss des Dateinamens bewirkt, dass das Band nach erfolgtem Zugriff nicht zurückgespult wird. Damit ergeben sich insgesamt 24 nutzbare Kombinationen, die als (Teil-)Gerätenamen angelegt werden. Wenn möglich, verwenden Sie Bandlaufwerke mit Hardware-seitiger Komprimierung, Sie entlasten Ihr System damit spürbar.

Sie haben die Wahl zwischen Voll-Backups und Teilsicherungen. Solange nichts passiert, sind Teilsicherungen die schnellere Methode. Allerdings kommt es nach dem schlimmsten Fall vor, dass die Bänder inkrementeller Sicherungen verwechselt werden und die vermeintlich geretteten Daten unvollständig sind. Empfehlenswert sind Teilsicherungen in dem Sinne, dass die Systemplatte nur nach Änderungen (neue Programme) komplett gesichert wird. Die sich oft täglich ändernden Einstellungen unter /etc können bei der vollständigen Sicherung der Benutzerdaten mitgesichert werden. Je nach Menge haben Sie unter Umständen nur zwei Datenträger zum Rücksichern vorzuhalten. Dies vermeidet bei der dann um den Systembetreuer tobenden Katastrophe Stress und Fehler.

Weiter muss entschieden werden, ob man die Daten physikalisch oder auf Dateisystemebene (logisch) sichert. Die physikalische Methode schafft ein Abbild der Platte, wie sie eingerichtet wurde. Die Datensicherung läuft hier sehr schnell ab. Nachteilig hierbei ist, dass stets das gesamte Abbild rückgesichert wird. Zusätzliche Snapshots können hier für das Zurückspielen einzelner Dateien angelegt werden und diesen Nachteil insoweit ausgleichen. Muss im Fall der Fälle eine ganze Platte wiederhergestellt werden, sollte es sich dabei aber um ein technisch identisches Modell handeln.

Die Sicherung eines Dateisystems ist hier wohl öfter als Königsweg zu betrachten. Es wird komplett mit allen ACLs und Links auf das Magnetband oder eine Datei geschrieben, ist bei der Wiederherstellung aber einfacher handhabbar. Für die UFS-Dateisysteme verwenden Sie ufsdump zum Erstellen und ufsrestore zum Wiederherstellen:

```
solx86# ufsdump a archiv.dmp /export/home
  DUMP: Datum dieses Speicherabzugs der Stufe 9: Sun Feb 04 12:49:59 2007
  DUMP: Datum des letzten Speicherabzugs der Stufe 0: die Epoche
  DUMP: Speicherabzug /dev/rdsk/c0d0s7 wird erstellt(solx86:/export/home) auf /
  dev/rmt/0.
  DUMP: Zuordnung (Durchgang I) [reguläre Dateien]
  DUMP: Zuordnung (Durchgang II) [Verzeichnisse]
  DUMP: Datensätze mit 32 KB werden geschrieben.
  DUMP: 16720 Blöcke (8,16MB) (geschätzt).
  DUMP: Speicherabzug (Durchgang III) [Verzeichnisse]
  DUMP: Speicherabzug (Durchgang IV) [reguläre Dateien]
  DUMP: 16702 Blöcke (8,16MB) auf 1 Datenträger bei 5429 KB/s
  DUMP: Speicherabzug wird in 'archiv.dmp' archiviert
  DUMP: SPEICHERABZUG WURDE ERSTELLT.
```

Bei ZFS-Dateisystemen führen Sie zfs send SNAPSHOT > Datei zum Sichern und zfs receive SNAPSHOT < Datei aus.

```
solx86# zfs send speicher1/entw@erster > dasi.archiv
```

Zum Rücksichern darf das Dateisystem nicht existieren, da es automatisch erstellt würde. Geben Sie ggf. einen anderen Namen an, und führen Sie anschließend mit `zfs rename` die Umbenennung durch.

Das Rückspielen selbst mit anderem Namen funktioniert so:

```
solx86# zfs receive speicher1/entwalt@erster < dasi.archiv
solx86# zfs list
NAME                      USED   AVAIL  REFER  MOUNTPOINT
speicher1                 12,1G  61,2G  27,5K  /speicher1
speicher1/entw            8,07G  61,2G  8,07G  /speicher1/entw
speicher1/entwalt         4,03G  61,2G  4,03G  /speicher1/entwalt
speicher1/entwalt@erster      0      -  4,03G  -
```

Jetzt könnte die Umbenennung in der Form

```
zfs rename speicher1/entw speicher1/reserve
zfs rename speicher1/entwalt speicher1/entw
```

erfolgen.

6 Solaris im Netzwerk

Inhalt

6.1 Netzwerkdienste

6.1.1 Datei- und Verzeichnisdienste

Die klassische Form im Unix-Bereich, Dateien und Verzeichnisse auch für andere Rechner (sogar plattenlose!) zur Verfügung zu stellen, ist NFS. Der NFS-Server ist standardmäßig bei Solaris/OpenSolaris aktiv. Am Server gibt man ein Verzeichnis wie folgt frei:

```
solx86# share -o rw /speicher1/entw
```

Das Kommando share benötigt unter Umständen die Option -F nfs. Sie können als Option angeben, ob die Freigabe nur zum Lesen (-o ro) oder zum Lesen und Schreiben freigegeben wird (-o rw). Ferner können Sie den Kreis der Zugriffsberechtigten auf Gruppen, Benutzer und Rechner eingrenzen (z. B. -rw=RECHNER1:RECHNER2). Zum Schluss geben Sie das Verzeichnis an, welches „exportiert" werden soll. NFS unter Solaris unterscheidet sich erheblich von jenem diverser Linux- und BSD-Derivate.

Die Informationen über die Freigaben werden unter /etc/dfs in der Datei sharetab abgelegt:

```
solx86# pwd
/etc/dfs
solx86# cat sharetab
/speicher1/entw -         nfs     rw
```

Mit dem Befehl unshare entfernt man eine Freigabe:

```
solx86# unshare /speicher1/entw
```

Die NFS-Client-Rechner mounten das entfernte Verzeichnis wie einen Datenträger auch, mit der Option -F nfs machen Sie aber kenntlich, dass es sich um NFS handelt. Anschließend nennen Sie den Rechner und die Freigabe und den lokalen Mountpunkt:

```
sparc# mount -F nfs -o rw solx86:/speicher1/entw /mnt
sparc# ls /mnt
archiv.dmp                      inhalt.txt
dasi.archiv                     KNOPPIX_V5.1.1DVD-2007-01-04-DE.iso
```

Beachten Sie, dass hier die erweiterten ACLs eingesetzt werden können.

Ein Nachteil des NFS-Konzeptes ist die Tatsache, dass an allen Geräten die Benutzer hinsichtlich Namen und numerischer ID übereinstimmen müssen, welche auf den Server zugreifen. Hier muss man auf andere Authentifizierungsmechanismen ausweichen, wenn man den Aufwand der identischen Benutzerverwaltung im erträglichen Rahmen halten möchte. Allerdings kann man sich hier mit Skriptlösungen die Arbeit vereinfachen.

Sollen Datei- und Verzeichnisdienste auch Rechnern, die unter diversen DOS- und Windows-Derivaten laufen, erbracht werden, benötigen Sie das Samba-Paket. Auch dieses ist unter Solaris bereits vorhanden und muss nur noch konfiguriert und gestartet werden.

Das hierzu benötigte Samba-Paket liefert zwei Daemone *nmbd* für die Netbios-Funktionalität, und *smbd* für den eigentlichen Datenaustausch.

Hinweis: Lizenzhinweis
Wenn Sie Samba nur nutzen, sind Sie nicht davon betroffen. Bieten Sie aber Produkte und Dienstleistungen rund um Samba an, müssen Sie die Markennutzung lizensieren. Informationen hierzu erhalten Sie im Internet unter `http:/samba.sernet.de`

So bringen Sie Ihren Samba-Server unter Solaris/OpenSolaris ans Netz:

1. Benutzer anlegen:

```
sparc# /usr/sfw/bin/smbpasswd -a simon
New SMB password: *******

Retype new SMB password: *******

Added user simon.
```

2. `/etc/sfw/smb.conf` erstellen:

```
[global]
   workgroup = anw
   server string = Samba Server
   security = user
   hosts allow = 192.168.0. 127.
   load printers = yes
   printcap name = lpstat
   log file = /usr/local/samba/var/log.%m
   max log size = 50
   socket options = TCP_NODELAY
   os level = 65
   preferred master = yes
   wins support = yes
   dns proxy = no
   encrypt passwords = Yes

[homes]
   comment = Home Directories
   browseable = no
   writable = yes

[printers]
   comment = All Printers
   path = /var/spool/samba
   browseable = no
   guest ok = no
   writable = no
   printable = yes
```

Das Beispiel hier zeigt die Sektionen: `[global]` legt den Arbeitsgruppennamen und die zum Zugriff zugelassenen Rechner fest, die Authentifizierung liegt auf Benutzerebene (alternativ: Freigabeebene). Unter `[homes]` wird die Behandlung der Heimatverzeichnisse angegeben. Sie werden nicht öffentlich „angepriesen", jeder Benutzer bekommt nur sein eigenes zu sehen. Sie sind beschreibbar. Die Drucker werden in der Sektion `[printers]` zur allgemeinen Benutzung angeboten. Bei den beiden letzten

Beiträgen handelt es sich um Freigaben. Unter diesen Namen werden sie von anderen Rechnern angesprochen, nicht unter den tatsächlichen Pfadnamen!

3. Führen Sie `/usr/sfw/bin/testparm` aus. Mögliche Fehler der Konfigurationsdatei werden Ihnen angezeigt, genauso eine klare Zusammenfassung der Datei selbst.

4. Starten Sie manuell die beiden Samba-Daemons:

```
sparc# /etc/rc3.d/S90samba start
```

5. Führen Sie `/usr/sfw/bin/findsmb` aus, damit Sie kontrollieren können, ob der Server ansprechbar ist:

```
# /usr/sfw/bin/findsmb
                                *=DMB
                                +=LMB
IP ADDR          NETBIOS NAME    WORKGROUP/OS/VERSION
-------------------------------------------------------------
192.168.0.3      SPARC           +[ANW] [Unix] [Samba 3.0.11]
```

6. Greifen Sie auf eine Freigabe zu. Hierfür benötigen Sie `/usr/sfw/bin/smbclient`. Dieser wird durch den Benutzer ausgeführt. Die Kommandos sind ähnlich denen eines gewöhnlichen ftp-Clients (`put`, `get`, `ls` ....).

```
harald@sparc$ /usr/sfw/bin/smbclient -U simon //sparc/homes
creating lame upcase table
creating lame lowcase table
Password: ********

Domain=[SPARC] OS=[Unix] Server=[Samba 3.0.11]
smb: \> ls

    simon-bericht.txt                         32  Mon Dec 25 23:36:13 2006


            38428 blocks of size 262144. 20731 blocks available
smb: \>
```

7. Prüfen Sie die Verbindungen mit `/usr/sfw/bin/smbstatus`:

```
sparc# /usr/sfw/bin/smbstatus
creating lame upcase table
creating lame lowcase table

Samba version 3.0.11
PID       Username    Group    Machine
-------------------------------------------------------------
 1510     simon       staff    sparc      (192.168.0.3)
 1512     harald      staff    re204      (192.168.0.204)

Service      pid   machine   Connected at
-------------------------------------------------------------
simon        1510  sparc     Sun Feb  4 22:39:56 2007
harald       1512  re204     Sun Feb  4 22:40:21 2007

No locked files
```

Sie sehen die Benutzer und unter `Service` die verbundenen Freigaben. Im Sonderfall der Heimatverzeichnisse steht hier nicht der Sektionsname „homes", sondern der tatsächliche Verzeichnisname. Ferner sehen Sie, von welchem Rechner aus die Verbindung erfolgt.

Eine weitere plattformneutrale und verschlüsselte Form der Datenübertragung bieten die Werkzeuge `scp` und `sftp` sowie diverse Pipes mit Einbeziehung der Secure Shell (`ssh`), welche bereits in Kapitel 4 beschrieben wurden. Für viele Betriebssysteme existieren auch grafische Clients, auch mancher Dateimanager hat diese Funktionen bereits integriert. Der einzige Nachteil dieser Verfahren ist der Rechenaufwand der Ver- und Entschlüsselung. Dieser Dienst ist standardmäßig aktiv und ohne weitere Zusatzarbeiten verfügbar.

Das Gleiche gilt auch für den klassischen, unverschlüsselten FTP-Dienst.

Zusammenfassung

Die unverschlüsselten Dienste `FTP`, `SAMBA` und `NFS` weisen hohe Übertragungsraten auf. Sie sollten aber nicht über das Internet zugänglich gemacht werden, da die übertragenen Daten keineswegs geschützt sind. Abhilfe bieten der Aufbau eines virtuellen, privaten Netzwerks oder ein SSH-Tunnel. Robust und meist ohne zusätzliche Konfiguration sind die Datenübertragungsmöglichkeiten der Secure-Shell nutzbar. Eine Gegenüberstellung finden Sie in der Tabelle 6.1.

Dienst	*Zugriff*	*Authentifizierung*
Samba	Benutzer	Dienst (`smbpasswd`)
NFS	System	System
SFTP/SCP	Benutzer	Dienst
FTP	Benutzer	Dienst

Tab. 6.1: Eigenschaften der Datei- und Verzeichnisdienste

6.1.2 Netzwerk-Fernsitzungen mittels „entfernter Anmeldung"

Bei der klassischen Solaris-Arbeitsstation sitzt man (meist) persönlich am Rechner, anders sieht es bei den Server-Modellen aus. Der Arbeitsplatz befindet sich räumlich vom Rechner getrennt. Nach wie vor ist es möglich, serielle Terminale (in kleiner Zahl) anzuschließen, die Entfernung ist dabei gering, und man hat damit eben *keine* Netzwerkverbindung. Üblicherweise setzt man diese Technik ein, um die „serielle Konsole", wie sie im Installationskapitel beschrieben wurde, zu benutzen. Diese Verbindung funktioniert bei SPARC-basierten Systemen immer, sogar mit dem OpenBoot-Prompt.

Für die tägliche Arbeit sind die Verbindungen über das Netzwerk vorgesehen.

Von Haus aus ist im Runlevel 3 der grafische Anmeldemanager auch über das Netzwerk erreichbar (was durchaus ein Sicherheitsrisiko darstellen kann, betreiben Sie solche Geräte nur im geschützten, privaten Netz, ggf. verbunden mittels SSH-Tunnel). Bedenken Sie, dass Kennwörter und Daten hier unverschlüsselt über das Netz laufen.

Mit den recht preiswerten und anspruchslosen Thin-Clients und auch mit PCs können Sie diesen Dienst nutzen. Die Anmelde-Manager anderer verwandter Betriebssysteme und auch der von Solaris/OpenSolaris bieten die Möglichkeit, sich an einem entfernten Rechner anzumelden. Ist ein Linux- oder *BSD-PC vorhanden, der als „Terminal" fungieren soll, aber kein entsprechender Anmeldemanager installiert, geben Sie auf der Shell `X - query SERVERNAME` ein. Sie sehen dessen grafischen Login angezeigt. Zum Beenden der grafischen Benutzeroberfläche auf diesen Clients drücken Sie ggf. die Tasten STRG - ALT - BACKSPACE .

Wenn Sie an einem Solaris-Rechner sitzen, bei welchem der grafische Login möglich ist, klicken Sie auf `Optionen`, `Entfernte Anmeldung` und `Host aus Liste auswählen`. Sodann werden alle über das Netzwerk erreichbaren Rechner mit netzoffenem Anmeldemanager aufgelistet. Sie können nun Ihre Wahl treffen und sich anmelden. Die Arbeit mit der sicheren, verschlüsselt arbeitenden Secure-Shell finden Sie detailliert in Kapitel 4.10.2 auf Seite 153 dargestellt. Sie ist sowohl zum Arbeiten auf der Shell als auch zur sicheren Übertragung der Ein- und Ausgaben von Programmen der grafischen Benutzeroberfläche geeignet.

6.1.3 Netzwerk-Fernsitzungen mittels „Sun Secure Global Desktop"

Der „Sun Secure Global Desktop", vormals unter „Tarantella" bekannt, ermöglicht sichere, webbasierte Sitzungen, auch zwischen unterschiedlichen Systemplattformen. Für diese Produkte müssen Sie die entsprechenden Lizenzen erwerben.

Die Software kann über die Webseite der Firma Sun bezogen werden.

Schon vor der Installation müssen Sie die Gruppe `ttaserv` und deren Benutzer `ttaserv` und `ttasys` anlegen. Die Prozesse rund um den Secure Global Desktop werden unter diesen UIDs laufen:

```
# groupadd ttaserv
# useradd -g ttaserv -s /bin/sh ttaserv
# passwd -l ttaserv
passwd: Passwortinformationen wurden für ttaserv geändert
# useradd -g ttaserv -s /bin/sh ttasys
# passwd -l ttasys
passwd: Passwortinformationen wurden für ttasys geändert
```

Anschließend entkomprimieren Sie das Paket und rufen die Paketverwaltung auf:

```
solx86# gzip -d ttai3so.pkg.gz
solx86# pkgadd -d ttai3so.pkg
```

Folgen Sie den Anweisungen am Bildschirm. Meist müssen Sie nur vorgegebenen Werten und Aktionen zustimmen. Die Programmdateien werden unter `/opt/tarantella` abgelegt. Eine Statusabfrage kann direkt auf der Shell mittels

```
/opt/tarantella/bin/tarantella status
```

vorgenommen werden.

Am Arbeitsplatz starten Sie den Webbrowser Ihrer Wahl und geben als Adresse `http:`
`//RECHNERNAME.DOMAIN.TLD` ein (wird am Schluss des Installationslaufes angezeigt).
Anschließend erscheint das Anmeldefenster. Sie können auf Ihrem *webtop*, so wird die
Arbeitsoberfläche genannt, z. B. eine Gnome-Sitzung oder eine Anwendung direkt starten.

Nach diesem ersten Funktionstest installieren Sie ggf. noch das Verschlüsselungspaket,
welches Sie ebenfalls von Sun heruntergeladen haben:

```
pkgadd -d ttasecurei3so.pkg
```

Folgen Sie anschließend den Anweisungen am Bildschirm.

6.1.4 Netzwerk-Fernsitzungen mittels „nomachine"

Von *NoMachine* stammt ein ähnliches Produkt, welches neben Solaris (nur SPARC) auf
verschiedenen anderen Plattformen läuft. Manche Thin-Clients haben diese Software schon
integriert.

Laden Sie zunächst folgende Pakete von `http://www.nomachine.com` herunter (die
Versionsziffern können und werden abweichen):

```
nxclient-2.1.0-11.sparc.gz
nxnode-2.1.0-15.sparc.gz
nxserver-2.1.0-18.sparc.gz
```

Beachten Sie, dass zunächst der Client, dann der Node und anschließend der Server mittels
`pkgadd` installiert werden müssen. Beantworten Sie die Fragen mit den Standard-Vorgaben
(Verzeichnis anlegen, alles installieren, ausführen). Der Dienst steht anschließend bereits
zur Verfügung! Sie müssen nur noch die notwendigen Einstellungen am Client vornehmen.
War der NX-Client noch nie in Benutzung, startet ein Einstellungsprogramm, in welchem
Sie einige Angaben eintragen müssen:

- Sitzungsname (zum Ansprechen der jeweiligen Konfiguration)

- Rechnername oder IP-Adresse des Servers, ggf. abweichende Portangabe

- Verbindungstyp hinsichtlich der Übertragungsgeschwindigkeit, von Modem bis LAN

- System

- Anmeldemanager oder direkte Sitzung

- Arbeitsflächengröße

- **Verschlüsselung** zulassen (Häkchen!)

- Symbol auf Arbeitsfläche erstellen

Anschließend steht das Anmeldungsfenster zur Verfügung (Abbildung 6.1 auf der nächsten
Seite). Die Schaltfläche für die Konfiguration entfällt, wenn dieses Programm mittels des
Symboles auf der Arbeitsoberfläche gestartet wird.

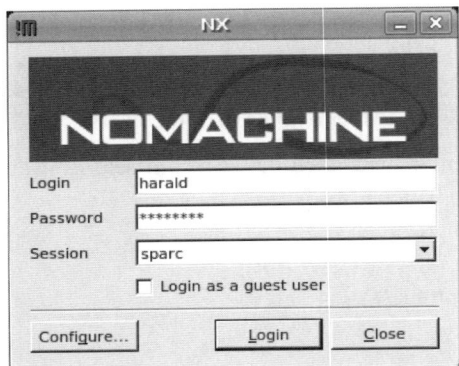

Abb. 6.1: Anmeldefenster am NX-Client

6.1.5 Server-Software für Thin-Clients der Sun-RAY-Reihe

Für den Betrieb der Sun-RAY-Thin-Client-Modelle ist ein spezieller Server-Prozess notwendig. Die notwendige Software können Sie über das Internet über `http://www.sun.com` herunterladen. Je Arbeitsplatz ist eine kostenpflichtige Lizenz notwendig. Bestandteil der Server-Software ist unter anderem ein DHCP-Dienst, der auch mit einem im Netz schon vorhandenen harmonieren soll.

Diese speziellen Thin-Clients unterscheiden sich von anderen Produkten dadurch, dass man an ihnen keine weiteren Konfigurationsmaßnahmen treffen muss und daher der zeitliche Installationsaufwand gering ist und zudem kein Fachpersonal benötigt wird.

Zusammenfassung

In einem abgeschotteten, kleinen Netz wird man mit den klassischen Methoden des X-Window-Systems auskommen. Hier können Sie Ihre alten PCs als Terminals weiterverwenden oder preiswerte Thin-Clients einsetzen. Wünscht man eine verschlüsselte Übertragung, helfen hier SSH-Tunnel und VPN-Lösungen weiter. Komfortabel arbeitet man mit NoMachines NX-Produkten, die außer einer kostenfreien Light-Version auch leistungsstarke Pakete anbieten. Suns „Secure Global Desktop" arbeitet webbasiert und bietet ebenfalls Komfort bei konfigurierbarer Sicherheit. Nicht zu vergessen sind die Möglichkeiten der SSH selbst mit der verschlüsselten Display-Umleitung. Für die Ray-Geräte von Sun benötigen Sie eigene Hard- und Software.

6.1.6 Adress- und Namensverwaltung

Die Idee hinter DHCP (Dynamic Host Configuration Protocol) ist die zentrale Netzwerkkonfiguration einzelner Teilnehmer wie PCs oder Drucker. Dafür ist der Daemon `dhcpd` zuständig. Er führt die sogenannte *MAC-Adresse* (Hardware-Kennung, ähnlich Fahrgestell-Nummer eines Kraftwagens) mit einer Internet-Protokoll-Adresse (IP, entspricht Autokennzeichen) zusammen.

Unter Solaris und OpenSolaris verläuft die Konfiguration des DHCP-Servers abweichend von der „gewohnten" von Linux oder den *BSDs. Mit dem dafür vorhandenen Einstell- und Überwachungsprogramm `/usr/sadm/admin/bin/dhcpmgr` erledigen Sie diese Arbeit recht schnell:

1. Entscheiden, ob nur DHCP- oder auch Bootp-Relay konfiguriert wird (hier: DHCP)

2. Angabe Speicherart (Text/Binär) (hier: Text)

3. Ablageort der Konfigurationsdaten (hier: `/var/dhcp`)

4. Name-Service auswählen

5. Gültigkeit der Lease (Adresszuweisung)

6. Bei DNS: DNS-Domain und Name-Server eintragen

7. Netzwerkadresse und Netzmaske eintragen

8. Netzwerktyp und -routing angeben (hier: LAN und autom. Routererkennung)

9. NIS-Informationen (hier: übersprungen)

10. Gesamtübersicht kontrollieren und bestätigen

11. Festlegung der Zahl der Adressen und Angabe eines Kommentars

12. Angabe des Server-Namens (Rechnername), erste zu vergebende IP-Adresse und optional, zu erzeugender Clientname (hier: `sparc, 192.168.0.60, mobil`)

13. Bestätigen der erzeugten Adressliste

14. Konfigurationsmakro wählen

15. Festlegung, ob MAC- und IP-Adresse eine feste Paarung ergeben (permanent) oder flexibel vergeben werden (dynamisch)

16. Überprüfung und Bestätigung der Eingaben

Der Dienst läuft, ggf. muss mittels der `svc`-Kommandos noch nachgeholfen werden. Prüfen Sie mit `svcs -a | grep dhcp` nach, ob der Dienst als `online` gelistet wird:

```
# svcadm enable svc:/network/dhcp-server:default
# svcs -a | grep dhcp
online          15:08:36 svc:/network/dhcp-server:default
```

Schließen Sie nun einen PC an, welcher auf automatischen Adressbezug eingestellt wurde, und schalten ihn ein. Lassen Sie ggf. die Anzeige erneuern. Der PC wird nun mit Verfallsdatum der Adresszuweisung (Lease) und seiner MAC-Adresse gelistet (Abbildung 6.2 auf der nächsten Seite).

Ein häufiger Partner des DHCP-Servers ist der Nameserver (DNS, Domain Name System).

Dieser führt IP-Adressen und Rechnernamen zusammen. Er ist damit eine zentrale Einheit für die Namensauflösung und ermöglicht es, Netzwerkteilnehmer mit Namen anstelle der IP-Adresse anzusprechen. Natürlich kann man das auch, wenn die lokale Datei `/etc/hosts` über die entsprechenden Einträge verfügt. Diese müsste aber bei allen Rechnern im Netzwerk möglichst den gleichen Inhalt aufweisen. Allerdings sollten in dieser Datei schon die wichtigsten Rechner gelistet sein.

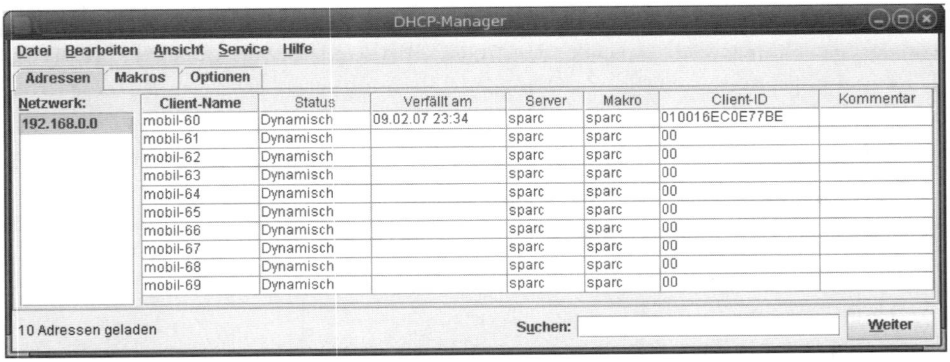

Abb. 6.2: DHCP-Manager

Für das Konfigurationsbeispiel haben wir zwei Zonen angelegt: die `root`-Zone (enthält Verweise auf Nameserver im Internet) und die `sparcdaheim.de` (enthält das „Hausnetz", welches nach außen nicht bekannt wird). Deren Konfigurationsdateien liegen unter `/etc/-zonen`. Mit diesem Minimalaufwand können wir bereits arbeiten. Die Konfigurationsdatei `/etc/named.conf` des Daemons selbst (`named`, das Paket trägt den Namen *bind*) hat folgenden Inhalt:

```
options {
        directory "/etc";
        pid-file "/var/run/named.pid";
        };

controls {
        inet 192.168.0.3 port 42 allow { 127.0.0.1; 192.168.0.3; };
        };
zone "." {
        type hint;
        file "/etc/zonen/named.root";
        };
zone "sparcdaheim.de" {
        type master;
        file "/etc/zonen/sparcdaheim.de.hosts";
        };
```

In der Section `options` legen wir das Konfigurationsverzeichnis fest sowie den Ablageort der PID-Datei. Unter `controls` werden die Netzwerkgeräte und der Port angegeben, auf denen der Daemon lauschen soll. Anschließend werden die Zonen aufgeführt. Die Zone „." (Punkt) vom Typ „hint" listet die DNS-Root-Server auf, die weltweit ihre Dienste anbieten. Unsere lokale Zone „sparcdaheim.de" ist vom Typ „master". Für beide Zonen werden die Dateien mit absoluter Pfadangabe angegeben.

Die Datei `/etc/zonen/named.root` laden Sie von `ftp.internic.net`, Verzeichnis `domain`, herunter. Die lokale Zonendatei `/etc/zonen/sparcdaheim.de` hat folgenden Inhalt:

```
$ttl 38400
sparcdaheim.de.      IN      SOA      sparc. root.sparc. (
                             1170970670
                             10800
                             3600
                             604800
                             38400 )
sparcdaheim.de.      IN      NS       sparc.
localhost            IN      A        127.0.0.1
solx86               IN      A        192.168.0.14
sparc                IN      A        192.168.0.3
lap                  IN      A        192.168.0.60
```

Ersetzen Sie einfach die Einträge der Domain und des Rechners (sparc) durch Ihre eigenen. Den Nameserver (NS) ersetzen Sie ebenfalls durch Ihre eigenen Angaben. Alle anderen Namenseinträge (A) führen Sie entsprechend ihrer Einteilung auf. Achten Sie auf den Punkt bei den Domainangaben!

Anschließend starten Sie den Nameserver durch das bekannte SVC-Kommando:

```
sparc# svcadm enable  svc:/network/dns/server:defaultx
sparc# svcs -a | grep dns
online          13:45:54 svc:/network/dns/client:default
online          16:38:18 svc:/network/dns/server:default
```

Ergänzen oder ändern Sie die Datei /etc/resolv.conf auf die neuen Gegebenheiten ab (Nameserver angeben):

```
domain sparcdaheim.de
nameserver 192.168.0.3
```

Führen Sie nun eine host-Abfrage (oder nslookup) auf eine externe und interne Adresse durch:

```
sparc# host www.franzis.de
www.franzis.de has address 80.237.189.137
sparc# nslookup solx86x
Server:          192.168.0.3
Address:         192.168.0.3#53

Name:     solx86.sparcdaheim.de
Address: 192.168.0.14
```

Damit ist der Nameserver betriebsbereit.

6.1.7 Mailserver

Von Haus aus ist sendmail installiert und als lokaler Mail-Transporter konfiguriert. Wenn Sie strikt zwischen interner und ausgehender E-Mail trennen, ist dies eine gute Voreinstellung.

Wir ändern die Konfigurationsdatei /etc/mail/sendmail.cf ab. Ausgehende Post soll an einen externen Provider übergeben werden, der diese dann weiterverteilt. Dazu wird nur ein einziger Eintrag geändert/gesetzt:

```
# "Smart" relay host (may be null)
DSmail.PROVIDER.TLD
```

Damit gelangt die Post nun schon mal nach außen.

Eingehende Post wird mittels *fetchmail* in regelmäßigen Abständen geholt und an die Benutzer weitergegeben. Dazu muss die Datei .fetchmailrc wie das folgende Muster erstellt und im Heimatverzeichnis des aufrufenden Benutzers abgelegt werden. Zum einen können Sie hierin direkt externe Mail-Konten einzelnen Benutzern zuordnen oder eine Weiterverteilung mittels procmail vornehmen.

```
server pop.PROVIDER.TLD
proto pop3
user postmaster@DOMAIN.TLD
pass KLARTEXTPW
is poststelle@DOMAIN.TLD
```

In der oben gezeigten Datei .fetchmailrc ist festgelegt, dass die Post vom POP3-Server pop.PROVIDER.TLD abgeholt wird. Die Benutzerkennung beim Provider lautet postmaster@DOMAIN.TLD, das Kennwort ist im Klartext hinterlegt, weshalb auch nur der „Postholbenutzer" darauf das Leserecht besitzt. Die Post wird dem lokalen Benutzer poststelle@DOMAIN.TLD zugestellt.

Wenn nun hier die Post für alle Benutzer in einem Rutsch übermittelt wird, muss die Weiterverteilung mittels procmail vorgenommen werden. Hierzu wird die entsprechende .procmail-Datei benötigt:

```
# Please check if all the paths in PATH are reachable, remove the ones that
# are not.

PATH=$HOME/bin:/usr/bin:/bin:/usr/local/bin:
MAILDIR=/var/spool/mail
DEFAULT=/var/spool/mail/poststelle
LOGFILE=$MAILDIR/from
LOCKFILE=$HOME/.lockmail

:0
* ^From:.*Benutzer@DOMAIN.TLD
! harald

:0
* ^To:.Harald.Zisler@DOMAIN.TLD
! harald
```

Im Kopf sehen Sie die unbedingt notwendigen Angaben zum Programmpfad (PATH), dem Mail-Verzeichnis (MAILDIR), wohin alle übrige Post geliefert wird (DEFAULT) sowie für die Log- und Sperrdatei.

Die eigentlichen Sortieranweisungen werden immer mittels :0 eingeleitet und mit der Zeile ! BENUTZERNAME abgeschlossen. Das Suchmuster wird mit * ^MUSTER angegeben. Damit lassen sich bequem auch Listen-Mails Benutzern zuordnen. Für schwierige Fälle können Sie sogar bestimmte Absender bestimmten Benutzern fest zuordnen (* ^From:.*BENUTZER).

Legen Sie für den Poststellen-Benutzer auch einen Crontab-Eintrag an. Bei fester Verbindung ins Internet können Sie z. B. alle 15 Minuten `fetchmail` per `cron` aufrufen und die Post holen lassen. In den DSL-freien Zonen Mitteleuropas führen Sie den Aufruf nach erfolgtem Aufbau der Netzverbindung am besten manuell durch.

Die Mail-Abholung funktioniert unabhängig vom verwendeten MTA (Mail Transport Agent), z. B. `sendmail`.

Wenn Sie Sendmail durch einen anderen MTA ersetzen möchten, sind z. B. Exim und Postfix gute Kandidaten hierfür.

In beiden Fällen sind vorher entsprechende Benutzer und Gruppen anzulegen, damit der MTA nicht unter der ID von `root` läuft. Bei `exim` müssen vorher auch die GNU-Binutils als Quelltext besorgt, kompiliert und installiert werden (für `exim` wird `ar` benötigt). Vor der endgültigen Installation muss das „alte" Sendmail lahmgelegt werden. Kopieren Sie die Programmdatei für alle Fälle! Gleiches gilt für die Installation von Postfix.

Die Konfiguration eines Mailservers würde den Rahmen dieses Buches sprengen, insbesondere im Hinblick auf die verschiedenen Sicherheitsanforderungen und mögliche Angriffszenarien.

6.2 Solaris-Zonen

Ähnlich den Jails bei den *BSDs bieten Solaris10 und OpenSolaris geschützte Umgebungen, die Zonen. Benutzt eine Zone zugleich das Ressourcen-Management, sprechen wir von einem *Container* (Zuteilung CPUs usw.).

Auf jedem Solaris-System existiert bereits eine Zone, nämlich *global*. Jede andere Zone darf diesen Namen sowie den Begriff `SUNW` nicht enthalten. Ferner benötigt jede Zone eine eigene IP-Adresse. Das Kommando zum Anlegen trägt den Namen `zonecfg`. Legen Sie zuvor ein Verzeichnis, oder wie hier geschehen, ein ZFS-Dateisystem an. Nur `root` darf hierauf Zugriff erhalten (`chmod 700`). So erstellen Sie Ihre erste Zone:

```
# zonecfg -z erste
erste: Keine derartige Zone konfiguriert
Beginnen Sie die Konfiguration einer neuen Zone mit 'create'.
zonecfg:erste> create
zonecfg:erste> set zonepath = /speicher1/erste
zonecfg:erste> add net
zonecfg:erste:net> set address=192.168.0.31
zonecfg:erste:net> set physical=rtls0
zonecfg:erste:net> end
zonecfg:erste> commit
zonecfg:erste> exit
# zoneadm -z erste install
Preparing to install zone <erste>.
Creating list of files to copy from the global zone.
Copying <2451> files to the zone.
...........
Die Datei </speicher1/erste/root/var/sadm/system/logs/install_log> enthält ein ⊋
Protokoll der Zoneninstallation.
```

Wir starten die neue Zone und lassen uns alle auflisten:

```
# zoneadm -z erste boot
# zoneadm list -iv
  ID NAME              STATUS        PATH
   0 global            running       /
   1 erste             running       /speicher1/erste
```

Wir melden uns nun mit `zlogin` an:

```
# zlogin erste
[Verbunden mit Zone 'erste' pts/4]
Sun Microsystems Inc.   SunOS 5.10       Generic January 2005
# uname -a
SunOS erste 5.10 Generic_118855-14 i86pc i386 i86pc
# exit

[Verbindung zu Zone 'erste' pts/4 abgebaut]
```

Von einem anderen Terminal aus fragen wir die Prozesse ab:

```
solx86# ps -efZ | grep erste
  erste    daemon  6299     1   0 10:59:15 ?       0:00 /usr/lib/crypto/kcfd
  erste    root    5922     1   0 10:57:21 ?       0:02 /lib/svc/bin/svc.startd
  erste    root    5909     1   0 10:57:12 ?       0:00 zsched
  erste    root    5920  5909   0 10:57:20 ?       0:00 /sbin/init
  erste    root    5924     1   0 10:57:21 ?       0:24 /lib/svc/bin/svc.configd
 global    root    5908     1   0 10:57:12 ?       0:00 zoneadmd -z erste
  erste    root    6363  6355   0 10:59:19 ?       0:00 /usr/sbin/sysidnet -1
  erste    root    6355  5922   0 10:59:18 ?       0:00 /sbin/sh /lib/svc/method/ꜱ
  sysidtool-net
  erste    root    6305     1   0 10:59:16 ?       0:00 /usr/sbin/nscd
  erste    root    6859  6858   0 12:12:14 pts/5   0:00 -sh
  erste    root    6381  6363   0 10:59:19 ?       0:00 /usr/sbin/sysidnet -1
  erste    root    6366     1   0 10:59:19 ?       0:00 /usr/sbin/cron
 global    root    6858  2323   0 12:12:14 pts/3   0:00 zlogin erste
```

Die Zone verfügt über einen eigenen Scheduler! Nun können Sie Ihre Anwendungen in der Zone installieren und konfigurieren!

Mit den Befehlen

```
zoneadm -z ZONE uninstall
zonecfg -z ZONE delete
```

„beseitigen" Sie eine Zone.

> **Hinweis:** Zonen und Container
> ... dienen auch der Kostenersparnis. Viele zentrale Anwendungen können nunmehr auf einer, Hardware-mäßig entsprechend ausgerüsteten Maschine laufen. Dies geht allerdings zu Lasten der Redundanz und ggf. trotzdem der Arbeitsgeschwindigkeit!

7 Systemsicherheit erhöhen

Solaris und OpenSolaris haben eine große Menge der sogenannten „Trusted Extensions"
bereits eingearbeitet. Doch mit einigen zusätzlichen Maßnahmen können Sie die Sicherheit
erhöhen:

- Zugriff auf Heimatverzeichnisse einschränken: Nur der Benutzer hat alle Rechte, der
Gruppe und dem Rest werden diese entzogen. Hier sehen Sie die Heimatverzeichnisse
mit verschiedenen Graden der Zugänglichkeit durch Dritte:

```
harald@sparc$ cd /export/home
harald@sparc$ ls -l
Gesamt 333506
drwxr-xr-x   3 dbadmin  dbteam       512 Feb 11 01:02 dbadmin
drwx------  60 harald   staff       4608 Mar 16 09:26 harald
drwxr-x---   2 johann   schulung     512 Feb 23 13:35 johann
drwx------   4 nina     schulung     512 Jan 20 11:26 nina
-rw-------   1 root     root       98304 Jan 20 11:40 quotas
drwxr-x---   4 signal   signal       512 Feb 11 11:41 signal
drwxr-x---  10 simon    staff        512 Mar 14 23:10 simon
drwxr-x---  17 tester   staff       1024 Feb 23 16:15 tester
```

Mit dem chmod-Kommando ändern wir die Einstellungen. Das Verzeichnis dbadmin soll
nur noch für den Eigentümer und die Gruppe, alle anderen nur noch für den Eigentümer
erreichbar werden:

```
# chmod 770 dbadmin
# chmod 700 johann
# ls -l
Gesamt 333506
drwxrwx---   3 dbadmin  dbteam       512 Mar 16 01:02 dbadmin
..........
drwx------   2 johann   schulung     512 Mar 16 13:35 johann
..........
```

- Setzen restriktiverer Attribute für neue Objekte: Ändern des Eintrags umask 022 in
umask 077 in /etc/defaults/login

```
.......
# UMASK sets the initial shell file creation mode mask.  See umask(1).
#
UMASK=077
.......
```

Die hier vorgenommene Einstellung unterdrückt die Vergabe von Dateiattributen für
Gruppenmitglieder und sonstigen Benutzern am System.

```
harald@sparc$ touch vorher.txt
harald@sparc$ ls -l vorher.txt
-rw-r--r--  1 harald    staff            0 Mar 16 09:55 vorher.txt


- - - Ab- und Wiederanmeldung - - - -
- - - nach Änderung umask-Eintrag - -

harald@sparc$ touch nachher.txt
harald@sparc$ ls -l nachher.txt
-rw-------  1 harald    staff            0 Mar 16 09:55 nachher.txt
harald@sparc$
```

- Deaktivieren von `telnet` und `ftp`. Hier werden Benutzerkennungen, Kennwörter und Nutzdaten in Klarschrift übertragen und können problemlos abgehört werden:

```
solx86# svcs telnet
STATE          STIME    FMRI
online          9:27:58 svc:/network/telnet:default
solx86# svcs ftp
STATE          STIME    FMRI
online          9:27:58 svc:/network/ftp:default
solx86# svcadm disable telnet
solx86# svcadm disable ftp
solx86# svcs telnet
STATE          STIME    FMRI
disabled       13:13:59 svc:/network/telnet:default
solx86# svcs ftp
STATE          STIME    FMRI
disabled       13:14:04 svc:/network/ftp:default
solx86# telnet solx86
Trying 192.168.0.14...
telnet: Unable to connect to remote host: Connection refused
```

- Größenbegrenzung von Dateien festsetzen. Dies beugt „Dateibomben" vor, kleinen, harmlos erscheinenden komprimierten Dateien, welche aber, da nur mit einem Zeichen gefüllt, dann das Dateisystem wegen Übergröße schachmatt setzen, wenn man diese entkomprimiert. Diese Gefahr taucht besonders im Zusammenhang mit Virenscannern auf (bei der Verwendung des Samba-Paketes empfehlenswert, da man die Windows-Clients schützen muss). Der Virenscanner muss komprimierte Dateien i. d. R. intern entkomprimieren, um diese überprüfen zu können, dabei kann es dann zum Überlauf kommen.

Wir erstellen zunächst eine große Textdatei, welche ausschließlich aus vielen Zeichen „1" besteht. Betrachten Sie die Dateigröße vor und nach dem Komprimieren:

```
$ du -h
4,2G    .
$ ls -l
total 4445328
-rw-r--r--  1 harald    wheel   4549761024 16 Mär 11:21 menge.txt
$ bzip2 menge.txt
$ ls -l
total 18
-rw-r--r--  1 harald    wheel        17212 16 Mär 11:21 menge.txt.bz2
```

Sie sehen also, wie über 4 GB „kleingequetscht" werden können (natürlich auch mehr, für den Versuch auf der Blade, nachdem diese eine kleine Plattenkapazität aufwies, reichte dies aus). Dies als E-Mail-Anhang verschickt, kann beim Empfänger böse Folgen haben, wenn er das entpacken möchte:

```
harald@sparc$ df -h
Dateisystem              Größe belegt verfügbar Kapazität Eingehängt auf
..............
/dev/dsk/c1t2d0s7        9,4G   5,4G   3,9G     58%       /export/home
/export/home/harald      9,4G   5,4G   3,9G     58%       /home/harald
..............
harald@sparc$ ls -l
Gesamt 34
-rw-------   1 harald    staff        17212 Mar 16 12:53 menge.txt.bz2
harald@sparc$ bzip2 -d menge.txt.bz2

bzip2: I/O or other error, bailing out.  Possible reason follows.
bzip2: No space left on device
       Input file = menge.txt.bz2, output file = menge.txt
bzip2: Deleting output file menge.txt, if it exists.
```

Wir mussten die Ausgabedatei `menge.txt`, die trotz des Abbruches bestand, manuell löschen.

Hinterlistiger sind komprimierte Archive, welche aus einer Vielzahl kleinerer derartiger Dateien bestehen. Das Kompressionsprogramm bricht ja nur beim Überlauf ab, es liegen aber schon viele der Platzfresser auf der Platte. Durch irgendeinen beliebigen, weiteren Schreibvorgang wird irgendwann das Dateisystem zum Überlaufen gebracht, und man weiß auf Anhieb nicht einmal, wo die „sinnlose Überfüllung" abgelegt wurde. Mit `ulimit -f BESCHRÄNKUNG` können Sie dem vorbeugen, die Angabe der maximalen Dateigröße hängt von der verwendeten Shell ab (Blöcke, kb). Sie können aber auch direkt unter `/etc/defaults/login` einen entsprechenden Eintrag setzen. Die Größe hierfür hängt allerdings ganz von den örtlichen Gegebenheiten ab. Werden Filme bearbeitet, muss die Messlatte entsprechend hoch gesetzt werden, für gewöhnlichen „Bürokram" darf der Wert entsprechend straff angesetzt werden. Vergessen Sie aber nicht, dass DVD-Image-Dateien und ähnliches entsprechende Größen aufweisen! Die Arbeit soll ja trotz aller Sicherheitsmaßnahmen nicht behindert werden!

- Benutzerquotas beugen ebenfalls dem Überlauf von Dateisystemen vor.

- Kennwörter sicherer gestalten, die Mindestanforderungen unter `/etc/default/pass-wd` entsprechend anheben (Länge, Zahl Sonderzeichen, Groß-/Kleinbuchstaben, Wörterbuch, Wiederholverbot ...).

MAXWEEKS	Maximale Gültigkeit
MINWEEKS	Mindestzeit, bis Kennwort gewechselt werden darf
PASSLENGTH	Mindestlänge
HISTORY	Höchstzahl (max. 26) Kennworthistorie (verhindert nach Wechsel die erneute Verwendung eines „gebrauchten" Kennworts)
MINDIFF	Bei Kennwortwechsel mindestens ... Zeichen Unterschied

MINALPHA	Mindestzahl Buchstaben
MINNONALPHA	Mindestzahl von Zeichen, die nicht Buchstaben sind
MINUPPER	Mindestzahl Großbuchstaben
MINLOWER	Mindestzahl Kleinbuchstaben
MAXREPEATS	Zahl erlaubter, aufeinander folgender Zeichenwiederholungen
MINSPECIAL	Mindestzahl Sonderzeichen
MINDIGIT	Mindestzahl numerischer Zeichen
WHITESPACE	Zulassen der Leertaste (ja/nein)

- Für NFS-Verbindungen benutzen Sie ein eigenes, „privates" Netz, welches vom „Rest der Welt" abgeschottet ist. Dafür benötigen Sie i. d. R. für jeden beteiligten Rechner eine zusätzliche Netzwerkkarte.

- Fernsitzungen mittels X ohne Verschlüsselung sind entweder über einen SSH-Tunnel zu leiten oder ganz zu verhindern. Sperren Sie zur Not den entsprechenden Port (177) mittels Firewall, oder besser, tragen Sie in der Datei /etc/X11/gdm/gdm.conf in der Section [xdmcp] den Wert enable=false ein. Damit wird der unverschlüsselte Zugang über das Netzwerk verhindert.

- Spielen Sie regelmäßig Patches ein!

- Gibt es häufig Sicherheitslücken in bestimmten Anwendungen (z.B. named (bind)), installieren Sie diese außerhalb des Solaris-Paketmanagements aus den Quelltexten. Normalerweise sind bereinigte Quelltextpakete oft innerhalb von Stunden verfügbar.

- Versuchen Sie so weit wie möglich, Daemonen unter einer nichtprivilegierten Benutzerkennung laufen zu lassen! Als Beispiel dient die Postgres-Datenbank:

```
harald@sparc$ ps -A -o pid,uid,user,args
PID   UID     USER    COMMAND
719   109     dbadmin /usr/local/pgsql/bin/postgres -D /export/home/dbadmin/⟩
daten
```

Damit dies so funktioniert, wurde im RC-Skript explizit der Benutzer dbaadmin angegeben:

```
su - dbadmin -c "pg_ctl -D /export/home/dbadmin/daten -l logfile start"
```

- Deaktivieren Sie den Automounter volfs. Damit wird ein unbefugtes Ein- oder Auslesen von Daten verhindert.

8 Anwendungen

Inhalt

8.1 Anwendungen finden

Es gibt eine Vielzahl „fertiger" Anwendungen für Solaris und OpenSolaris. Zum einen sind einige im Lösungskatalog unter `http://www.sun.de` aufgelistet. Bei `http://www.sunfreeware.com` erhalten Sie viele Software-Pakete aus dem GNU-Bereich. Wenn Sie eine Anwendung nach Kategorie oder auch Namen suchen, nehmen Sie die Dienste von `http://www.freshmeat.net` in Anspruch. Zu jedem Projekt werden die Web- und Download-Seite angegeben, aber auch die Programmiersprache, und für welches System es verwendbar ist. Wenn Sie die Entwicklungsumgebung Sun Studio 11 installiert haben, installieren Sie am besten die GNU-Binutils, die für diese Dinge häufiger benötigt werden.

8.2 Brennen von DVDs und CDs

8.2.1 CD-Brennen mit GUI

Für die grafische Benutzeroberfläche steht `nautilus`, der Dateimanager zur Verfügung, welcher für die grafische Benutzeroberfläche die notwendige Funktionalität mitbringt (Abbildung 8.1 auf der nächsten Seite). Im Menüpunkt `Gehe zu` wählen Sie `CD-Ersteller` und kopieren mittels Maus alles in das `Brennerfenster`, was auf die CD gegeben werden soll.

8.2.2 Auswerfen von Datenträgern

Mit `eject` werfen Sie DVDs oder CDs aus. Ohne weitere Angabe gilt dies für alle Geräte, auf die nicht durch Anwender oder Anwendungen zugegriffen wird, andernfalls müssen Sie das Gerät zusätzlich angeben.

8.2.3 Image-Dateien von CDs und DVDs erstellen

Hierzu dient das `dd`-Kommando. Die einzige Schwierigkeit anfangs wird sein, die richtige Gerätedatei mit dem „abzubildenden" Datenträger zu finden. Beachten Sie, dass bei optischen Datenträgern die abweichende Blockgröße von 2048 Byte zusätzlich angegeben werden muss. Wir erstellen ein Abbild einer CD:

```
solx86% dd if=/vol/dev/aliases/cdrom0 of=cdimage bs=2048
read: E/A-Fehler
242468+0 Datensätze in
242468+0 Datensätze aus
```

Die Fehlermeldung zeigt eigentlich nur an, dass das Ende des belegten Bereichs am Datenträger erreicht wurde. Das Auslesen einer DVD funktioniert genauso.

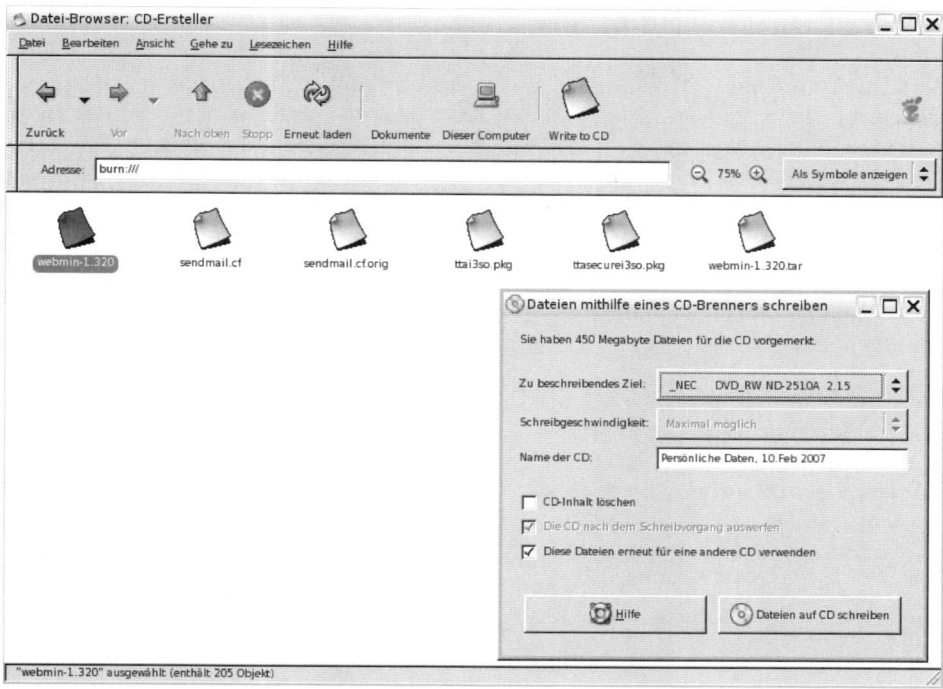

Abb. 8.1: CD-Brennen mit Nautilus

8.2.4 Erstellen von Image-Dateien

Die aufzubringenden Dateien und Verzeichnisse werden in ein Verzeichnis (`brenner`) kopiert. Anschließend wird `mkisofs` aufgerufen und ein Abbild der „künftigen" CD erstellt. Die CD soll von Unix- und Windows-Rechnern gleichermaßen gelesen werden können, weshalb die Optionen `-J` (Joliet-Erweiterungen) und `-R` (Rock-Ridge-Erweiterungen) gesetzt werden. Mit `-o` geben wir den Namen der Abbilddatei an.

```
$ mkisofs -o abbild.img -J -R brenner
  2.58% done, estimate finish Sat Feb 10 18:05:24 2007
  5.17% done, estimate finish Sat Feb 10 18:05:24 2007
  .........
 98.10% done, estimate finish Sat Feb 10 18:06:05 2007
Total translation table size: 0
Total rockridge attributes bytes: 341
Total directory bytes: 0
Path table size(bytes): 10
Max brk space used c000
193701 extents written (378 MB)
```

8.2.5 Löschen von RW-Medien

Mit dem Kommando `cdrw` können wir wiederbeschreibbare Medien löschen, indem wir die Option `-b` und die Angabe `session`, `fast` oder `all` setzen. Bei `session` wird die letzte Session, bei `fast` nur der LTOC und bei `all` alles gelöscht. Bei letzterer Anweisung wird das Gerät einige Zeit belegt sein. Das Programm sucht die Geräte automatisch, und bei einem Brenner brauchen wir keine weiteren Angaben vorzunehmen.

```
solx86# cdrw -b fast
CD-Geräte werden gesucht...
Gerät wird initialisiert...abgeschlossen.
Daten auf Datenträger werden gelöscht (dies kann einige Minuten dauern)...)
abgeschlossen.
```

8.2.6 Suchen von Geräten

Für den Fall, dass mehrere Brenner angeschlossen sind, ist eine Auflistung möglich:

```
solx86# cdrw -l
CD-Geräte werden gesucht...
   Knoten   Angeschlossenes Gerät          Gerätetyp
--------+---------------------------+----------------
cdrom0   | _NEC DVD_RW ND-2510A  2.15 | CD-Lesegerät/Brenner
```

8.2.7 CDs/DVDs brennen (Image-Datei)

Wir erstellen eine DVD mit dem Knoppix-Image. Wir benötigen die Option `-i`:

8.2.8 Auflisten des CD-Inhaltsverzeichnisses

Ist der Rohling schon benutzt oder nicht? Die Option `-M` gibt Auskunft:

```
solx86# cdrw -M

Gerät : _NEC       DVD_RW ND-2510A
Firmware : Version 2.15 (04051401      )

Track-Nr. |Typ     |Startadresse
----------+--------+-------------
   1      |Daten   |0
Leadout   |Daten   |193703

Startadresse der letzten Sitzung: 0
```

Diese CD hat bereits einen Inhalt, die nächste noch nicht:

```
solx86# cdrw -M

Gerät : _NEC       DVD_RW ND-2510A
Firmware : Version 2.15 (04051401      )
Datenträger ist leer
```

8.2.9 Brennen von CDs

Wiederum benutzen wir `cdrw`, hier mit der Option `-i`. Wir müssen zudem die Abbilddatei angeben.

```
solx86# cdrw -i -v abbild.img
CD-Geräte werden gesucht...
Gerät wird initialisiert...abgeschlossen.
Track 1 wird geschrieben...abgeschlossen.
Vorgang wird abgeschlossen (dies kann einige Minuten dauern)...abgeschlossen.
```

Das Programm beherrscht auch das Brennen und Auslesen von Audio-CDs. Konsultieren Sie hierzu die Manual-Seite.

8.2.10 DVD-Brennen mit `growisofs`

Bei `growisofs` ist es nicht notwendig, von den zu sichernden Daten eine ISO-Abbilddatei zu erstellen. Sie können aber solche Dateien selbstverständlich verwenden (siehe Beispiel). Die Syntax für das Brennen von Daten-DVDs ohne Abbilddatei mit Rockridge- und Joliet-Erweiterungen lautet:

```
growisofs -dvd-compat -Z vol/dev/aliases/cdrom0 -J -R VERZEICHNIS
```

Es müssen das Gerät und das Verzeichnis mit den Daten angegeben werden. Nun haben wir eine Abbilddatei und möchten diese brennen:

```
# growisofs -dvd-compat -Z /vol/dev/aliases/cdrom0=KNOPPIX_V5.1.1DVD-2007-01-04-⟩
DE.iso
Executing 'builtin_dd if=KNOPPIX_V5.1.1DVD-2007-01-04-DE.iso of=/vol/dev/rdsk/⟩
c1t0d0/unknown_format obs=32k seek=0'
.............
4309549056/4324204544 (99.7%) @2.5x, remaining 0:04
4321214464/4324204544 (99.9%) @2.5x, remaining 0:00
builtin_dd: 2111440*2KB out @ average 2.4x1385KBps
/vol/dev/rdsk/c1t0d0/unknown_format: flushing cache
/vol/dev/rdsk/c1t0d0/unknown_format: updating RMA
/vol/dev/rdsk/c1t0d0/unknown_format: closing disc
```

8.3 Arbeiten mit einem GDI-Scanner

SCSI-Scanner sind kein Problem für das Scan-Programm `sane`, wohl aber über USB angeschlossene Modelle, welche zunächst mit der Firmware versorgt werden müssen, damit sie überhaupt funktionieren (GDI-Geräte). Und es geht doch:

1. Voraussetzung für die Installation ist die Entwicklungsumgebung Sun Studio 11.

2. Holen Sie das Quelltextpaket unter `http://www.sane-project.org`.

3. Führen Sie die „üblichen" Schritte Entkomprimieren und Entpacken aus!

4. Wechseln Sie in das neu entstandene Verzeichnis und geben `./configure` ein.

5. Führen Sie `gmake` aus.

6. Führen Sie als `root` `gmake install` in diesem Verzeichnis aus!

7. Schließen Sie den Scanner an, und testen Sie:

```
harald@sparc$ /usr/local/bin/sane-find-scanner
......

found USB scanner (vendor=0x04b8 [EPSON], product=0x0122 [EPSON Scanner]) at ⤸
libusb:/dev/usb:4b8.122/0
  # Your USB scanner was (probably) detected. It may or may not be supported ⤸
  by
  # SANE. Try scanimage -L and read the backend's manpage.
........
harald@sparc$ /usr/local/bin/scanimage -L
device 'snapscan:libusb:/dev/usb:4b8.122/0' is a EPSON EPSON Scanner flatbed ⤸
  scanner
```

8. Lesen Sie die genaue Beschreibung des für Ihren Scanner benötigten Backends. Hier in unserem Falle mussten weitere Schritte erledigt werden!

9. Entnehmen Sie der Treiber-CD des Scanners die Datei `esfw52.bin`.

10. Kopieren Sie diese Datei nach `/usr/local/share/sane/snapscan`!

11. Tragen Sie diese Datei mit kompletter Pfadangabe in `usr/local/etc/sane.d/snapscan.conf` ein:

```
#------------------- General ----------------------

# Change to the fully qualified filename of your firmware file,
# if firmware upload is needed by the scanner
#firmware /usr/local/share/sane/snapscan/your-firmwarefile.bin
firmware /usr/local/share/sane/snapscan/esfw52.bin
# If not automatically found you may manually specify a device
# name.
...................
```

> **Hinweis:** Achtung!
> Bei einem anderen Scanner-Modell als dem „Epson Perfection 3490 Photo" benutzen Sie die für Ihr Gerät zutreffende Datei!

12. Testen Sie die Scanner-Funktion. Rufen Sie hierzu `scanimage` auf und leiten die Ausgabe in eine Datei um. Vergessen Sie vorher nicht, ein Bild in den Scanner einzulegen:

```
harald@sparc$ /usr/local/bin/scanimage > bild.pnm
[snapscan] Scanner warming up - waiting 8 seconds.
[snapscan] Scanner warming up - waiting 9 seconds
```

13. Starten Sie `gimp`, die Bildbearbeitung. Dazu müssen Sie sich in der grafischen Benutzeroberfläche befinden, eine Shell-Sitzung eröffnet haben und sich in dem Verzeichnis aufhalten, in dem die Bilddatei liegt:

```
harald@sparc gimp bild.pnm
```

Das Programm startet und das eingescannte Bild wird angezeigt und kann weiterbearbeitet werden.

Das Scan-Programm `scanimage` hat einige wichtige Optionen:

- Bestimmen Modus: `-mode Lineart|Gray|Color [Gray]`

- Bestimmen Gamma-Wert:
  Hier geben Sie Zahlen von 0 - 255 ein. Mit `gamma4scanimage` geben Sie Anweisungen in der Form

```
scanimage --custom-gamma=yes --gamma-table 'gamma4scanimage 1.8 0 11500
    16383 255' >image.pnm
```

an.

- Sind mehrere Scanner angeschlossen, wählen Sie mit der Option `-d GERÄT` den zutreffenden aus.

8.4 Postgres-Datenbank einrichten und nutzen

8.4.1 Einrichten der Postgres-Datenbank

Diese Datenbank liegt Solaris10/OpenSolaris bei. Sie ist leistungsfähig, einfach zu konfigurieren und ausgereift.

Sie können entweder diese Version benutzen oder sich den neuesten Quelltext von `http://www.postgresql.org` besorgen.

In jedem Fall müssen Sie als Vorarbeit eine Gruppe und einen Benutzer mit Verzeichnis anlegen:

```
# groupadd dbteam
# useradd -m -c "Datenbankadministration" -g dbteam -s /bin/sh dbadmin
64 Blöcke
# passwd dbadmin
Neues Passwort: ********
Bitte geben Sie das neue Passwort nochmals ein: ********
passwd: Passwort wurde für dbadmin erfolgreich geändert
```

Wenn Sie selbst aus den Quellen installieren, müssen die Entwicklungsumgebung Sun Studio 11 und die GNU binutils (unter `/usr/sfw/bin`) installiert sein. Im entpackten Verzeichnis führen Sie hier `./configure`, ggf. mit der Option `-without-readline` aus, anschließend `gmake` und als `root` noch `gmake install`. Die von Sun gelieferten ausführbaren Programme liegen unter `/usr/bin`. Legen Sie dort ein Verzeichnis `altes` an und verschieben Sie dorthin folgende Dateien:

```
pg_config
pg_controldata
pg_ctl
pg_dump
pg_dumpall
pg_resetxlog
```

```
pg_restore
postgres
psql
createdb
createlang
createuser
dropdb
droplang
dropuser
```

Verlinken Sie nun mittels `ln -s QUELLE ZIEL` die selbst kompilierten Dateien unter `/usr/local/pgsql/bin` nach `/usr/bin`. Damit gewährleisten Sie zum einen, dass Sie auch bei Fehlern während der Programmerstellung trotzdem die Datenbank einrichten könnten, weil Sie nichts überschreiben. Zum anderen brauchen Sie sich, wenn Sie eine neue Version in einigen Monaten auf demselben Weg erstellen, nicht mit Verzeichnis-Optionen herumzuschlagen.

Melden Sie sich als der Datenbankbenutzer an, und führen Sie das `initdb`-Kommando aus. Hierbei wird die Grundausstattung für den Datenbankbetrieb angelegt. Hier wird übrigens das Heimatverzeichnis dieses Benutzers als Datenverzeichnis benutzt.

```
sparc% initdb -D $PWD/daten
The files belonging to this database system will be owned by user "dbadmin".
This user must also own the server process.

The database cluster will be initialized with locales
    COLLATE:  de_DE.ISO8859-15
    CTYPE:    de_DE.ISO8859-15
    MESSAGES: de
    MONETARY: de_DE.ISO8859-15
    NUMERIC:  de_DE.ISO8859-15
    TIME:     C
The default database encoding has accordingly been set to LATIN9.

creating directory /export/home/dbadmin/daten ... ok
creating subdirectories ... ok
selecting default max_connections ... 100
selecting default shared_buffers/max_fsm_pages ... 32MB/204800
creating configuration files
..........
copying template1 to template0 ... ok
copying template1 to postgres ... ok

WARNING: enabling "trust" authentication for local connections
You can change this by editing pg_hba.conf or using the -A option the
next time you run initdb.

Success. You can now start the database server using:

    postgres -D /export/home/dbadmin/daten
or
    pg_ctl -D /export/home/dbadmin/daten -l logfile start
```

Beachten Sie die Hinweise am Schluss. Hier erfahren Sie, wie Sie die Datenbank in jedem Fall starten können. Vor dem Echteinsatz aber holen Sie Informationen ein, wie die Datenbank konfiguriert werden kann (die Datei pg_hba.conf befindet sich im Datenverzeichnis).

Wenn die Datenbank automatisch gestartet werden soll, benötigen wir dieses Startskript (postgresql):

```
#! /bin/sh
#!/sbin/sh
# Start und Stop Postgres

case "$1" in
start)
    su - dbadmin -c "pg_ctl -D /export/home/dbadmin/daten -l logfile start" ;;

stop)
    su - dbadmin -c "pg_ctl -D /export/home/dbadmin/daten -l logfile stop" ;;

*)
        echo "Anwendung: $0 { start | stop }"
        exit 1
        ;;
esac
exit 0
```

Starten Sie den Datenbank-Server.

```
root@sparc$ /etc/init.d/postgresql start
Sun Microsystems Inc.    SunOS 5.10        Generic January 2005
server starting
```

Melden Sie sich als Datenbankadministrator an (Benutzer, unter dem die Datenbank läuft). Legen Sie einen neuen Datenbank-Admin an:

```
$ createuser harald
Shall the new role be a superuser? (y/n) y
CREATE ROLE
```

Legen Sie nunmehr als „normaler" Benutzer Ihre Datenbank an:

```
harald@sparc$ createdb harald
CREATE DATABASE
```

Nehmen Sie zu ihr Verbindung auf und legen eine kleine Tabelle an:

```
harald@sparc$ psql
Welcome to psql 8.2.3, the PostgreSQL interactive terminal.

Type:  \copyright for distribution terms
       \h for help with SQL commands
       \? for help with psql commands
       \g or terminate with semicolon to execute query
       \q to quit

harald=# create table uebung (text text, kommazahl float8, org serial, primary ⊋
key ( org ));
```

```
NOTICE:  CREATE TABLE will create implicit sequence "uebung_org_seq" for serial ⟩
column "uebung.org"
NOTICE:  CREATE TABLE / PRIMARY KEY will create implicit index "uebung_pkey" for ⟩
 table "uebung"
CREATE TABLE
```

Jetzt geben Sie einige Daten ein:

```
harald=# insert into uebung values ('abcäöüß', 12,34);
INSERT 0 1
harald=# select * from uebung;
  text   | kommazahl | org
---------+-----------+-----
 abcäöüß |        12 |  34
(1 row)
harald=# \q
```

Mit \q beenden Sie die Datenbanksitzung. Dem Quellpaket liegen umfangreiche Handbuchdateien bei, welche wirklich alle Fragen rund um Postgres ausreichend beantworten. Machen Sie davon Gebrauch, man entdeckt immer wieder etwas Neues!

8.4.2 ODBC-Zugriff für die Postgres-Datenbank

Besorgen Sie sich von `http://www.unixodbc.org` den neuesten Quelltext. Neben dem Sun Studio 11 benötigen Sie die GNU binutils, sie sollten unter `/usr/sfw/bin` liegen. Das Quelltextpaket entkomprimieren und entpacken Sie und wechseln in das neu entstandene Verzeichnis. Dort führen Sie `./configure -disable-gui`, `gmake` und als `root gmake install` aus. Verlinken Sie `isql`:

```
sparc# cd /usr/bin
sparc# ln -s /usr/local/bin/isql .
```

Verlinken Sie `libodbc.so.1` von `/usr/local/lib` nach `/usr/lib`. Richten Sie nun eine Vorlage für die `odbc.ini`-Dateien ein, legen Sie diese in ein für alle erreichbares Verzeichnis (z. B. `/usr/local/etc` als `odbc.ini.muster`) ab:

```
[BEZEICHNUNG]
Description = BESCHREIBUNG
Driver = /usr/local/lib/libodbcpsql.so.2
Trace= Yes
TraceFile = sql.log
Database = DATENBANKNAME
Servername = localhost
UserName =
Passwort =
Port = 5432
Protocol = 6.4
ReadOnly = No
ShowSystemTables = No
ShowOidColumn = No
FakeOidIndex = No
ConnSettings =
```

Kopieren Sie diese in Ihr Heimatverzeichis als `.odbc.ini`, und ändern Sie die Punkte BEZEICHNUNG, BESCHREIBUNG und DATENBANKNAME auf Ihre Gegebenheiten ab. Testen Sie anschließend den Verbindungsaufbau:

```
harald@sparc$ isql harald harald
+---------------------------------------+
| Connected!                            |
|                                       |
| sql-statement                         |
| help [tablename]                      |
| quit                                  |
|                                       |
+---------------------------------------+
SQL>
```

Wenn es soweit geklappt hat, steht einer Einbindung der Datenbank in das StarOffice oder OpenOffice nichts mehr im Wege.

8.4.3 ODBC-Zugriff für StarOffice/OpenOffice

Das umfangreiche Office-Paket ist wohl jedem geläufig, Probleme treten aber oft bei der Datenbank-Anbindung auf. Klicken Sie auf `neu`, `Datenbank Verbindung zu einer ...`, wählen Sie `odbc`, `Durchsuchen`, wählen Sie die Datenquelle aus, geben Sie Ihren Benutzernamen und Ihr (Datenbank-)Kennwort ein, und anschließend `fertigstellen` und `speichern`. Nach dem Start der Textverarbeitung und Druck auf die ⎡F4⎤-Taste erscheint der Datenbankzugriff (Abbildung 8.2). Über die Möglichkeiten, welche StarOffice und OpenOffice für die tägliche Arbeit bieten, ist umfangreiche Fachliteratur erschienen.

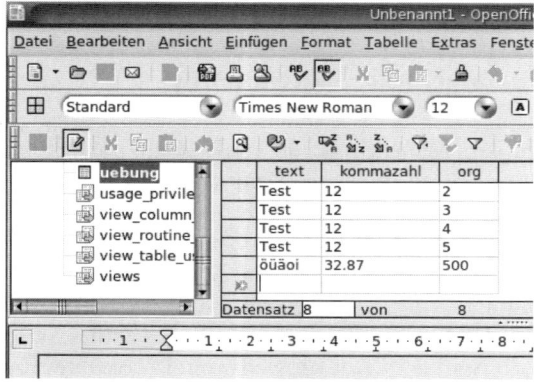

Abb. 8.2: Lohn der Arbeit: OBDC-Verbindung

8.5 (Alte) PCs als X-Terminal einsetzen

Leistungsschwache, aber noch „rüstige" PCs müssen noch lange nicht zum Elektronikschrott gegeben werden. Sie können noch als Terminal für die grafische Benutzeroberfläche verwendet werden.

Dabei stehen Ihnen verschiedene Vorgehensweisen zur Verfügung:

- Betrieb über eine Live-CD (Knoppix o. ä.). Vorteil: keine weitere Administration notwendig, NX- und SSH-Clients vorhanden, Nachteil: Benutzer muss sich mit Oberfläche auskennen, entfernter Desktop kann nicht immer übertragen werden.

- Minimalinstallation mit Linux, *BSD oder Solaris, Aufbau SSH-Tunnel zum Server, entweder statt „normalem" lokalen X-Start die Ausführung von X -query RECHNER aufrufen oder speziellen und konfigurierbaren Client wie putty anstelle des Window-Managers verwenden (bei Solaris: Entfernte Anmeldung). Vorteil: komfortables Arbeiten für den Anwender, Nachteil: Administrationsaufwand.

- Betrieb als plattenloser Client mittels TFTP. Vorteil: Zentrale Konfiguration möglich, Nachteil: Einrichtung dieses Mechanismus aufwändig, hohe Netzlast, Sicherheitsprobleme.

8.6 Fernüberwachung mit Shell-Skript

Im Bereich der automatischen Rechnerüberwachung und -steuerung haben Shell-Skripte mehrere Vorteile. Man verzichtet zwar auf eine schöne, bunte Oberfläche, hat aber eine hundertprozentig maßgeschneiderte Lösung für die eigenen Verhältnisse. Es stellen sich vor Beginn der Skriptprogrammierung folgende Fragen: Was soll überwacht werden? Wie soll im Falle einer Störung oder eines definierten Zustandes eingegriffen werden? Die Oberfläche für den Kontrollbildschirm besteht aus dem SSH-Terminalfenster. Man sieht aktuell die Meldungen und kann jederzeit eingreifen.

8.6.1 Skriptbasierte Rechnerüberwachung: Sensorskript

Zum Ermitteln von Betriebszuständen benötigen wir kleine Funktionen, die sich auf diese Aufgabe konzentrieren und ihre Ausgabe an eine Anzeigeeinheit weitermelden. Bei einem Datenbank-Server genügt es nicht, ihn nur anzupingen und damit zufrieden zu sein. Auch die Portüberwachung ist nicht immer aussagekräftig. Es muss praktisch ein richtiger Probedurchgang für die Funktionsprüfung vorgenommen werden. Das Skript muss nicht nur melden, sondern auch reagieren können, um einen Daemon wieder zu starten oder andere Maßnahmen einzuleiten. Dazu gehört unter anderem auch, dass sich das Skript sofort selbst nochmals auszuführt, um die Maßnahme zu kontrollieren. Die Skripte eines entfernten Rechners müssen dem Meldesystem ihre Nachrichten mit Standard-Mitteln überbringen können.

Die Sensoren dürfen kein Dauerfeuer auf den zu überwachenden Daemon senden oder eine durchlaufende Meldung auf den Kontrollbildschirm bringen. Die Abfrage muss aber nicht unbedingt von einem anderen Daemon wie cron abhängig gemacht werden. Es kann auch von einem Skript gestartet werden. Dabei kann man selbst festlegen, ob es alle 30 Sekunden, alle fünf Minuten oder einmal in der Stunde eine Kontrolle auslöst.

Um das Musterskript für die Sensoren anzupassen, benötigt man etwas Kenntnisse von Shell-Skripten. Deren Grundprinzipien sind in diesem Buch ebenfalls erklärt.

Zu Beginn werden die Farben für die Bildschirmmeldungen definiert, hier brauchen Sie nichts weiter zu unternehmen. Im Abschnitt `Meldungen` legen Sie die Meldungstexte fest, welche übermittelt werden sollen.

Soll das Shell-Skript selbstständig reagieren und z. B. versuchen, einen Daemon wieder zu starten, müssen Sie dies im Block `Reaktionen` eintragen. Die beiden $$-Zeichen, welche an die Datei `log` angehängt werden, bewirken die zufallsmäßige Vergabe von Zeichen.

```
#! /bin/sh

#### F a r b e n ####

# Terminal Standardfarben, wenn notwendig
r='echo -e "\033[0;09m"'

# Zeit für Logeintrag
zeit='date +%d.%m.%y\ %H:%M\ '

# Farbe für OK
farbeok='echo -e   "\033[0;32m"'

# Farbe für nicht OK
farbenok='echo -e "\033[7;31m"'

# Farbe für Informationen
farbeinfo='echo -e "\033[0;34m"'

# Farbe für Aktionen
farbeaktion='echo -e "\033[0;31m"'

#### M e l d u n g e n ####

# meldok="OK-MELDUNG"
# meldnok="NICHT-OK-MELDUNG"
# meldinfo="INFORMATIONS-MELDUNG"
# meldrea1="REAKTION-1-MELDUNG"
# meldung-zentral=""

#### R e a k t i o n e n ####

# reaktion1="KOMMANDO-REAKTION-1"
# reaktion2="KOMMANDO-REAKTION-2"
# reaktion3="KOMMANDO-REAKTION-3"
# reaktion4="KOMMANDO-REAKTION-4"
# reaktion5="KOMMANDO-REAKTION-5"
#


## Hier Abfrage-Aktion eintragen ####
```

```
## Hier Abfrage Aktion eintragen ###


########### Reine Meldung ###########################

#       m='echo $farbeinfo $zeit $meldinfo'
#       l='echo $zeit $meldinfo'
#       echo $m > ../ausgang/log$$
#       echo $l >> ../logless



########### Auswertung IF-ELSE #####################

# if [ $? -eq 0 ];
# then
#       m='echo $farbeok $zeit $meldok'
#       l='echo $zeit $meldok)'
#       echo $m > ../ausgang/log$$
        echo $l >> ../logless
# else
#       m='echo $farbenok $zeit $meldnok'
#       l='echo $zeit $meldnok'
#       echo $m > ../ausgang/log$$
#       echo $l >> ../logless

# fi




###############Hier Reaktionen für IF-ELSE... ########
#
#
#       m='echo $farbeaktion $zeit $meldreal'
#       l='echo $zeit $meldreal'
#       echo $m > ../ausgang/log$$
#       echo $l >> ../logless
#       eval $reaktion1
#       eval $reaktion2
#       eval $reaktion3
#       eval $reaktion4
#       eval $reaktion5

############ Farben kurz erklärt ###################
#
# Zeichenattibute:
#                   a= 0  Ohne Effekte, normal
#                   a= 1  Fett
#                   a= 4  Unterstrichen (nicht bei allen Terminals)
#                   a= 5  Blinken (nicht bei allen Terminals)
#                   a= 7  Vorder/Hintergrund getauscht,  Reversdarst.
#                   a= 22 Rücksetzen Fett
#                   a= 24 Rücksetzen Unterstrichen
#                   a= 25 Rücksetzen Blinken
#                   a= 27 Rücksetzen Reversdarstellung
```

```
#                    a= 3T Setzen ANSI-Vordergrund-Farbe
#
#                    a= 4T Setzen ANSI-Hintergrund-Farbe
#
#
#                    T=0 Schwarz
#                    T=1 Rot
#                    T=2 Grün
#                    T=3 Braun
#                    T=4 Blau
#                    T=5 Magenta
#                    T=6 Cyan
#                    T=7 Hellgrau
#                    T=9 Rücksetzen auf Normalfarbe
#
# Beispiel: echo -e "\033[0;34m" bedeutet:
# \033 = Einleitung Sequenz mit dem ESC-Zeichen  (Blau, normal)
# 0,34m =
# | ||
# | |+- Befehl Setzen Farbe (T)
# | |
# | +-- Befehl Setzen Bereich (a) (Vordergrund 3, Hintergrund 4)
# Setzen Effekt (a)
#
####################################################################
```

Im Skript wird zwischen einer reinen Meldung und weitergehenden Aktionen unterschieden. Betrachten Sie hierzu die Praxisbeispiele, die Ihnen hier beim Verständnis helfen werden.

Die Meldungen werden „ein Verzeichnis höher" jeweils in eine Datei log$$ und logless geschrieben. In log$$ befinden sich die Farbinformationen, die Datei wird ggf. zum überwachenden Rechner fernkopiert. In logless werden die Meldungen ohne farbige Hervorhebungen endlos gespeichert. Mit einem Shell-Zweizeiler lassen wir uns immer die neuesten Meldungen farbig anzeigen, in logless blättern wir, wenn wir Ereignisse nachträglich aufgrund der Meldungen rekonstruieren müssen. Um z. B. nur eine Information über die Zahl der angemeldeten Benutzer auszugeben, benötigen Sie nur die Ausführung des Kommandos users, die if-else-fi-Konstruktion samt Reaktionsteil kann entfallen. Das Musterskript, umgewandelt in benutzer.sh hat nach der Anpassung nur noch folgenden Inhalt (Ergänzungen und Änderungen hervorgehoben):

```
#! /bin/sh

#### F a r b e n ####


r=`echo   "\033[0;09m"`
zeit=`date +%d.%m.%y\ %H:%M\ `
farbeok=`echo   "\033[0;32m"`
farbenok=`echo   "\033[7;31m"`
farbeinfo=`echo   "\033[0;34m"`

# Farbe für Aktionen
farbeaktion=`echo   "\033[0;31m"`
```

```
#### M e l d u n g e n ####


meldinfo="SPARC: Angemeldete Benutzer: "


## Hier Abfrage-Aktion eintragen ####

uz='/usr/ucb/users | wc -w'

## Hier Abfrage Aktion eintragen ###


########### Reine Meldung #########################

    m='echo $farbeinfo $zeit $meldinfo $uz'
    l='echo $zeit $meldinfo $uz'
    echo $m > ../ausgang/log$$
    echo $l >> ../logless
```

Die Abfrage-Aktion bestand darin, die Zahl der Wörter in der Ausgabe zu zählen. Das Ergebnis wird in die Variable uz geschrieben und entsprechend ausgegeben. Zur Melde-Info gehört auch die Uhrzeit, welche in der Variablen zeit aus dem date-Kommando mit der Formatierungsanweisung abgelegt wird. Den restlichen Meldungstext tragen wir für die Variable meldinfo ein. Den Ausgabeteil ergänzen wir nur noch um die Ausgabe von $uz am Ende der Meldezeile.

Die nächste Aufgabe besteht darin, die Plattenbelegung zu melden. Dafür steht das Standard-Werkeug df zur Verfügung. Diesmal lassen wir die Programme direkt ihre Meldungen ins Log schreiben. Wir müssen aber zur besseren Abgrenzung „Trennzeilen" einschießen. Das Muster wird wieder geändert (belegt.sh), nur die notwendigen Zeilen bleiben erhalten:

```
#! /bin/sh
r='echo  "\033[0;09m"'
zeit='date +%d.%m.%y\ %H:%M\ '
farbeok='echo  "\033[0;32m"'
farbenok='echo  "\033[7;31m"'
farbeinfo='echo  "\033[0;34m"'
meldinfo="SPARC: Plattenbelegung"


## Hier Abfrage-Aktion eintragen ####

### df gibt direkt aus!

## Hier Abfrage Aktion eintragen ###


########### Reine Meldung #########################

    m='echo $farbeinfo $zeit $meldinfo'
```

```
l='echo $zeit $meldinfo'
echo "-------------------------------------------------------------------" > ⟩
../ausgang/log$$
echo $m >> ../ausgang/log$$
df -h | grep export >> ../ausgang/log$$
echo "-------------------------------------------------------------------" >> ⟩
../ausgang/log$$
echo "-------------------------------------------------------------------" >> ⟩
../logless
echo $1 >> ../logless
df -h >> ../logless
echo "-------------------------------------------------------------------" >> ⟩
../logless
```

Uns interessiert als Nächstes, ob der Netzwerkdrucker fs1800 im Netzwerk aktiv ist. Dazu wird ein Ping-Kommando, welches begrenzt ist, abgesetzt und der Exit-Code (in der Variablen $? enthalten) ausgewertet. Dabei sollen nun verschiedene Meldungen erzeugt werden. Das Skript trägt den Namen d-wache.sh.

```
#! /bin/sh
r='echo  "\033[0;09m"'
zeit='date +%d.%m.%y\ %H:%M\ '
farbeok='echo   "\033[0;32m"'
farbenok='echo  "\033[7;31m"'
farbeinfo='echo  "\033[0;34m"'
meldok="fs1800 erreichbar"
meldnok="fs1800 nicht erreichbar"



## Hier Abfrage-Aktion eintragen ####

ping -c1  fs1800 > /dev/null

## Hier Abfrage Aktion eintragen ###



############## Auswertung IF-ELSE ######################

if [ $? -eq 0 ];
then
        m='echo $farbeok $zeit $meldok'
        l='echo $zeit $meldok'
        echo $m > ../ausgang/log$$
        echo $1 >> ../logless
else
        m='echo $farbenok $zeit $meldnok'
        l='echo $zeit $meldnok'
        echo $m > ../ausgang/log$$
        echo $1 >> ../logless

fi
```

Als nächste Steigerung bauen wir eine Reaktion ein. Wir überwachen den Datenbank-Daemon, und wenn dieser, warum auch immer nicht aktiv sein sollte, muss er gestartet werden. Nach kurzer Zeit aber soll überprüft werden, ob er nun wirklich läuft (Skriptname: db-wache.sh). Das Besondere hieran ist, dass das Skript eine Datenbankabfrage durchführt. Dazu wird ein Benutzer ohne weitere Datenbankrechte angelegt (natürlich auch unter Solaris!). Mit simon, seiner Datenbank, die nur die Tabelle ueberw enthält, wurde dies realisiert:

```
#! /bin/sh
r='echo  "\033[0;09m"'
zeit='date +%d.%m.%y\ %H:%M\ '
farbeok='echo    "\033[0;32m"'
farbenok='echo   "\033[7;31m"'
farbeinfo='echo  "\033[0;34m"'
meldok="SPARC: Datenbank erreichbar"
meldnok="SPARC: Datenbank nicht erreichbar"
meldreal="SPARC: Starte Datenbank neu ....."
reaktion1="/etc/init.d/postgresql start"
reaktion2="sleep 10"
reaktion3="./db-wache.sh"



## Hier Abfrage-Aktion eintragen ####

su - simon -c 'psql -c "select * from ueberw;"' > /dev/null

## Hier Abfrage Aktion eintragen ###

############# Auswertung IF-ELSE ######################

if [ $? -eq 0 ];
then
        m='echo $farbeok $zeit $meldok'
        l='echo $zeit $meldok'
        echo $m > ../ausgang/log$$
        echo $l >> ../logless
else
        m='echo $farbenok $zeit $meldnok'
        l='echo $zeit $meldnok'
        echo $m > ../ausgang/log$$
        echo $l >> ../logless


################Hier Reaktionen für IF-ELSE...  ########


        m='echo $farbeaktion $zeit $meldreal'
        l='echo $zeit $meldreal'
        echo $m > ../ausgang/log$$
        echo $l >> ../logless
        eval $reaktion1
        eval $reaktion2
        eval $reaktion3
fi
```

Mit dem `eval`-Kommando können in Variablen abgelegte Befehle ausgeführt werden. Es ist auch die Variable `meldreal` entsprechend zu belegen. Nachdem die Datenbank für ihren Start einige Sekunden benötigt, setzen wir als `reaktion2` ein `sleep`-Kommando und lassen anschließend dieses Shell-Skript nochmals ausführen.

Wenn wir nur diesen einen Rechner überwachen wollen, genügt das bis hierher Gezeigte. Bei mehreren Rechnern (auch Zonen und Containern!) müssen wir zusätzlich einen Mechanismus schaffen, der uns die Meldungen zusendet.

Am überwachten Rechner legen wir einen Benutzer an (`melder`), dessen Heimatverzeichnis `/usr/melder` ist. Hierin befindet sich das Unterverzeichnis `skript`, in welchem die gerade vorgestellten Shell-Skripte abgelegt sind. Dieses Verzeichnis ist `root` alleine vorbehalten!

Weiter legen wir noch `ausgang` an, worin die zu versendenden Meldungen gegeben werden. Dies gehört dem nichtprivilegierten Benutzer. Letztendlich muss folgende Verzeichnisstruktur vorliegen:

```
sparc# pwd
/usr/melder
sparc# ls -l
Gesamt 24
drwx------    2 melder    staff       512 Mar 18 00:28 ausgang
-rw-r--r--    1 root      root       2210 Mar 18 00:15 log
-rw-r--r--    1 root      root       6367 Mar 18 00:15 logless
drwx------    2 root      root        512 Mar 18 00:05 skript
```

Im Verzeichnis `skript` laufen zeitgesteuert die Skripte und legen ihre Ausgaben in die Dateien `log` und `logless` ab. Damit der Benutzer `meldung` der SPARC0 aber ohne Kennwort-Eingabe seine Meldungen automatisiert absetzen kann, muss er zunächst die Schlüssel erzeugen, den öffentlichen Schlüssel an den Benutzer `kontrolle` des überwachenden Rechners (hier: `fbsd61`) senden, wo dieser in die Datei `authorized_keys` einverleibt wird. Das Shell-Skript `versand.sh` kümmert sich um die Nachrichtenübermittlung zum Rechner `fbsd61`.

```
sparc# su - melder
Sun Microsystems Inc.    SunOS 5.10       Generic January 2005
$ pwd
/home/melder
$ ssh-keygen -t dsa
public/private dsa-Schlüsselpaar wird generiert.
Geben Sie die Datei an, in welcher der Schlüssel gespeichert werden soll (/home/⤸
melder/.ssh/id_dsa): (ENTER)
Verzeichnis '/home/melder/.ssh' erzeugt.
Geben Sie den Kennsatz ein (leer lassen, falls kein Kennsatz verwendet wird): (⤸
ENTER)
Geben Sie denselben Kennsatz erneut ein: (ENTER)
Ihre Identifikationsangaben wurden in /home/melder/.ssh/id_dsa gespeichert.
Ihr öffentlicher Schlüssel wurde in /home/melder/.ssh/id_dsa.pub gespeichert.
Der Fingerabdruck des Schlüssels lautet:
a6:47:0f:55:2e:d.................... melder@sparc
$ scp .ssh/id_dsa.pub kontrolle@fbsd61:/usr/home/kontrolle
Die Authentizität von Host 'fbsd61 (192.168.0.204)' kann nicht festgestellt ⤸
werden.
```

```
DSA Schlüssel-Fingerabdruck lautet bc:bd:48:12:.........................
Soll die Verbindung wirklich fortgesetzt werden (ja/nein)? ja
Warnung: 'fbsd61,192.168.0.204' (DSA) wurde der Liste der bekannten Hosts ⟩
dauerhaft hinzugefügt.
Password: ********
id_dsa.pub          100% |*********************************************|   602 ⟩
           00:00
```

Am überwachenden Rechner hängen wir den übersandten Schlüssel an die Datei .ssh/authorized_keys an:

```
$ ls
id_dsa.pub
$ cat id_dsa.pub >> .ssh/authorized_keys
$ rm id_dsa.pub
```

Nun müssen wir uns Gedanken darüber machen, wie wir die Überwachungsskripte starten. Der Zeitdaemon crond ist zwar zuverlässig, aber selbst ihm wollen wir die Steuerung nicht überlassen. Wiederum sind Shell-Skripte notwendig. Diese unterscheiden sich nur durch die „Stillhaltezeit" (Sleep-Befehl). Je nach Wichtigkeit führt man darin die einzelnen Skripte an.

Die Namen der Skripte geben Aufschluss über die Aufruf-Intervalle (z. B. 15min.sh für viertelstündlichen Aufruf). Der Aufbau der Skripte ist stets derselbe, hier für den fünfminütigen Aufruf:

```
#! /bin/sh
while true
do
./db-wache.sh
./d-wache.sh
sleep 300
done
```

Das Versandskript (versand.sh) prüft, ob etwas zum Senden vorliegt und der überwachende Rechner aktiv ist. Sodann werden die vorhandenen Nachrichten gesendet und anschließend gelöscht. Damit keine zwischenzeitlich neu hinzugekommene davon betroffen ist, legt das Skript eine Liste an.

```
#! /bin/sh
while true
do
ls ../ausgang/log* > /dev/null
if [ $? = 0 ]; then
    ping -c1 fbsd61 > /dev/null
    if [ $? -eq 0 ]; then
        cd ../ausgang
        chown melder:staff log*
        ls -1 log* > ../skript/liste.steu
        cd ../skript
            for i in `cat liste.steu`
            do
                su - melder -c "scp /usr/melder/ausgang/$i kontrolle@fbsd61:/usr/ ⟩
                home/kontrolle"
```

```
            if [ $? = 0 ]; then
                    rm /usr/melder/ausgang/$i
            fi
        done
    fi
fi
sleep 30
done
```

Damit sind alle Skripte für den überwachten Rechner erstellt.

Am Rechner, auf dem die Kontrolldaten auflaufen (im Benutzerverzeichnis von `kontrol-le`) benötigen wir ein Shell-Skript für die Einsortierung der Meldungen. Es trägt den Namen `einfueg.sh`:

```
#! /bin/sh
while true
do
ls log* > /dev/null
if [ $? -eq 0 ];
then
    ls -l log* > liste.steu
    for i in `cat liste.steu`
    do
    cat $i >> anz.txt
    rm $i
    done
fi
sleep 10

done
```

Es hängt neue Meldungen an die anzuzeigende Gesamtlogdatei an und löscht diese anschließend.

Zur Anzeige des laufenden Logs öffnen Sie ein weiteres Terminal und starten die Ausgabe mit `tail -f anz.txt`. Starten Sie nun die Skripte auf beiden Rechnern. Sie sollten nach einiger Zeit einen ähnlichen Terminalbildschirm wie den in Abbildung 8.3 auf der nächsten Seite gezeigten sehen. Dabei stoppten wir zunächst den Postgres-Daemon, um den Startversuch zu demonstrieren. Die Überwachung des Netzwerkdruckers meldet dessen Unerreichbarkeit, anschließend erfolgte die Anzeige der aktuellen Plattenbelegung bezüglich der Heimatverzeichnisse. Die Anzahl der Benutzer und die Verfügbarkeit der Datenbank werden gemeldet. Wenn Ihnen die ständige Wiederholung von Meldungen wie jener von der laufenden Datenbank nicht zusagt, können Sie das Skript entsprechend verfeinern. Schreiben Sie den Exit-Code der zu überwachenden Funktion (hier: `psql`) in eine zusätzliche Variable, und lassen Sie zusätzlich mit dem aktuellen Ergebnis vergleichen. Dazu benötigen Sie ein weiteres `if`-Konstrukt. Wenn sich die beiden Exit-Codes unterscheiden, finden die Aktionen und Meldungen erst statt.

Das hier gezeigte Konzept ist nur ein kleiner Abriss dessen, was möglich ist. Sie können bei nebeneinander untergebrachten Systemen auch eine (zusätzliche) Verbindung mittels der seriellen Schnittstellen ermöglichen. Damit ist das Übermitteln der Statusmeldungen auch

```
■ Befehlsfenster - Konsole
Sitzung  Bearbeiten  Ansicht  Lesezeichen  Einstellungen  Hilfe
$ tail -f anz.txt
 18.03.07 02:30 SPARC: Datenbank nicht erreichbar
18.03.07 02:30 SPARC: Starte Datenbank neu .....
 18.03.07 02:30 SPARC: Datenbank erreichbar
 18.03.07 02:30 fs1800 nicht erreichbar
-------------------------------------------------------
 18.03.07 02:31 SPARC: Plattenbelegung
/dev/dsk/c1t2d0s7        9,4G   5,4G   3,9G    58%     /export/home
/export/home/harald      9,4G   5,4G   3,9G    58%     /home/harald
/export/home/simon       9,4G   5,4G   3,9G    58%     /home/simon
-------------------------------------------------------
 18.03.07 02:31 SPARC: Angemeldete Benutzer: 2
 18.03.07 02:32 SPARC: Datenbank erreichbar
```

Abb. 8.3: Kontrollbildschirm

vom (zweiten) Server-Netzwerk unabhängig. Abschalten der „öffentlichen" Netzwerkadresse als Reaktion auf Angriffe, das Einspringen eines anderen Rechners mit der „richtigen" Adresse u. Ä. sind mit wenigen Zeilen Shell-Programm verwirklichbar.

Zusammenfassend kann man sagen, dass man durch geschickten Skripteinsatz seine eigene Lösung von Überwachungs-und Steuerungsaufgaben aufbauen kann. Dies hat zudem den Vorteil, dass ein externer Angreifer erst einmal eine tiefgehende Analyse vornehmen muss, was ihm kostbare Zeit raubt und das schädliche Vorhaben in den meisten Fällen damit uninteressant wird.

8.7 Linux-Programme ausführen (binär)

Liegen Linux-Programme in binärer Form vor, können Sie nur unter folgenden Bedingungen ablaufen:

• Beim Rechner handelt es sich um ein X86/I64- oder AMD64-Modell. Bei Sparc-Prozessoren funktioniert dies nicht, auch wenn es Binärprogramme von Linux-Distributionen für die Sparc sind!

• Beim System muss es sich um das Solaris Express Community Release handeln.

• Sie müssen eine Zone anlegen, in der Bestandteile einer Linux-Distribution abgelegt werden (CentOS, brandz). Informationen finden Sie unter `http://opensolaris. org/os/community/brandz`

9 XEN und Solaris/OpenSolaris

Auch Solaris und OpenSolaris spielen bei der Servervirtualisierung mit! Verwenden Sie eines dieser Systeme für den „Wirt", DOM 0! Diesen „überladen" Sie bitte nicht mit anderen Aufgaben, denn: Nur ein schlanker Wirt bedient schnell seine Gäste, sprich: die Gastsysteme! Hier können Sie ebenfalls Solaris/Opensolaris neben FreeBSD oder einem Linux-Derivat installieren!

Im Hause Franzis ist zu XEN ein eigenes Buch erschienen, welches auf alle wichtigen Punkte von der Installation bis zum Server-Management abhandelt:
(XEN3, Radonic/Meyer, ISBN: 9 783772 378997)

Spezielle Informationen und Downloadmöglichkeiten zum Thema finden Sie unter
`http://www.opensolaris.org/os/community/xen`.

Hier können Sie auch die laufende Fortentwicklung des Projektes beobachten.

Bedenken Sie, dass der zu verwendende Rechner wenigstens über 512 MB RAM verfügt!

Index